詳説

後遺障害

等級認定と逸失利益算定の実務

北河 隆之／八島 宏平／川谷良太郎 著

• 補訂版 •

創耕舎

はしがき（補訂版）

平成26年６月に刊行された本書ですが、約２年半を経過したところで、出版社から増刷のお話がありました。せっかく増刷するのであれば、新判例の補充と解説、民法（債権法）改正案への言及、文献の補充など、必要最小限の改訂を行い、「補訂版」として刊行しようということになりました。

さらに、補訂版の刊行に当たっては、後遺症慰謝料に関する記述を適宜追加した上、新たに、第４章の索引の中に、等級・慰謝料類型索引を設けました。本書のサブタイトルは「等級認定と逸失利益算定の実務」ですが、もともと第４章の「判例カード」の備考欄には慰謝料に関する情報も記載されており、等級・慰謝料に着目した類型索引もあったほうが読者の便宜に資するであろうと考えた次第です。

このようにして出来上がったのが本書です。

本来であれば、初版刊行後の裁判例を収集・分析し、「判例カード」も補充するのが理想ですが、すでに初版の残部が僅少となっており、そこまでの作業を実施する時間的な余裕がなく、「判例カード」の補充は次の機会に譲ることにしました。「補訂版」と名付けたゆえんです。

なお、初版の「はしがき」で紹介した、北河隆之『交通事故損害賠償法』（弘文堂）は平成28年６月に［第２版］が刊行されており、北河隆之＝中西茂＝小賀野晶一＝八島宏平『逐条解説　自動車損害賠償保障法』（弘文堂）も、平成29年３月に［第２版］が刊行されています。引き続き、本書と併せて利用していただけると幸いです。

今回の補訂版の出版についても、創耕舎の宇野功氏、若林達哉氏のご尽力に負うところが大きく（特に等級・慰謝料類型索引の作成）、記して感謝する次第です。

平成29年３月

共著者を代表して

北河　隆之

はしがき

人身事故により発生した損害額の中で大きなウェイトを占めている損害項目は逸失利益ですが、理論的・実務的に多くの問題が存在している損害項目も逸失利益です。特に後遺障害による逸失利益の算定は、基礎収入の捉え方のほかに、後遺障害の内容・程度、被害者の年齢、職業などから、労働能力喪失率、労働能力喪失期間をどのように捉えるか、が重要な問題となります。

交通事故では自賠責保険（共済）が被害者保護のために重要な役割を果たしていることは周知のとおりです。自賠責保険（共済）における後遺障害の等級認定は自賠責保険会社・自賠責共済協同組合からの依頼を受け損害保険料率算出機構が行いますが、その等級認定と裁判所における認定とはどの程度一致しているのか、一致しない場合の理由はどこにあるのか、自賠責保険で利用されている労働能力喪失率表は裁判例の中でどの程度目安として機能しているのか、裁判所で異なる喪失率が認定された場合にはその理由はどこにあるのか、等々疑問は尽きません。

本書は、250件を超える裁判例の分析を基礎に、法律実務家、保険実務家をはじめ、日頃から交通事故人身損害賠償に携わる方々、研究者の方々を念頭におきながら、後遺障害逸失利益の算定における諸問題を少しでも解明するために執筆したものです。

私は、1996年に、藤村和夫教授（現在、日本大学法学部教授）と共著で『詳解後遺障害逸失利益―裁判例の分析と新基準試案』（ぎょうせい）を刊行しました。当時、同書は1年間で4版まで増刷されましたが、早いもので同書刊行から既に18年が経過し、この間に判例・学説が多く蓄積されました。本書では、この間の判例・学説の蓄積を吸収したことはもちろんですが、旧著ではどうしても限界のあった自動車損害賠償責任保険（自賠責保険）の実務を詳しく取り上げています。

本書は、旧著のコンセプトを引き継いだ全面改訂版という意味合いをもっていますが、判例カードは当然のこととして（旧著の判例カードは当時斬新な形式でしたが、その後、さまざまの書物で同じような判例カードが利用されています）、本文も内容は全く新しくなっております。本書の基本的な内容は次のとおりです。

第１章では、損害賠償の基礎知識を整理しました。

第２章では、後遺障害逸失利益算定の実務につき、保険実務の取扱い、各種請求権の期間制限、裁判実務の取扱いを解説しました。

第３章では、素因減責論、自殺、事故と無関係な後発的事情による死亡を解説しました。

第４章及び第５章では、判例カードと、判例カードの分析を踏まえた諸問題に関する裁判例を総括しています。併せて、判例カードを様々な視点から整理した三つの索引（被害者類型索引、級別類型索引、喪失率・期間別類型索引）を掲載し、最後に、級・率・期間対照表（後遺障害類型別）も掲載しました。これにより、判例カードを様々な必要に応じて、様々な角度から利用していただけると思います。

昨今、自賠責保険に対する後遺障害に係る請求には、弁護士や弁護士以外の行政書士等が関与するケースが増加しています。しかし、一般的に言えば、自賠責保険に対する直接請求は、これらの専門家に依頼しないでも、被害者自身が保険会社や自賠責損害調査事務所の説明に基づいて手続を進めることが可能です。そうすると、これらの専門家が関与する以上は、被害者に対して、保険会社等の説明を超える、いわば最良の方法を選択した提案が期待されるところです。そのためには、基本的な医学的知識や、自賠責保険の後遺障害等級に係る考え方・取扱いを正しく理解することが不可欠と思われます。

交通賠償の世界は、被害者本人、保険会社、医師、柔道整復師等、弁護士、行政書士等、様々な関係者が関与し、利害が交錯する分野ですが、被害者本人の正当な利益が実効的に確保されることが大切です。また、他方では、被害者に実現することが困難な過度の期待を生じさせることも慎まなければなりません。

本書が正しい被害者救済の一助になることを祈るばかりです。

本書において、自動車損害賠償責任保険（自賠責保険）の実務を詳しく取り上げることができたのは、損害保険料率算出機構の八島宏平氏（同機構企画推進部次長）、川谷良太郎氏（同機構企画推進部）の協力を得て、共著者となっていただいた成果です。また、判例カードの作成については、執筆協力者として、太田慶彦氏（同機構企画推進部)、鎌田晋弁護士、川崎幸治弁護士、喜多自然弁護士、木下智仁弁護士、當眞正姫弁護士の協力を得ました。

なお、交通事故損害賠償法の概説書として、北河隆之『交通事故損害賠償法』（弘文堂、2011年）を、自動車損害賠償保障法のコンメンタールとして、北河隆之＝中西茂＝小賀野晶一＝八島宏平『逐条解説　自動車損害賠償保障法』(弘文堂、2014年）を、本書と併せて利用していただけると幸いです。

最後に、本書出版については、創耕舎の宇野功氏、若林達哉氏のご尽力に負うところが大きく（上記各種索引の作成もお二方のご協力を得ました)、記して感謝する次第です。

平成26年5月

共著者を代表して

北河　隆之

目　次

第3章　因果関係をめぐる現代的課題

第4章　後遺障害・労働能力喪失率判例類型

第5章　裁判例の総括

資料編

凡　例

本書の略語は、以下のように用いた。

【法令】

自　賠	自動車損害賠償保障法
自賠令	自動車損害賠償保障法施行令
自賠則	自動車損害賠償保障法施行規則
保　険	保険法
民	民　法
民　訴	民事訴訟法

【判例集】

民　集	最高裁判所民事判例集
裁判集民	最高裁判所裁判集　民事
高民集	高等裁判所民事裁判例集
下民集	下級裁判所民事裁判例集
判　タ	判例タイムズ
判　時	判例時報
交　民	交通事故民事裁判例集
自保ジャーナル	自動車保険ジャーナル

【定期刊行物】

ジュリ	ジュリスト
判　タ	判例タイムズ
判　時	判例時報

【単行本】

青　本	財団法人日弁連交通事故相談センター『交通事故損害額算定基準』
赤い本	財団法人日弁連交通事故相談センター東京支部『民事交通事故訴訟　損害賠償額算定基準』
北河・賠償法	北河隆之『交通事故損害賠償法［第２版］』(弘文堂、2016年)
北河ほか・逐条自賠	北河隆之＝中西　茂＝小賀野晶一＝八島宏平著『逐条解説自動車損害賠償保障法［第２版］』(弘文堂、2017年)

著者・執筆協力者紹介

著　者

北河　隆之（きたがわ　たかゆき）

琉球大学名誉教授、メトロポリタン法律事務所　弁護士

1951年生まれ。東京都立大学法学部卒業。1976年第30期司法修習生。1978年弁護士登録（東京弁護士会）。2000年～2004年明海大学不動産学部教授を経て現職。専攻は、不法行為法、環境法、倒産法、保険法、著作権法。

『逐条解説　自動車損害賠償保障法［第2版］』（共著／弘文堂、2017年）、『交通事故損害賠償法［第2版］』（弘文堂、2016年）、『著作権法コンメンタール』（共著／レクシスネクシス・ジャパン、2013年）、『実務不法行為法講義（第2版）』（共著／民事法研究会、2012年）、『演習ノート環境法』（共著／法学書院、2010年）、『判例にみる工作物・営造物責任』（共著／新日本法規出版、2005年）、『詳解　後遺障害逸失利益』（共著／1996年、ぎょうせい）。

八島　宏平（やしま　こうへい）

損害保険料率算出機構　北日本本部長

1965年生まれ。早稲田大学法学研究科修士課程修了。1990年自動車保険料率算定会（現：損害保険料率算出機構）入職。1996年慶應義塾大学法学研究科後期博士課程単位取得退学。2009年～現在　香川大学・愛媛大学連合法務研究科非常勤講師（保険法担当）。専攻は保険契約法。

『逐条解説　自動車損害賠償保障法［第2版］』（共著／弘文堂、2017年）、「自動車損害賠償責任保険における履行期について」『企業法の法理』所収（慶應義塾大学出版会、2012年）、「責任保険契約における被保険者の破産と被害者救済（責任保険金の先取特権）」『新保険法と保険契約法理の新たな展開』所収（ぎょうせい、2009年）。

川谷良太郎（かわたに　りょうたろう）

損害保険料率算出機構　北日本本部審査第一課長

1975年生まれ。東京都立大学法学部卒業。1999年自動車保険料率算定会（現：損害保険料率算出機構）入職。

執筆協力者（五十音順）

太田　慶彦（おおた　よしひこ）
損害保険料率算出機構　大阪第一自賠責損害調査事務所一般調査第一課長

1976年生まれ。東京都立大学法学部卒業。2000年自動車保険料率算定会（現：損害保険料率算出機構）入職。

鎌田　　晋（かまた　しん）
真喜屋法律事務所　弁護士

1968年生まれ。琉球大学法科大学院卒業。新第63期司法修習生。2010年沖縄弁護士会登録。

川崎　幸治（かわさき　こうじ）
弁護士法人天方川崎法律事務所　弁護士

1979年生まれ。琉球大学法科大学院卒業。新第63期司法修習生。2010年沖縄弁護士会登録。

喜多　自然（きた　じねん）
沖縄合同法律事務所　弁護士

1981年生まれ。琉球大学法科大学院卒業。新第61期司法修習生。2008年沖縄弁護士会登録。

木下　智仁（きのした　ともひと）
木下法律事務所　弁護士

1973年生まれ。琉球大学法科大学院卒業。新第62期司法修習生。2009年和歌山弁護士会登録。

當眞　正姫（とうま　まさひめ）
とうま法律事務所　弁護士

1973年生まれ。琉球大学法科大学院卒業。新第61期司法修習生。2008年沖縄弁護士会登録。

第1章

損害序論

I 損害の捉え方

1 はじめに

「損害」とは、広く捉えれば、「人またはその財産について生じた・従来の状態または期待される状態に比して不利益と考えられる・変化」と定義されている[注1]。人身被害の財産的損害に関する実務で有力な考え方としては差額説と労働能力喪失説がある。

2 差額説

差額説は、損害を「当該事故がなかったと仮定したならば存在したであろう財産状態」（仮定的財産状態）と、「当該事故の結果として現実にもたらされて存在している財産状態」（現実的財産状態）との「差」である、と捉える。現実損害説と呼ばれることもあり、逸失利益を念頭において所得喪失説と呼ばれることもある[注2]。損害を金銭として捉えることから損害＝金銭説ともいわれる。

差額説の立場を徹底すると、いくら被害者に労働能力の喪失や減退があっても、現実の収入減が発生しなければ、逸失利益は認められないことになる（「減収なければ損害なし」のドグマ）。

3 労働能力喪失説

これに対し、人身損害における「逸失利益」を、人間の労働能力（稼働能力）の喪失それ自体として捉える考え方があり、労働能力喪失説と呼ばれる[注3]。労働能力喪失説は、人間の労働能力を一種の資本財と見て（収入はこの資本財から生まれる）、事故当時に存在していた労働能力の全部または一部が失われること

注1　四宮和夫『不法行為』434頁（1987年、青林書院）。

注2　差額説はドイツにおける古典的損害概念であり、現実損害説、所得喪失説、損害＝金銭説と厳密には同じ概念ではないが（澤井裕『テキストブック事務管理・不当利得・不法行為［第3版］』113頁以下（2001年、有斐閣））、現在では同じ意味で使用されることが一般的である。

注3　大阪高判昭和40年10月26日下民集16巻10号1636頁が、初めてこの見解を明らかにした画期的な判決とされる。吉岡進、楠本安雄、加藤和夫など多くの実務家により支持された。

自体を損害と捉えるものであり、差額説では消極損害として説明されてきた逸失利益を、積極損害的に把握するものである。

労働能力喪失説においては、現実に収入が減るかどうかは、失われた労働能力を金銭的に評価するための一つの資料に過ぎないことになるから、現実の収入減がなくても、労働能力の喪失があると評価できれば、損害が認められることになる。労働能力喪失説においては、労働能力の喪失自体が主要事実となる。個別損害項目積み上げ方式により損害を算定する点で、死傷損害説とは異なるものである。

4 死傷損害説

死傷損害説は、人の死傷そのものを全体で1個の非財産的損害と捉え、従来のような個別損害項目積み上げ方式（差額説も労働能力喪失説もこの方式）を否定し、全体として損害を一括評価し、広い意味で定額化する必要性を主張する学説である[注4]。損害額は発見できるものではなく、裁判官の裁量により創造されるべきものである、とする。

差額説は、実費主義・個別主義を基本的性格として有しており、個別損害項目積み上げ方式では、財産的損害、特に逸失利益が損害賠償額において中心的役割を果たすため、結果的に極端な個人差が生じてしまうことを避けられない。死傷損害説は、これは人間の平等、個人の尊厳に反する、と批判し、広い意味での定額化によって賠償額の相場が形成されるべきであるとする。死傷損害説は、損害を人の死傷の事実として把握することから、これを損害＝事実説と呼ぶ学説がある[注5]。

死傷損害説は、実務を極端な実費主義の呪縛から解放する契機となり、入院雑費や入院付添費、葬儀費などの損害費目の定額化を推進し、公害・薬害等の集団訴訟における包括・一律請求方式に道を開いた。

しかしながら、損害賠償訴訟全体においては、人身損害の一括評価、定額化は実務に受け入れられなかった[注6]。死傷損害説が人の死傷自体を損害と見る

注4　西原道雄により昭和39年以降多くの論稿により提唱されたが、さしあたり西原「損害賠償額の法理」ジュリ381号148頁以下（1967年）参照。

注5　平井宜男『債権各論Ⅱ不法行為』（1992年、弘文堂）による命名である（75～76頁）。人間の労働能力（稼働能力）の喪失それ自体を損害として捉える労働能力喪失説も損害＝事実説に分類できるが、労働能力喪失説は伝統的な個別損害項目積み上げ方式に依拠している。

注6　西原理論に対する実務からの評価については、楠本安雄「逸失利益の算定」実務民事訴訟講座3巻159～160頁（1969年）、後藤孝典『現代損害賠償論』234～251頁（1982年、日本評論社）参照。

点は哲学的・理念的には正当であるとしても、実務として受け入れるにはあまりに漠然としており、具体的な算定基準とはなり得ず、本来、損害賠償額は具体的・個別的に算定されるべきものと考えられるからである。裁判官の裁量に全て委ねてしまうことにより、適正な賠償額が形成できるとも思われない。個別損害項目積み上げ方式に拠ってこそ、第三者からの具体的な批判が可能となるであろう。また、死傷損害説は実践的には、賠償額の底上げとともに、賠償額の上限を抑制する機能を果たすことになるが、後者の点は、賠償額の定額化＝低額化につながることになる。

損害を、死傷損害説のように人の死傷のレベルで把握するか、それともそれに起因する金銭的損失のレベルで把握するかは、理念的な問題であり、どちらの把握も可能である。死傷損害説の問題点は、その損害評価方式にある。

5 評価説

そこで、理念的な損害の把握としては死傷損害説に拠りつつ、しかし、損害を金銭的に評価する方法としては、伝統的な個別損害項目積み上げ方式を維持し、これを資料とする立場があり、評価説と呼ばれている[注7]。評価説は、結果的に差額説あるいは労働能力喪失説と同じことになる。

6 評価段階説

評価段階説は、死傷損害説のバリエーションであり、基本的に死傷損害説を正当とし、裁判官による損害の包括的評価（包括慰謝料の認定）を支持しながら、被害者側が損害評価の基礎となる事実につき個別的な主張・立証をしてきたときは、裁判官の裁量の余地が狭められ、損害の評価にこれを反映させることが必要である、とする学説である[注8]。被害者側が従来の個別損害項目積み上げ方式によって損害を主張・立証してきた場合にはそれを尊重することになる。

死傷損害説のウィークポイントとされてきた損害評価の原則としては生活保障説を提唱する。損害評価の原則は、被害者及びその家族の状況に注目して、

注7 佐藤歳二「積極損害・消極損害・慰謝料」新・実務民事訴訟講座５巻不法行為訴訟〈2〉88頁以下（1983年、日本評論社）は、死傷損害説を評価説と一括評価定額説（西原理論）に分けている。評価説を下級審裁判例の主流と見る見方もあるが、評価説の立場では、本来は死亡または傷害の部位程度のみが主要事実であり、その内容である治療費等の損害費目は間接事実にすぎないことになりそうである（同書95頁以下）。

注8 淡路剛久『不法行為法における権利保障と損害の評価』（1984年、有斐閣）、特に72～80頁。

その生活を保障することにあり、救済の目標は、人間の尊厳と平等の観点から定められなければならず、健康被害そのもの（傷害）については可能な限りその完全な回復が図られるべきであり、経済的諸条件の救済については、普通並みの（平均的な）生活を保障されることが第一次的に要求される、と主張する。

評価段階説は、交通事故訴訟における個別損害項目積み上げ方式と、公害・薬害訴訟における包括請求方式との併存を整合的に説明できるが、死亡による逸失利益につき、被害者の遺族が、被害者が平均賃金以上の収入を上げていたことを立証したときにも、平均賃金に拠るべきであるとするなど、損害評価において死傷損害説に傾き過ぎていると思われる。

7　個別損害項目積み上げ方式

伝統的見解によれば、損害は、侵害された利益（被侵害利益）に応じて、人身損害（人損）と物件損害（物損）とに分類される。人身損害は財産的損害と非財産的損害（精神的損害）とに分けられ、さらに財産的損害は積極損害と消極損害とに分けられる。

財産的損害とは経済的不利益の性質を有する損害のことである。このうち、積極損害とは、被害者またはその遺族が既存財産から積極的な支出を余儀なくされた損害であり、既存財産の減少である。例えば、治療費、葬儀費、弁護士費用などの支出がこれに当たる。

消極損害とは、事故がなければ得られたであろう収入が、得られなくなった損害である。「逸失利益」とか「得べかりし利益」とも呼ばれる。

このように積極損害・消極損害・精神的損害の各損害項目を個別的に算定し、これを積み上げていくことによって、総損害額を算出する方式（個別損害項目積み上げ方式）が伝統的な方式である。

図表1　損害の分類

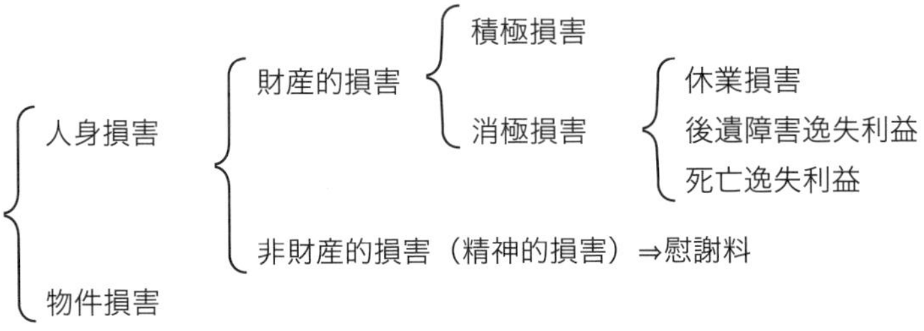

図表2　積極損害・消極損害のイメージ図

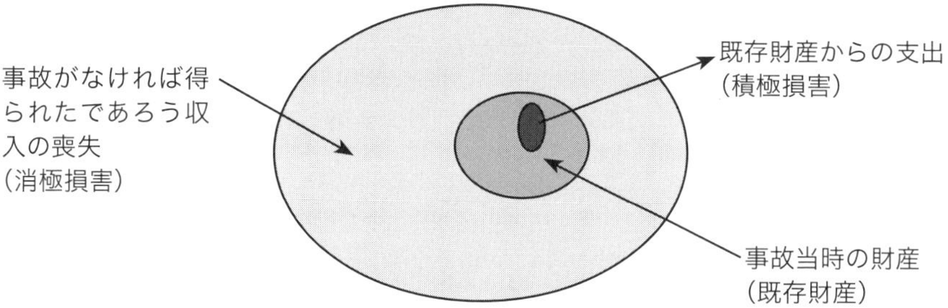

図表3

差　額　説	個別損害項目積み上げ方式	実費主義・個別主義
死傷損害説	包　括　評　価　方　式	定額主義・定型主義

8　包括・一律請求方式

公害・薬害訴訟において、原告側は、口頭弁論終結時までに被った社会的・経済的・精神的被害の全てを包括したもの、総体としての被害を損害とし、これに対する賠償を求めるようになったが、これを包括請求方式と呼ぶ。また、被害者をランク別に分け、ランクごとに一律の賠償を求めるようになったが、これを（ランク別）一律請求方式と呼ぶ。このような包括・一律請求方式は、公害・薬害訴訟において適法性が認められており、原告側の立証の負担を軽減し、訴訟の促進に役立ち、集団訴訟における被害者の団結にも有利に作用する。

しかし、その意図とは別に、結果的に賠償額の定額化＝低額化につながる危惧があり（この危惧は現実のものとなっている）、集団訴訟の特殊性から、例外的に必要悪としてのみ認められるとの消極的評価もある。交通事故においても、原告側が包括請求方式で請求してきた場合に不適法として却下すべきではないが、原告側にとって、あえて包括請求方式を採るメリットは何もないであろう。

9　裁判所の基本的立場

最高裁は、基本的に差額説に立っている。最高裁昭和42年11月10日判決（民集21巻9号2352頁）は次のように判示し、左大腿複雑骨折による傷害を受け、身体障害等級表5級該当の後遺障害（後遺障害の内容は、左膝関節部及び左足関節の用廃、左大腿部下肢短縮等である）が残ったが、復職後は、従来どおり会社（漬物・佃煮の製造卸販売業）に勤務し、従来の作業（漬物佃煮の製造作業、原料の買い出し）に従事し、労働能力の減少によって格別の収入減を生じていない被害者の逸失利益の発生を否定している注9。これは典型的な差額説の立場であるが、この程度の後遺障害に至れば、労働能力喪失説の立場からは逸失利益の発生を否定できないと思われる。

「交通事故による傷害のため、労働力の喪失・減退を来たしたことを理由として、将来得べかりし利益喪失による損害を算定するにあたって、上告人の援用する労働能力喪失率が有力な資料となることは否定できない。しかし、損害賠償制度は、被害者に生じた現実の損害を填補することを目的とするものであるから、労働能力の喪失・減退にもかかわらず損害が発生しなかった場合には、それを理由とする賠償請求ができないことはいうまでもない。原判決の確定した事実によれば、Aは本件交通事故により左太腿複雑骨折の傷害をうけたが、その後従来どおり会社に勤務し、従来の作業に従事し、本件事故による労働能力の減少によって格別の収入減を生じていないというのであるから、労働能力減少による損害賠償を認めなかつた原判決の判断は正当であって、所論の判例に反するところもない。」

しかし、最高裁昭和56年12月22日判決（民集35巻9号1350頁・判タ463号126頁）は、身体障害等級14級の後遺障害（腰部挫傷による神経症状）が残存する通産省工業技術院繊維高分子材料研究所技官の後遺障害逸失利益につき、次のように判示し、結論的には差額説的立場を維持したものの、やや軌道修正を窺わせる措辞を用いている。なお、本件では、①事故によって右手、右臀部に加療5日間を要する挫傷を受け、約2年10か月にわたる通院治療の結果、身体障害等級14級に該当する腰部挫傷後遺症を残して症状が固定し、右下肢に局部神経症状があるものの、上、下肢の機能障害及び運動障害はないとの診断を受けたこと、②後遺症は多分に心因性のものであると考えられること、③被害者は、事故前はかなり力を要するプラスチック成型加工業務に従事していたが、事故後は腰部痛及び下肢のしびれ感があって従前の仕事がやりづらいため、坐ったままでできる測定解析業務に従事するようになったこと、④事故後も給与面については格別不利益な取扱いは受けていないことが認定されている。

注9　本件は、被害者Aに労災補償をして被害者に代位した国が、加害者に対し、労働能力喪失率表による労働能力喪失率は79%であるから、これに照応する将来の収入減を前提として賠償を訴求したケースである。

「しかしながら、かりに交通事故の被害者が事故に起因する後遺症のために身体的機能の一部を喪失したこと自体を損害と観念することができるとしても、その後遺症の程度が比較的軽微であって、しかも被害者が従事する職業の性質からみて現在又は将来における収入の減少も認められないという場合においては、特段の事情のない限り、労働能力の一部喪失を理由とする財産上の損害を認める余地はないというべきである。

ところで、被上告人は、研究所に勤務する技官であり、その後遺症は身体障害等級14級程度のものであって右下肢に局部神経症状を伴うものの、機能障害・運動障害はなく、事故後においても給与面で格別不利益な取扱も受けていないというのであるから、現状において財産上特段の不利益を蒙っているものとは認め難いというべきであり、それにもかかわらずなお後遺症に起因する労働能力低下に基づく財産上の損害があるというためには、たとえば、事故の前後を通じて収入に変更がないことが本人において労働能力低下による収入の減少を回復すべく特別の努力をしているなど事故以外の要因に基づくものであって、かかる要因がなければ収入の減少を来たしているものと認められる場合とか、労働能力喪失の程度が軽微であっても、本人が現に従事し又は将来従事すべき職業の性質に照らし、特に昇給、昇任、転職等に際して不利益な取扱を受けるおそれがあるものと認められる場合など、後遺症が被害者にもたらす経済的不利益を肯認するに足りる特段の事情の存在を必要とするというべきである。原審が以上の点について何ら審理を遂げることなく、右後遺症の存在のみを理由にこれによる財産上の損害を認めている点で、原判決には損害認定に関する法令の解釈、適用の誤り、ひいては審理不尽、理由不備の違法があるといわざるをえず、論旨は理由がある。」

この事件の第二審（東京高判昭和53年12月19日判タ382号116頁）は次のように判示して、労働能力喪失率2パーセント、喪失期間7年間とする逸失利益を認めていた。

「交通事故による傷害のための労働能力の減少を来たした場合であっても、そのことによって収入の減少が生じていないときは、被害者は、労働能力の減少を理由とする損害賠償請求権を有しないとするのが、判例の伝統的、かつ、支配的な見解である。しかし、かく解さざるを得ない論理的必然性があるわけではなく、また、その結果も、必ずしも、合理的であるとはいえない、と思われる。そこで、当裁判所としては、かかる見解に従うことなく、むしろ、事故による生命・身体の侵害（本件に則していえば、労働能力の喪失）そのものを損害と観念し、伝統的な見解でいう損害、すなわち、事故によって余儀なくされた支出とか得べかりし利益の喪失等は、損害を金銭に評価するための一資料にすぎないものであるから、事故等によって被害者が労働能力の全部又は一部を喪失した事実が認められる以上、たとえそのことによって収入に格別の減少がみられないとしても、なお、被害者の受傷前後の収入のほか、職業の種類、後遺症の部位、程度等を総合的に勘案して、その損害の額を評価、算定するのが相当であると判断する。」

これは労働能力喪失説に立つものであるが、最高裁はこれを破棄し差し戻した。

上記最高裁昭和56年判決では、減収がなくても逸失利益が肯定される「特段の事情」として、①事故の前後を通じて収入に変更のないことが本人において労働能力低下による収入の減少を回復すべく特別の努力をしているなど事故以外の要因に基づくものであって、かかる要因がなければ収入の減少を来たしているものと認められる場合と、②労働能力喪失の程度が軽微であっても、本人が現に従事し又は従事すべき職業の性質に照らし、特に昇給、昇任、転職等に際して不利益な取扱いを受けるおそれがあるものと認められる場合を挙げている。

本判決は、「減収なければ損害なし」というドグマに必ずしもとらわれる必要がないことを明らかにした点において、大きな意義があった。

現在の裁判例の傾向を概括すれば、個別損害項目積み上げ方式を基本とし、休業損害については、差額説の基本的立場をほぼ維持しているが、将来の逸失利益（後遺障害逸失利益、死亡逸失利益）については、労働能力喪失説をとりいれて、具体的妥当性を図っている、といえる。

過去の逸失利益である休業損害においては減収の有無をはっきり把握できるが、将来の逸失利益については長い将来の予測という性質があるため、労働能力喪失説的な考え方をとりいれやすいという事情がある。このような裁判例の傾向は「柔軟な差額説」あるいは「修正差額説」と称することができるであろう。

個別損害項目積み上げ方式の何よりのメリットは、損害、特に逸失利益の算出過程が外部から明らかであり、第三者からの批判的検討が可能なところにある。この方式は、個別的・具体的な問題においては批判を受けながら、修正を重ね、相対的には妥当な損害賠償額の形成に寄与してきた。今後も、この方式を基本としながら、妥当でない部分について個別に修正を施していけばよいであろう。

II 訴訟物

人身損害の賠償請求権と物件損害の賠償請求権とは、たとえ同一人に生じた損害であっても被侵害利益を異にするから別個の請求権（訴訟物）である。人身損害のうちの財産的損害と精神的損害（慰謝料）とは1個の損害の内訳であり、訴訟物（請求権）は1個である。

最高裁昭和48年4月5日判決（民集27巻3号419頁・判タ299号298頁）[注10]は、原告の請求総額の範囲内で、財産上の損害と精神上の損害とを流用することができるか（損害項目間の損害額の流用）が問題となった事案であるが、最高裁は次のように判示して1個の訴訟物であることを理由にこれを認めた。したがって、裁判所は、原告が逸失利益として200万円、慰謝料として50万円を請求している場合に（請求総額250万円）、逸失利益として100万円、慰謝料として100万円を認容することが可能である（認容総額200万円）。

「本件のような同一事故により生じた同一の身体傷害を理由とする財産上の損害と精神上の損害とは、原因事実および被侵害利益を共通にするものであるから、その賠償の請求権は一個であり、その両者の賠償を訴訟上あわせて請求する場合にも、訴訟物は一個であると解すべきである。」

訴訟物（請求権）が一個であれば、請求総額の範囲内で、損害項目間の損害額を流用することは民事訴訟法246条（処分権主義）に反することにはならない（当事者が申し立てていない事項について判決したことにはならない）が、弁論主義に反することにならないかは損害賠償請求権の主要事実をどのように把握するかに係わることであり、損害項目別の損害額が主要事実であると考えると、問題がないわけではない。

注10　本判決は、一部請求と過失相殺の問題につき、いわゆる外側説（一個の損害賠償請求権のうちの一部が訴訟上請求されている場合に、過失相殺をするにあたっては、損害の全額から過失割合による減額をし、その残額が請求額をこえないときは右残額を認容し、残額が請求額を超えるときは請求の全額を認容することができるとの考え方）を採用したものである。

III 不法行為に基づく損害賠償請求権の特色

1 遅延損害金

不法行為に基づく損害賠償債務は、「損害の発生と同時に、なんらの催告を要することなく、遅滞に陥るものと解するのが相当である。」とされている（最判昭和37年9月4日民集16巻9号1834頁・判タ139号51頁）。交通事故では事故の発生と同時に損害も発生するから、事故発生の当日から遅滞に陥るということができる。遅延損害金の利率は年5％である（民419条・404条）。

民法（債権法）改正案では、法定利率は現在の5％固定制から変動制へと変更される。その内容を要約すると、①法定利率は利息が生じた最初の時点における利率による、②法定利率は5％から3％に引き下げられる、③利率は3年を一期として見直される、④各期の利率は、過去5年（60か月）の1年未満の短期貸付金利の平均を「基準割合」として、「直近変動期」と「基準割合」の差が1％以上の場合には、その差に相当する割合を1％刻み単位で反映をさせる、というものである。なお、適用される利率は、当該利息が生じた最初の時点（不法行為の場合には不法行為の日となる）における法定利率によることになり、それが途中で変動するわけではない。

「弁護士費用につき不法行為の加害者が負担すべき損害賠償債務も、当該不法行為の時に発生し、かつ、遅滞に陥るものと解するのが相当である。」とされている（最判昭和58年9月6日民集37巻7号901頁・判タ509号123頁[注11]）。

2 相殺禁止

不法行為に基づく損害賠償債権を受働債権（相殺される側の債権）とする相殺は禁止されている（民509条）。しかし、「民法509条は、不法行為の被害者をして現実の弁済により損害の填補をうけしめるとともに、不法行為の誘発を防止することを目的とするものであるから、不法行為に基づく損害賠償債権を自働債権とし不法行為による損害賠償債権以外の債権を受働債権として相殺をすることまでも禁止する趣旨ではない」と解されている（最判昭和42年11月30日民集21巻9号2477頁・判タ216号118頁）。したがって、不法行為の被害者

注11　ただし、「損害の額については、被害者が弁護士費用につき不法行為時からその支払時までの間に生ずることのありうべき中間利息を不当に利得することのないように算定すべきものであることは、いうまでもない。」としている。

がその損害賠償債権を自働債権（相殺する側の債権）として相殺することは自由である。

問題は、一つの交通事故で、当事者双方に被害が発生した場合（交叉的不法行為）である。判例は、このような場合にも、それぞれの当事者が相手方に対して損害賠償請求権を取得するものと考え（交叉責任説）、民法509条が適用されるとしている（最判昭和49年6月28日民集28巻5号666頁・判タ311号140頁）[注12]。

したがって、不法行為に基づく損害賠償請求訴訟を提起された被告は、相殺の抗弁を（たとえそれが同一事故により生じた損害についてであっても）提出できない（主張自体失当ということになる）。被告が同一事故により生じた損害について請求する場合には反訴（民訴146条）を提起しなければならない。

なお、当事者が合意により相殺すること（相殺合意）は自由である。

3 定期金賠償方式

定期金賠償方式とは、判決主文において、例えば「被告は、原告に対し、平成○○年○月○○日からその死亡するまでの間、1か月金○○万円の金員を、毎月○○日限り支払え。」と命じる方式である。植物状態に陥った被害者の将来介護料について被告側から主張されることが多いが（要介護期間＝余命期間を認定する必要がなくなるからである）、逸失利益についても問題となることがある。

民法には一時金賠償方式によらなければならないとの規定はないが、不法行為のときに（将来損害も含めて）1個の損害賠償請求権が発生すると考えれば、一時金賠償方式を原則とすることは素直な理解である。最高裁は「損害賠償請求権者が訴訟上一時金による賠償の支払を求める旨の申立をしている場合に、定期金による支払を命ずる判決をすることはできないものと解するのが相当である」としている（最判昭和62年2月6日判タ638号137頁）。同判決はその理由を述べていないが、従来から定期金賠償方式を採用できない主な理由として、①被告（債務者）の将来の支払拒絶や支払不能に備えた履行確保制度（担保供与制度）がないこと、②事情の変更により定期金の額が不相当となったときの変更判決制度が存在しないことが挙げられてきた[注13]。このうち、②の問題に

注12　双方の被害が物件損害の場合にも同様とされる（最判昭和54年9月7日判タ407号78頁）。

注13　調査官（瀬戸正義）による解説（時の判例）でもこの2点が挙げられている（ジュリ890号57頁）。

ついては、平成8年の民事訴訟法の改正により、新たに117条が設けられ、定期金賠償を命じた確定判決の変更判決制度が導入されたので解決した[注14]が、依然として①の問題は残されている[注15]。

原告側が一時金賠償方式による支払を求めている場合に、定期金賠償方式による支払を命じた裁判例として、東京高裁平成15年7月29日判決（判時1838号69頁）がある。事案は交通事故であるが、被告は自動車保険（F火災）に加入しており、賠償金は実際にはF火災から支払われるから支払は確実である、というのがその理由であるが、訴訟当事者ともなっていない保険会社の話を持ち出し、保険会社の経営状況について裁判所が判定することは適当とは思われない。そもそも、前掲最高裁昭和62年2月6日判決は、公立学校における体育授業中の事故で、被告は横浜市であったから、民間保険会社より履行の確保は確実なケースであった。それにもかかわらず、最高裁は、原告の意思に反する定期金賠償を否定しているのであり、上記①の問題（履行の確保）は重視していないのである[注16]。

原告側が定期金賠償を求めている場合にこれによることは差し支えないが、問題は、原告側が一時金賠償を求めている場合にも、その意向に反して、裁判所が定期金賠償方式を採用することができるかである[注17]。高裁判例で見ると、前述のとおり、東京高裁平成15年7月29日判決はこれを肯定し（保険会社は被告となっていない）、福岡高裁平成23年12月22日判決（判時2151号31頁）（保険会社は被告となっていない）はこれを否定している（定期金賠償を肯定した第一審判決＝福岡地判平成23年1月27日判タ1348号191頁を変更している）。最近では、東京高裁平成25年3月14日判決（判タ1392号203頁）が、将来介護費用につき、原告が一時金賠償を求めたのに対し、定期金賠償を命じている（保険会社が被告となっている）。同判決は、自賠法施行令別表第一1級1号に該当する後遺障害があると認定された被害者について、口頭弁論終結の日の翌日から死亡に至るまで月額25万円の定期金賠償を認めた原判決（東京地判平成24年

注14　将来介護費用も不法行為のときに発生した損害であり、介護費用が期末毎に一定額について具体化すると観念できるから、民事訴訟法117条の「口頭弁論終結前に生じた損害」に当たると解される（小河原寧・赤い本2013年版下巻74頁）。

注15　損害保険契約者保護機構による補償が導入されても問題が完全には解消されていないことにつき、佐野誠「定期金賠償の動向と課題」交通賠償論の新次元162頁以下（2007年、判例タイムズ社）。

注16　北河・賠償法128頁。

注17　処分権主義（民訴246条）との関係については、「座談会民事訴訟手続における裁判実務の動向と検討第3回」判タ1375号20～21頁における議論が、短いが示唆に富む。

10月11日判タ1386号265頁）を維持したものである。

最高裁昭和62年2月6日判決が変更判決制度（民訴117条）導入前の判例であること[注18]、原告が一時金賠償を求めている場合に定期金賠償を命じることができない具体的な理由が述べられていないこともあり、最近、（原告が一時金賠償を求めている場合にも）定期金賠償を命じることができるとする積極的な提言も目立っている[注19]。

現在の定期金賠償論は、植物状態に陥った被害者の余命認定の困難さを解決する方策として、将来介護料を中心に提唱されているが、本書のテーマである後遺障害逸失利益に関しては、原告が一時金賠償を求めている場合[注20]には裁

注18　ただし、民事訴訟法117条はどのような場合に定期金賠償による賠償を命じることができるかには触れていないことに留意すべきである。

注19　小河原寧・赤い本2013年版下巻71頁以下、中園浩一郎「定期金賠償」判タ1260号5頁以下（2008年）。小河原裁判官は、一時金払と定期金払とは単なる支払方法の違いに過ぎず、処分権主義（民訴246条）違反の問題は生じないこと、現時点においては、原告の申立てがない場合に定期金賠償判決をしても最高裁昭和62年判決に抵触するものではないとしつつ、裁判所が定期金賠償判決をする際に考慮すべき事情を整理し、定期金賠償を命じる期間（終期）については、「死亡に達するまで」とすることが定期金賠償の趣旨にかなうと述べている。中園裁判官は、後遺障害逸失利益については、定期金賠償は原告の申立てがある場合にのみ許容されるが、将来介護費用については、裁判所は原告の申立てがなくても定期金賠償判決をすることができるとしつつ、履行確保の観点から、賠償義務者が個人や中小企業である場合には定期金賠償を採用することは困難であり、賠償義務者が国や地方公共団体である場合には、特段の事情のない限り、履行確保の問題はクリアされる。実質的支払義務者が大手の保険会社の場合であり、経営不安がなければ、保険会社が被告となっていなくても、履行確保の問題はクリアされると主張する。しかし、「大手」の保険会社とはどの会社のことか、「経営不安」があるかどうかを裁判所が判断することが適切であるのか（裁判所が判断すべき事柄なのか）、疑問があるように思われる。なお、窪田充見「定期金賠償の課題と役割」ジュリ1403号54頁以下（2010年）も、逸失利益については、一時金賠償を求める原告の意思に反して定期金賠償を命じることはできないが、将来介護費用については、原告の意思に反しても定期金賠償判決をすることができるとしている。

注20　定期金賠償方式であれば中間利息を5%で控除されないことや、東京地判平成15年7月24日判タ1135号184頁のケースのように、加害者側に毎年反省を求める事実上の効果を期待して（同判決の事案では、原告側から、死亡当時3歳と1歳の女児の死亡逸失利益につき、それぞれが18歳になる年の命日から32歳になる年の命日までの15年間について命日ごとの定期金賠償を求め、認められた。なお、以後の逸失利益については、16年目の命日を期限とする一括払いを命じた）、原告側から定期金賠償を求めることがあり、その場合には認められてよい。ただし、死亡逸失利益については、原告側からの申立てがあっても定期金賠償は認められない（請求棄却するしかない）との見解もある（倉田卓次「定期金賠償試論」判タ179号25頁（1965年））。中園浩一郎「定期金賠償」判タ1260号9頁（2008年）も、死亡逸失利益や慰謝料については定期金賠償を採用することはできないとする。

判所は定期金賠償を命じることはできないというべきであろう[注21]。

4 定期昇給・ベースアップ・インフレ考慮

賃金上昇（賃上げ）には、定期昇給とベースアップ（ベア）とがある。定期昇給とは、年齢等に応じて賃金が上昇していくもので、縦軸に賃金、横軸に年齢をとると、大体右上がりの曲線（賃金カーブ）を描くことになる。ベースアップとは、そのような賃金カーブの底上げ（上方へのシフト）のことである。ベースアップは、必ずしもインフレーションに伴う名目賃金の是正（貨幣価値の下落の回復）には限定されないが、しかし、実際にはベースアップ斟酌論はインフレーション斟酌論と表裏をなすものである。

定昇であれ、ベアであれ、立証の問題に帰着するとすれば、休業損害においてはもちろん、将来の逸失利益においても、事実審の口頭弁論終結時までの分を斟酌し得ることは当然と思われる。問題は、事実審の口頭弁論終結時以後の、将来の定昇やベアを斟酌し得るか、という問題であるが、大多数の裁判例は、将来のベースアップ分の斟酌（インフレ斟酌）については否定的である。

将来の定昇分については、公務員、大企業労働者のように、昇給規定が整備されている場合は認める裁判例が多い。この点、最高裁昭和43年8月27日判決（民集22巻8号1704頁・判タ226号78頁）は、死亡逸失利益について、昇給規定の存在を認定することなく、同一会社に勤務する被害者と同程度の学歴、能力を有する者の「平均値的な昇給率」によって昇給を斟酌した原判決を是認している。問題となったのは、高卒で、某大電機メーカーの系列会社（会社の規模は不明であるが、調査官解説では中規模以上の会社のようである）に就職した22歳男子給与所得者の死亡逸失利益の算定方法であった。原審は、昇給規定の存在を認定することなく、基本給について、被害者が死亡の前月に受けた給与の額を基準にして、①死亡後4年間は、同一会社に勤務する被害者と同程度の学歴、能力を有する者の毎年の実際の昇給率と同一割合で昇給するものとし、②5年目以降、被害者が44歳に達するまでは、①の4年間の平均昇給率の割合で毎年昇給するものとし、③それ以後も定年である55歳まで（それよりは低い昇給率ではあるが）昇給を続けるものとして計算した。最高裁は、原審の計算方法は、「Aが生存していた場合にこのようにして昇給することは、確実であるとはいえないにしても、相当程度の蓋然性があるものと認められないこと

注21　注19で引用したとおり、中園裁判官、窪田教授も、後遺障害逸失利益に関しては原告の意思に反する定期金賠償命令には否定的である。

はなく、このような平均値的な昇給率によって予測された昇給をしんしやくして将来の収入を定めることは、なお控え目な算定方法にとどまるものとして是認することができるものというべきである」とした[注22]。検討されるべき問題である。

注22　同判決は、賞与についても、同様に、同一会社に勤務する被害者と同程度の学歴、能力を有する者に対し現実に支給された賞与の額の基本給に対する比率を参考にし、定年（55歳）まで賞与が毎年支給されるものとして計算している。

第2章

後遺障害逸失利益算定の実務

I　保険実務の取扱い

1　総　説

ア　運行供用者責任（自賠3条）

保険実務において留意すべきことは、自賠責保険（共済）からの保険金（共済金）及び損害賠償額は、加害車の「保有者」（自賠2条3項）に自動車損害賠償保障法（以下、本書において「自賠法」という）3条の規定による損害賠償責任（運行供用者責任）が発生した場合に限り支払われることである（自賠11条・16条1項参照）。これに対し、対人賠償保険（任意保険）は、被保険自動車の所有、使用または管理に起因して他人の生命・身体を害すること（対人事故）により、被保険者[注1]が法律上の損害賠償責任を負担する場合に支払われるから、保有者に運行供用者責任が発生する場合に限られない（被保険者に民法709条や715条の規定による損害賠償責任が発生する場合でもよい）。以下では、運行供用者責任について概観しておく[注2]。

a　責任主体

責任主体である「運行供用者」とは、「自己のために自動車を運行の用に供する者」のことであり、当該自動車に関する「運行支配」と「運行利益」を有する者と解される。この解釈は、最高裁昭和43年9月24日判決（判タ228号112頁）が嚆矢と思われるが（同判決では「運行」ではなく「使用」という言葉が用いられている）、以後、多数の判例が出されている。車両の所有者・使用権限者など「自動車を使用する権利を有する者」（自賠2条3項）が典型的な運行供用者であるが、運行支配と運行利益を有する者であれば使用権限がない者（泥棒運転者、無断運転者など）も運行供用者である。しかし、前述のとおり、加害車の保有者、すなわち「自動車を使用する権利を有する者」に運行供用者責任が発生しなければ自賠責保険（共済）から支払を受けることはできない。

注1　記名被保険者、その配偶者、同居の親族、別居の未婚の子、記名被保険者の承諾を得て被保険自動車を使用または管理中の者（許諾被保険者）など、約款にその範囲が規定されている。

注2　運行供用者責任に係わる諸問題については、北河・賠償法26～106頁、北河ほか・逐条自賠21～64頁を参照されたい。

なお、自賠責保険（共済）の被保険者は、①「保有者」と、②運転者も（民法709条に基づき）損害賠償責任を負うときは被保険者である（自賠11条）。

b　運行起因性

運行供用者責任の成立には、人身被害が当該車両の「運行によって」生じることが要件となる。一般に「運行起因性」と呼ばれる論点である。「運行」とは「人又は物を運送するとしないとにかかわらず、自動車を当該装置の用い方に従い用いること」と定義され（自賠2条2項)、「当該装置」の解釈としては「固有装置説」が採用されている（最判昭和52年11月24日民集31巻6号918頁)。「よって」とは運行と人身損害と間に相当因果関係が存在することを意味している[注3]。

c　保護客体

運行供用者責任による保護の対象は「他人」の生命または身体[注4]である。

責任主体と保護客体は両立し得ない存在であるから、「他人」とは、「自己のため自動車を運行の用に供する者および運転者以外の者」と解されている（最判昭和37年12月14日民集16巻12号2407頁)。ただし、運行供用者と目される者が複数存在し、そのうちの1人が被害者となった場合、被害者となった運行供用者が他方の運行供用者との関係で「他人」と評価される場合があり、「共同運行供用者の他人性」として論じられている[注5]。

d　間接損害の取扱い

自賠責保険では、保護の対象は直接被害者に発生した損害とされており[注6]、間接被害者[注7]に発生した間接損害は対象外である。しかし、損害賠償の範囲の問題として捉えると、自賠法3条の規定による運行供用者責任だからといって、直ちに間接損害が損害賠償の範囲から除かれることにはならない。この点は、自賠法3条に責任の発生原因として「他人の生命又は身体を害したとき」と規定されていることから、損害賠償請求権者は生命・身体を害された直接被

注3　実際には「運行によって」として一体として判断されていることにつき、北河ほか・逐条自賠13頁、40頁参照。

注4　人身損害に対する損害賠償だけが自賠責保険の対象であり、物的損害に対する損害賠償は対象外である。なお、身体機能の一部を補完する物体（義肢・義眼・眼鏡・コンタクトレンズ・補聴器・松葉杖等）は人身損害と同様に取り扱っている。

注5　北河・賠償法88～101頁参照。

注6　自賠責保険支払基準では「死亡した者又は傷害を受けた者1人につき」保険金額を定めることとされているため、保険実務上は直接被害者のみが対象といえる。

注7　事故に遭って直接被害を被った者を直接被害者、間接的に（二次的に、波及的に）被害を被った者を間接被害者と称する。企業損害を中心に論じられているが、それに限られるわけではない。間接被害者の間接損害については北河・賠償法147～151頁を参照。

害者に限定されるという考え方もできないわけではないが、同条は「これによって生じた損害」と規定するだけで、「その者に生じた損害」とは限定していないので、生命・身体侵害と相当因果関係に立つ損害と評価できれば、必ずしも間接被害者に生じた間接損害が排除されるわけではない（自賠法3条は、間接損害者にも賠償請求権の主体たり得る可能性を排除していないと判示している裁判例として、東京地判42年12月8日判タ216号171頁がある）[注8]。

イ　自賠責保険と任意自動車保険との関連

自賠責保険は、契約締結が強制される強制保険だが、これに加えて、保険契約者が任意に契約締結の要否を判断する任意自動車保険がある。任意自動車保険は様々な名称（商品名）で販売されているが、標準的な商品は、①賠償責任保険（対人・対物賠償責任保険）、②自損事故保険、③無保険車傷害保険、④搭乗者傷害保険、⑤人身傷害補償型保険、⑥車両保険から構成されている[注9]。また、自動車を保有していない自動車使用者向けに自動車運転者損害賠償責任保険（賠償責任保険と自損事故保険から構成）がある。いずれの商品にも対人賠償責任保険が組み込まれており、人身損害に対する損害塡補機能は、自賠責保険と対人賠償責任保険との二本建て構造によっている。

対人賠償責任保険の標準約款は、「被保険者が法律上の損害賠償責任を負担することによって被る損害に対して、この賠償責任条項および基本条項に従い、保険金を支払」うことを約し、その保険金は1回の対人事故による損害が「自賠責保険等によって支払われる金額[注10]を超過する場合に限り、その超過額に対してのみ保険金を支払」うと約定されているため、対人賠償責任保険は自賠責保険の上積み保険といわれる[注11]（図表4）。なお、ここに「自

図表4　保険の構造

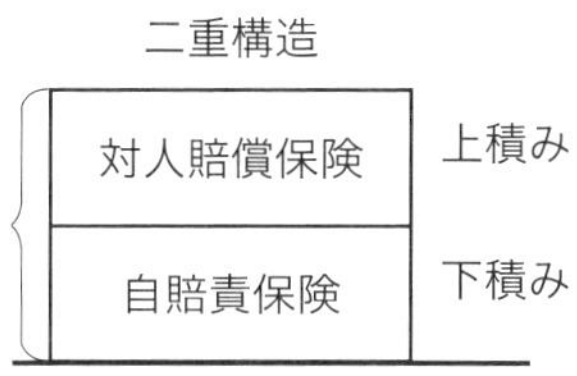

注8　北河ほか・逐条自賠61・62頁。

注9　任意自動車保険契約は、上記の各種保険契約内容に免責条項等の基本条項と各種の特約条項（運転者家族限定特約、運転者年齢限定特約等）から構成されている。

注10　被保険自動車に自賠責保険等の契約が締結されていない場合は、自賠責保険等によって支払われる金額に相当する金額をいう。

注11　ただし、「所有、使用、管理」は自賠法所定の「運行」よりも一応広い概念であるから、被保険者が自賠責保険により保険金の支払を受けられない場合であっても、対人賠償責任保険から、賠償責任を負担することによって被る損害の全額、つまり根っこから保険金の支払を受けることができる場合がある（鴻常夫編集代表『註釈自動車保険約款（上）』85頁〈石田満執筆〉（1995年、有斐閣））。

賠責保険等によって支払われる金額」とは、自賠責保険の保険金限度額ではなく、自賠責保険の認定額を意味するものと解されている。

自賠責保険では、①被保険者（加害者＝損害賠償義務者）が被害者に損害賠償を履行した限度で保険金請求権を取得する場合（自賠15条）と、②被害者が自賠責保険の契約保険会社（以下、「自賠社」という）に保険金額の限度で損害賠償額支払請求権（直接請求権。以下、「被害者請求権」という）を取得する場合（自賠16条）がある[注12]。後者の直接請求権は自賠法上特別に認められた請求権で、契約に基づく保険金請求権ではなく損害賠償額の支払請求権である。

自賠責保険と対人賠償責任保険との二本建て構造を採用したことによる二重の請求手続を回避し被害者保護の実効性を高めるため、損害保険会社は、昭和48年8月から「一括払制度」を設けている。これは、①対人賠償責任保険の取扱会社が被害者に対して「自賠責保険等によって支払われる金額」を含めて損害賠償額全額を支払い（その前提として被・加害者間で損害賠償に関する合意＝示談契約が締結されることが原則となる）、②その後に対人賠償責任保険の取扱会社（以下、「任意社」という）から自賠社に「自賠責保険等によって支払われる金額」の精算請求をする、という二つの手続から構成されている。これにより「自賠責保険等によって支払われる金額」が確定しなければ対人賠償責任保険からの支払金額を確定することができないという構造的な問題を解消している。この場合、②の精算請求は保険金請求権（自賠15条）の行使である。

これに対し、任意社が関与せず、被害者・被保険者が自賠社に対して被害者請求権・保険金請求権を行使する請求形態を「非一括払請求」という。被・加害者間で損害賠償に関する合意成立が難航すると予想される場合には、自賠責保険金額の範囲内に限り非一括払請求の方式で被害者が被害者請求権を行使することが被害者保護に資することがある。自賠責保険では、重過失減額を除き過失相殺がなく損害賠償額もある程度形式的に算出されるため、示談交渉に要する期間に比して迅速な支払がなされることがあるからである。

注12　任意自動車保険（対人賠償保険）においても、約款において、損害賠償請求権者の任意社に対する直接請求権が認められているが、これは第三者のためにする契約（民537条～539条）である。自賠法16条の被害者請求権との大きな違いは、約款上の直接請求権は、判決の確定、裁判上の和解・調停の成立、示談書・免責証書の作成等により、被保険者と被害者との間で、被保険者の負担する法律上の損害賠償責任額が確定することが支払条件となっていることである。

2 等級認定の考え方

ア 総 説

自賠責保険における後遺障害とは、傷害が治ったとき身体に存する障害であり、自賠法施行令別表に定める後遺障害等級に応じて保険金額が定められている。この等級認定は原則として労働者災害補償保険における障害の等級認定の基準（労災認定基準）に準じて行うものとされている（自賠責保険支払基準）。

労災認定基準については、『労災補償障害認定必携』（一般財団法人労災サポートセンター発行/平成28年3月16日［第16版］）69頁に解説があり、障害（責任保険では後遺障害）とは、傷病（負傷または疾病）が治ったときに残存する当該傷病と相当因果関係を有し、かつ、将来においても回復が困難と見込まれる精神的・身体的毀損状態（障害）で、その存在が医学的に認められ、労働能力の喪失を伴うものとされている。また、ここにいう「治ったとき」とは、傷病に対して行われる医学上一般に承認された治療方法（療養）をもってしても、その効果が期待し得ない状態（療養の終了）で、かつ、残存する症状が、自然的経過によって到達すると認められる最終の状態（症状の固定）に達したときをいうとされている。なお、「労働能力」とは、一般的な平均的労働能力をいうのであって、被災者（責任保険の被害者）の年齢、職種、利き腕、知識、経験等の職業能力的諸条件は障害の程度を決定する要素となっていないとされている。自賠責保険ではこの考え方を踏まえて後遺障害等級を認定している。

後遺障害による損害に係る自賠責保険金額は、介護の必要性及び後遺障害の程度に応じて定められている（自賠法施行令別表第一及び別表第二）。

なお、介護を要する後遺障害とそれ以外の後遺障害が残存している場合には、介護を要する後遺障害の等級を認定する。これは自賠法施行令2条1項2号が介護を要する後遺障害をもたらす傷害を受けた者に関する保険金額を定め、同項3号が「前号に掲げる者を除く」傷害を受けた者（後遺障害を含む）に関する保険金額を定めていることから、同項2号が適用されるときには同項3号が適用されないためである。

この後遺障害等級の構造は、身体をまず解剖学的観点から部位[注13]に分け、次にそれぞれの部位における後遺障害を機能の面に重点をおいた生理学的観点から、例えば、眼における視力障害、調節機能障害、運動障害、及び、視野障

注13 ア．眼（眼球/左右の眼瞼）、イ．耳（内耳等/左右の耳介）、ウ．鼻、エ．口、オ．神経系統の機能または精神、カ．頭部・顔面・頸部、キ．胸腹部臓器（外生殖器を含む）、ク．体幹（せき柱/その他の体幹骨）、ケ．左右の上肢・手指、コ．左右の下肢・足指

害のように一種または数種の後遺障害群（「系列[注14]」）に分けている。

さらに系列ごとにその介護の必要性と後遺障害の程度に応じて介護を要する後遺障害を自賠法施行令別表第一第1級及び第2級の2段階、その他の後遺障害を施行令別表第二第1級から第14級までの14段階に区分しており、この場合の同一系列の後遺障害相互間における等級の上位、下位の関係を後遺障害の「序列」と呼んでいる。この序列では、上位等級と下位等級の間に中間等級を定めていないものもある（階段状に構成される）。例えば、1眼の視力障害では、視力0.1以下を別表第二第10級に、視力0.6以下を別表第二第13級に定めているため、別表第二第13級には、視力0.1を超えて0.6までの視力障害が含まれることとなり、その中間にあたる視力0.4の視力障害は、10級と13級の中間として評価されるのではなく第13級と評価され視力が0.1以下にならない限り13級とは評価されない。また、次の特則がある。

イ　併合（自賠令2条1項3号）

自賠責保険では、自賠法施行令別表第二に掲げる後遺障害が二以上ある場合、①別表第二5級以上の後遺障害が二以上ある場合は重い後遺障害等級の3級上位の等級に位置付け、②別表第二8級以上の後遺障害が二以上ある場合は重い後遺障害等級の2級上位の等級に位置付け、③別表第二13級以上の後遺障害が二以上ある場合は重い後遺障害等級の1級上位の等級に位置付け、④それ以外の場合は重い後遺障害等級に位置付けている。①〜③を「併合」と呼んでいる。

なお、この場合でも併合前のそれぞれの後遺障害等級の保険金額の合算額が併合後の後遺障害等級の保険金額を超えるときは、合算額を限度としている。

ウ　加重（自賠令2条2項）

既に後遺障害のある者が傷害を受け同一部位に後遺障害の程度を重くした場合は、新たな後遺障害等級に応じた保険金額から、既にあった後遺障害等級に応じた保険金額を控除した金額を保険金額としている。これを「加重」と呼んでいる。その既存障害は先天性・後天性のものかどうか、自動車事故によるものであるかどうかに関わらず、既に後遺障害等級表上に定められている程度の後遺障害であれば、加重の対象となる。したがって、同一部位に新たな傷害が加わったとしても、現存する後遺障害が、後遺障害等級表上既存障害よりも重くならなければ加重には該当しない。

ここでは「同一部位」の解釈が問題となる。支払基準が準拠する労災認定基

注14　部位をさらに生理学的な観点から35種の系列に細分している。

準では、「部位」をさらに生理学的な観点から35種に細分した「系列」と解していて「同一部位」とは「同一系列」と解している（自賠法の解釈もこれと同じ）。一方、裁判例（さいたま地判平成27年3月20日判時2255号96頁、控訴審：東京高判平成28年1月20日判時2292号58頁）は、被害者が自転車走行中に誤って川に転落した事故（転落事故）により第9胸椎圧迫骨折の傷害を負い、これにより体幹と両下肢の機能障害を遺し日常生活全般の移動に車椅子を使用していたところ、その約30年後に自動車事故に遭って新たな後遺障害（局部の神経症状）を遺した場合、「同一の部位」とは「損害として一体的に評価されるべき身体の類型的な部位」をいうと解釈し（原審も同じ）、転落事故による後遺障害と自動車事故による症状は、損害として一体的に評価されるべき身体の類型的な部位には当たらないとして同一の部位ではないと判示し、局部の神経症状によって生じた損害の賠償を命じている。

エ　相当（自賠令別表第一備考、別表第二備考6）

別表第一・第二の各等級に該当しない後遺障害であって各等級に相当するものは別表第一・第二にある後遺障害に準じてその等級を定めることとされている。これを「相当」といい、相当の方法で定められた等級を「相当級」と呼んでいる（相当級として評価する後遺障害には多様な類型があるが、その一例を挙げれば、嗅覚脱失等の鼻機能障害・味覚脱失等の口腔障害は、神経系統の機能の障害ではないが、全体としては神経障害に近い後遺障害とみなされているところから、一般の神経障害として定められている別表第二第12級13号「局部に頑固な神経症状を残すもの」を準用して別表第二第12級相当の後遺障害として取り扱っていること、などがある）。

3　等級認定の考え方（各論）

ア　眼（眼球及びまぶた）の障害

眼の障害は、「眼球」の障害と「まぶた」の障害とに区分され、眼球の障害として「視力障害」について11段階（13区分）、「調節機能障害」について2段階、「運動障害」について2段階、「視野障害」について2段階の等級が定められ、また、まぶたの障害として欠損障害について4段階、運動障害について2段階に区分して定められている。

① 視力障害は、屈折異状がある場合には、矯正視力により等級認定を行うことが原則で矯正が不能な場合は、裸眼視力によって等級を認定することとされている（自賠令別表第二備考1）。この矯正視力には、眼鏡による矯正、医学的に装用が可能と認められるコンタクトレンズによる矯正または眼内

レンズによる矯正によって得られた視力が含まれ、コンタクトレンズの装用が可能と認められるのは、1日に8時間以上の連続装用が可能な場合としている。

なお、自賠責保険での「失明」とは、眼球を亡失（摘出）したもの、明暗を弁じ得ないもの、ようやく明暗を弁ずることができる程度のものをいい、光覚弁（明暗弁）または手動弁が含まれる。

② 調節機能障害は、動眼神経麻痺や水晶体摘出術後などの器質的損傷に伴う調節不全を対象としている。

③ 運動障害は、患側で単眼視できる範囲（＝注視野）の程度と日本人の平均値との比較により等級を認定する。また、眼球の運動障害により、複視が残存していれば、その程度に応じて等級を認定する。

④ 視野障害は、半盲症、視野狭窄、視野変状を等級認定するが、その程度は視野表により確認している。そのため、周辺視野まで確認できるゴールドマン型視野計による測定方法が採用されている。

⑤ まぶたの障害は、欠損障害と運動障害を等級認定するが、左右のまぶたに障害を残した場合には各々を別個な障害として取り扱っている。まぶたの欠損が認められる場合は閉瞼時に角膜を覆い得ない程度か、球結膜が露出する程度のものかによって等級評価し、まぶたの運動障害が認められる場合は開瞼時に瞳孔領を完全に覆うもの、または閉瞼時に角膜を完全に覆い得ないものか否かによって等級評価する。

イ　耳の障害

耳の障害は、「内耳等」の障害と「耳殻」の障害とに区分され、内耳などの障害として両耳の聴力障害について6段階（9区分)、1耳の聴力障害について4段階の等級が定められ、耳殻の障害として「欠損障害」について等級が定められている。なお、内耳損傷に伴うめまいなどの「平衡機能障害」については、「神経系統の機能」の後遺障害として評価[注15]する。

① 内耳等の障害は、聴力障害として「両耳」と「一耳」に区分されており、純音聴力検査の結果に基づいた気導値で等級認定を行うことが原則である。純音聴力レベルの測定結果は、有意差が見られない3回分のオージオグラムによって評価する。後遺障害として症状固定したと判断する場合には、有

注15　めまい・平衡機能障害は内耳神経障害以外にも中枢神経系の障害によって発症することも多いため、外傷により発症・残存しためまい・平衡機能障害は、神経系統の機能の障害における「失調、めまいおよび平衡機能障害」として、その症状を総合的に判断している。

意差のない数値が3回分以上連続して得られる「再現性」のある場合を等級評価の標準としている。この「有意差」とは、同一周波数において10dB超の差がある場合をいい、複数回の聴力検査の結果、有意差が見られる場合には、聴性脳幹反応（ABR）検査やあぶみ骨筋反射（SR）検査などの他覚的検査が必要と考えられる。両耳に聴力障害を残した場合は、左右別々ではなく、両耳の聴力障害の該当する等級により評価している[注16]。

② 耳殻の障害は、欠損障害があり、耳殻軟骨部の1/2以上を欠損したものについては「耳殻を欠損したもの」、あるいは「外貌の醜状障害」のいずれか上位の等級を認定する。なお、耳殻軟骨部の1/2以下の欠損でも、「外貌に醜状を残すもの」と認められる場合は、醜状障害として等級評価する。

ウ 鼻の障害

鼻を欠損しその機能に著しい障害を残すもののみが後遺障害と定められている。「鼻の欠損」とは、鼻軟骨部の全部または大部分を欠損したものをいい、「機能に著しい障害を残すもの」とは、鼻呼吸困難または嗅覚脱失をいう。なお、鼻の欠損が、鼻軟骨部の全部または大部分に達しないものであっても、「外貌の醜状障害」として評価できる場合があり、逆に人工骨などにより整復されている場合は、「鼻の欠損」とは評価されない。

鼻の欠損を伴わない機能障害については、別表第二備考6により、その後遺障害の程度に応じて、別表第二に掲げられている他の後遺障害に準じて相当級を認定することとなる。「鼻の欠損はないが、鼻呼吸困難を残すもの」及び「鼻の欠損はないが、嗅覚脱失を残すもの」は別表第二第12級相当として等級評価し、「鼻の欠損はないが、嗅覚の減退を残すもの」は、別表第二第14級相当として等級評価する。

エ 口の障害

口の障害は、「咀嚼及び言語機能障害」と「歯牙障害」に区分され、咀嚼及び言語機能障害について6段階、歯牙障害について5段階の等級が定められている。嚥下障害、味覚脱失等別表第二に掲げられていない口の障害については、別表第二備考6の規定により、その後遺障害の程度に応じて別表第二に掲げられている他の障害に準じて相当級を認定することとなる。

① 咀嚼機能の障害は、上下咬合及び排列状態並びに下顎の開閉運動[注17]などに

注16 鼓膜の外傷性穿孔により、「常時耳漏があるもの」は別表第二第12級相当、「その他のもの」は別表第二第14級相当として取り扱い、外傷による「外耳道の高度の狭窄で耳漏を伴わないもの」は別表第二第14級相当として取り扱う。

注17 開口障害などを原因として咀嚼に相当時間を要するものは、別表第二第12級相当と評価する。

よる飲食物の摂取状況を総合的に判断して評価する。例えば、「咀嚼の機能を廃したもの」とは、流動食以外は摂取できないもの、「咀嚼機能に著しい障害を残すもの」とは、粥食またはこれに準ずる程度の飲食物以外は摂取できないもの、「咀嚼機能に障害を残すもの」とは、ある程度の固形食は摂取できるが、これに制限があって、咀嚼が十分でないものと解されている[注18]。

② 言語機能の障害は、口唇や舌の器質的損傷に伴う構音障害をその対象としており、口唇音、歯舌音、口蓋音、喉頭音の4種について、いずれかの種類の言語が全て発音不能となった場合に等級評価している。このうち、「言語の機能を廃したもの」とは4種の語音（口唇音・歯舌音・口蓋音・喉頭音）[注19]のうち3種以上が発音不能のものをいい、「言語の機能に著しい障害を残すもの」とは4種の語音のうち2種が発音不能のものまたは綴音機能に障害があるため言語のみでは意思を疎通することができないもの、「言語の機能に障害を残すもの」とは4種の語音のうち1種が発音不能となったものを等級評価している。

③ 歯牙障害は、歯科補綴を加えた歯牙の本数に応じて等級が定められている。これは原則として永久歯に対して歯科補綴を加えたもののうち、次のいずれかに該当する場合をいう。なお、第三大臼歯は後遺障害の対象とならず、乳歯の損傷は、原則として後遺障害の対象ではないが乳歯を欠損したため永久歯の萌出が見込めないときは後遺障害の対象としている。

㋐ 現実に喪失した、または抜歯した歯牙に対して歯科補綴を加えたもの
㋑ 歯冠部の体積の3/4以上を欠損した歯牙に対して歯科補綴を加えたもの
㋒ 歯科技工上、歯冠部の体積の3/4以上を切削し歯科補綴を加えたもの
㋓ 脱落歯または抜歯された自然歯を使用して歯科補綴を加えたもの

オ 神経系統の機能または精神の障害

介護を要する神経系統の機能または精神の障害（別表第一）、神経系統の機能または精神の障害（別表第二）及び局部の神経系統の障害[注20]（別表第二）に

注18 食道の狭窄、舌の異常、咽喉支配神経の麻痺などによって生ずる嚥下障害は、その障害の程度に応じて、咀嚼機能障害に係る等級に準じて等級評価している。

注19 口唇音・歯舌音・口蓋音・喉頭音は次の子音により分類する。口唇音：「ま行音・ぱ行音・ば行音・わ行音・ふ」、歯舌音：「な行音・た行音・だ行音・ら行音・さ行音・ざ行音・しゅ・じゅ・し」、口蓋音：「か行音・が行音・や行音・ひ・にゅ・ぎゅ・ん」、喉頭音：「は行音」

注20 別表第二第12級は非器質性精神障害を除き、他覚的に神経系統の障害が証明されるものが前提となる。

ついて各々等級を定めている。その概要は次のとおりである。

a 脳の障害

脳の器質的損傷[注21]による障害は、「脳外傷による高次脳機能障害」と「身体性機能障害」に大別できる。

① 脳外傷による高次脳機能障害とは、記憶・記銘力障害、集中力障害、遂行機能障害、判断力低下などの全般的な認知障害と、感情易変、不機嫌、攻撃性、暴言・暴力、幼稚、羞恥心の低下、多弁（饒舌）、自発性・活動性の低下、病的嫉妬、被害妄想などの人格変化を典型的な症状とするものであり（併存して認められることもある）、痙性片麻痺・痙性四肢麻痺や起立・歩行の不安定、構語障害などの症状を伴うことがある。この障害は、脳が損傷され、一定期間以上、意識が障害された場合に発生し、CT・MRIなどの画像診断で脳損傷が認められることが要件である。その等級評価は次のとおりである。

㋐ 「神経系統の機能または精神に著しい障害を残し、常に介護を要するもの」とは「高次脳機能障害のため、生命維持に必要な身のまわり処理の動作について、常に他人の介護を要するもの」（別表第一第1級1号）で、具体的には、身体機能は残存しているが高度の痴呆があるために、生活維持に必要な身のまわり動作に全面的介護を要するものである。

㋑ 「神経系統の機能または精神に著しい障害を残し、随時介護を要するもの」（別表第一第2級1号）とは、「高次脳機能障害のため、生命維持に必要な身のまわり処理の動作について、随時介護を要するもの」で、具体的には、「著しい判断力の低下や情動の不安定などがあって、一人で外出することができず、日常の生活範囲は自宅内に限定されている。身体動作的には排泄、食事などの活動を行うことができても、生命維持に必要な身辺動作に家族からの声掛けや看視を欠かすことができないもの」である。

㋒ 「神経系統の機能又は精神に著しい障害を残し、終身労務に服することができないもの」（別表第二第3級3号）とは、「生命維持に必要な身のまわり処理の動作は可能であるが、高次脳機能障害のため、労務に服することができないもの」で、具体的には、「自宅周辺を一人で外出でき

注21 頭部外傷後の後遺障害については、原則として頭部のX-P、CT、MRI、脳波、神経学的検査所見などの経時的変化や被害者の日常生活状況などから、各症状を総合的に判断して障害等級を認定する。

るなど、日常の生活範囲は自宅に限定されていない。また、声掛けや、介助なしでも日常の動作を行える。しかし、記憶や注意力、新しいことを学習する能力、障害の自己認識、円滑な対人関係維持能力などに著しい障害があって、一般就労が全くできないか、困難なもの」である。

㋓ 「神経系統の機能又は精神に著しい障害を残し、特に軽易な労務以外の労務に服することができないもの」（別表第二第5級2号）とは、「高次脳機能障害のため、きわめて軽易な労務のほか服することができないもの」で、具体的には、「単純繰り返し作業などに限定すれば、一般就労も可能。ただし、新しい作業を学習できなかったり、環境が変わると作業を継続できなくなったりするなどの問題がある。このため、一般人に比較して作業能力が著しく制限されており、就労の維持には職場の理解と援助を欠かすことができないもの」が該当する。

㋔ 「神経系統の機能又は精神に障害を残し、軽易な労務以外の労務に服することができないもの」（別表第二第7級4号）とは、「高次脳機能障害のため、軽易な労務にしか服することができないもの」で、具体的には、一般就労を維持できるが、作業の手順が悪い、約束を忘れる、ミスが多いなどのことから一般人と同等の作業を行うことができないものが該当する。

㋕ 「神経系統の機能又は精神に障害を残し、服することができる労務が相当な程度に制限されるもの」（別表第二第9級10号）とは、「通常の労務に服することはできるが、高次脳機能障害のため、社会通念上、その就労可能な職種の範囲が相当な程度に制限されるもの」で、具体的には、一般就労を維持できるが、問題解決能力などに障害が残り、作業効率や作業持続力などに問題があるものが該当する。

㋖ 「局部に頑固な神経症状を残すもの」（別表第二第12級13号）とは、「通常の労務に服することはできるが、高次脳機能障害のため、多少の障害を残すもの」で、具体的には、意思疎通能力、問題解決能力、作業負荷に対する持続力・持久力及び社会行動能力の四つの能力のうち、いずれか一つ以上の能力が多少失われているものが該当する。

㋗ 「局部に神経症状を残すもの」（別表第二第14級9号）とは、「通常の労務に服することはできるが、高次脳機能障害のため、軽微な障害を残すもの」で、具体的には、CT、MRIなどによる他覚的所見は認められないものの、脳損傷のあることが医学的にみて合理的に推測でき、高次脳機能障害のためわずかな能力喪失が認められるものが該当する。

② 身体性機能障害とは、麻痺の範囲（四肢麻痺、片麻痺及び単麻痺）及びその程度（高度、中等度及び軽度）並びに介護の有無及び程度により障害等級を認定する。麻痺の程度は運動障害の程度に依存している。なお、麻痺の範囲・程度は、身体的所見及びMRI、CT等による裏付けが要件である。

㋐ 高度の麻痺とは、障害のある上肢または下肢の運動性・支持性がほとんど失われ、障害のある上肢または下肢の基本動作（下肢においては歩行や立位、上肢においては物を持ち上げて移動させること）ができないものであり、中等度の麻痺とは、障害のある上肢または下肢の運動性・支持性が相当程度失われ、障害のある上肢または下肢の基本動作にかなりの制限があるものである。軽度の麻痺とは、障害のある上肢または下肢の運動性・支持性が多少失われており、障害のある上肢または下肢の基本動作を行う際の巧緻性及び速度が相当程度損なわれているものである。軽微な麻痺とは、運動性、支持性、巧緻性及び速度についての支障がほとんど認められない程度の軽微な麻痺を残すもので、運動障害は認められないものの、広範囲にわたる感覚障害が認められるものである。その等級評価は次のとおりである。

㋑ 「神経系統の機能又は精神に著しい障害を残し、常に介護を要するもの」（別表第一第1級1号）とは「身体性機能障害のため、生命維持に必要な身のまわり処理の動作について、常に他人の介護を要するもの」が該当し、「高度の四肢麻痺が認められるもの」、「中等度の四肢麻痺であって、食事・入浴・用便・更衣等について常時介護を要するもの」、「高度の片麻痺であって、食事・入浴・用便・更衣等について常時介護を要するもの」のいずれかをいう。

㋒ 「神経系統の機能又は精神に著しい障害を残し、随時介護を要するもの」（別表第一第2級1号）とは、「身体性機能障害のため、生命維持に必要な身のまわり処理の動作について、随時介護を要するもの」が該当し、「高度の片麻痺が認められるもの」、「中等度の四肢麻痺であって、食事・入浴・用便・更衣等について、随時介護を必要とするもの」のいずれかをいう。

㋓ 「神経系統の機能又は精神に著しい障害を残し、終身労務に服することができないもの」（別表第二第3級3号）とは、「生命維持に必要な身のまわり処理の動作は可能であるが、身体性機能障害のため、労務に服することができないもの」が該当し、中等度の四肢麻痺が認められるものをいう。

㋔ 「神経系統の機能又は精神に著しい障害を残し、特に軽易な労務以外の労務に服することができないもの」（別表第二第5級2号）とは、「身体性機能障害のため、きわめて軽易な労務のほか服することができないもの」が該当し、「軽度の四肢麻痺が認められるもの」、「中等度の片麻痺が認められるもの」、「高度の単麻痺が認められるもの」のいずれかをいう。

㋕ 「神経系統の機能又は精神に障害を残し、軽易な労務以外の労務に服することができないもの」（別表第二第7級4号）とは、「身体性機能障害のため、軽易な労務以外には服することができないもの」が該当し、「軽度の片麻痺が認められるもの」、「中等度の単麻痺が認められるもの」のいずれかをいう。

㋖ 「神経系統の機能又は精神に障害を残し、服することができる労務が相当な程度に制限されるもの」（別表第二第9級10号）とは、「通常の労務に服することはできるが、身体性機能障害のため、社会通念上、その就労可能な職種の範囲が相当な程度に制限されるもの」が該当し、軽度の単麻痺が認められるものをいう。

㋗ 「局部に頑固な神経症状を残すもの」（別表第二第12級13号）とは、「通常の労務に服することはできるが、身体性機能障害のため、多少の障害を残すもの」が該当し、運動性、支持性、巧緻性及び速度についての支障がほとんど認められない程度の軽微な麻痺を残すものをいい、運動障害は認められないものの広範囲にわたる感覚障害が認められるものも等級評価している。

b　脳の器質的損傷を伴わない精神障害

脳の器質的損傷を伴わない精神障害（以下、「非器質性精神障害」という）は、①発症と症状の残存が事故に直接的に関連する身体的外傷や心的外傷などの要因に加え環境的要因や個体側要因等が関連し本質的に多因性の障害であること、②身体的機能に障害がなく精神医学的に適切な治療により完治し得る可能性を有していること、③多因性かつ完治可能性を踏まえ精神科専門医による診断及び治療が必要不可欠であること、の特徴を有している。

c　脊髄の障害

外傷により脊髄が損傷され、各種の症状（麻痺・広範囲の感覚障害・神経因性膀胱障害等）や脊柱の変形や運動障害が認められる場合、脳の身体性機能障害と同じく身体的所見及びMRI、CT等によって他覚的に裏付けられる麻痺の範囲と程度に則って後遺障害等級を認定する。その等級評価は次のとおりである。

① 「神経系統の機能又は精神に著しい障害を残し、常に介護を要するもの」（別表第一第1級1号）とは、「脊髄症状のため、生命維持に必要な身のまわり処理の動作について、常に他人の介護を要するもの」とされており、具体的には、「高度の四肢麻痺が認められるもの」、「高度の対麻痺が認められるもの」、「中等度の四肢麻痺であって、食事・入浴・用便・更衣等について常時介護を要するもの」、「中等度の対麻痺であって、食事・入浴・用便・更衣等について常時介護を要するもの」が該当する。

② 「神経系統の機能又は精神に著しい障害を残し、随時介護を要するもの」（別表第一第2級1号）とは、「脊髄症状のため、生命維持に必要な身のまわり処理の動作について、随時介護を要するもの」とされており、具体的には、「中等度の四肢麻痺が認められるもの」、「軽度の四肢麻痺であって、食事・入浴・用便・更衣等について随時介護を要するもの」、「中等度の対麻痺であって、食事・入浴・用便・更衣等について随時介護を要するもの」が該当する。

③ 「神経系統の機能又は精神に著しい障害を残し、終身労務に服することができないもの」（別表第二第3級3号）とは、「生命維持に必要な身のまわり処理の動作は可能であるが、脊髄症状のために労務に服することができないもの」とされており、具体的には、「軽度の四肢麻痺が認められるもの（別表第一第2級に該当するものを除く）」、「中等度の対麻痺が認められるもの（別表第一第1級または別表第一第2級に該当するものを除く）」が該当する。

④ 「神経系統の機能又は精神に著しい障害を残し、特に軽易な労務以外の労務に服することができないもの」（別表第二第5級2号）とは、「脊髄症状のため、きわめて軽易な労務のほかに服することができないもの」とされており、具体的には、「軽度の対麻痺が認められるもの」、「1下肢の高度の単麻痺が認められるもの」が該当する。

⑤ 「神経系統の機能又は精神に障害を残し、軽易な労務以外の労務に服することができないもの」（別表第二第7級4号）とは、「脊髄症状のため、軽

易な労務以外には服することができないもの」とされており、原則として、1下肢の中等度の単麻痺が認められるものが該当する。

⑥ 「神経系統の機能又は精神に障害を残し、服することができる労務が相当な程度に制限されるもの」(別表第二第9級10号)とは、「通常の労務に服することはできるが、脊髄症状のため、就労可能な職種の範囲が相当な程度に制限されるもの」とされており、具体的には1下肢の軽度の単麻痺が認められるものが該当する。

⑦ 「局部に頑固な神経症状を残すもの」(別表第二第12級13号)とは、「通常の労務に服することはできるが、脊髄症状のため、多少の障害を残すもの」とされており、具体的には「運動性、支持性、巧緻性及び速度についての支障がほとんど認められない程度の軽微な麻痺を残すもの」、「運動障害は認められないものの広範囲にわたる感覚障害が認められるもの」が該当する。

d　末梢神経の障害

① 根性及び末梢神経の損傷による運動麻痺に対しては、原則として損傷を受けた神経の支配する身体各部の器官における機能障害に係る等級を適用する。聴神経を損傷して難聴が残存した場合は聴力障害の等級を、視神経を損傷して視力障害が残存した場合には視力障害の等級を適用する。腕神経叢の損傷に伴い、上肢の関節機能障害が残存した場合は、上肢の機能障害の等級を適用する。

② 疼痛などの感覚異常については、脳神経及び脊髄神経の外傷、その他の原因によるカウザルギー、神経痛について疼痛発作の頻度、疼痛の強度と持続時間及び疼痛の原因となる他覚的所見などにより、疼痛の労働能力に及ぼす影響・機能障害の程度を等級評価する。反射性交感神経性ジストロフィー(RSD)については、「関節拘縮」、「骨の萎縮」、「皮膚の変化(皮膚温の変化、皮膚の萎縮)」という慢性期の主要な3症状が健側と比較して明らかに認められる場合に限り、カウザルギーと同様の基準により等級評価している。

③ 受傷部位の疼痛について、「通常の労務に服することはできるが、時には強度の疼痛のため、ある程度差し支える場合があるもの」(別表第二第12級13号)とは、受傷部位の疼痛が他覚的所見により証明できる場合をいい、「通常の労務に服することはできるが、受傷部位にほとんど常時疼痛を残すもの」(別表第二第14級9号)とは、症状の存在が医学的に認

められ、将来においても回復が見込めない場合をいう。なお、神経損傷により、疼痛以外の蟻走感や感覚脱失などの異常感覚が発現した場合は、その範囲が広いものに限り、別表第二第14級9号として等級評価しているす。また、外傷により生じた疼痛などが、自然経過によって消退すると認められるもの、運動時や気候の悪いときに発現するものは、認定の対象ではない。

e 外傷性頚部症候群

頚椎の脱臼や骨折などの骨傷や頚髄損傷を伴わない、「外傷性頚部症候群」(頚椎捻挫、頚部挫傷)については、将来においても回復が見込めない症状であることを医学的に証明・説明できる場合には「神経系統の機能または精神」の障害として等級評価する[注22]。この場合、「症状の存在を医学的に証明可能か」、「受傷時の状態・治療の経過などからその妥当性が判断できるか」を前提に等級評価する。

「局部に頑固な神経症状を残すもの」(別表第二第12級13号)とは、外傷性頚部症候群に起因する頭頚部や上肢、背部に残存する症状が、神経学的検査所見や画像所見などの他覚的所見により、医学的に証明し得るものがこれに該当する。

「局部に神経症状を残すもの」(別表第二第14級9号)とは、外傷性頚部症候群に起因する症状が、神経学的検査所見や画像所見などから証明することはできないが、受傷時の状態や治療の経過などから連続性・一貫性が認められ説明可能な症状であり、単なる故意の誇張ではないと医学的に推定されるものがこれに該当する。

カ 頭部、顔面部、頸部(上下肢の醜状を含む)の障害

a 外貌の醜状障害

外貌とは、頭部、顔面部、頸部のように上下肢以外の日常露出する部分をいい、瘢痕・線状痕・組織陥没が人目につく程度以上のものであるときに等級評価する。瘢痕等が眉毛、頭髪等に隠れる部分に残った場合は障害として評価することはできない[注23]。

注22 外傷に起因する心因的反応による症状は、「非器質性精神障害」として評価可能か検討する。

注23 外貌の醜状障害に係る等級の男女間格差を解消するため、外貌醜状障害の等級評価に関し男女とも同一等級にすることとし、第7級12号が「外貌に著しい醜状を残すもの」、第12級14号が「外貌に醜状を残すもの」と改められた。これに伴い、従前の第12級15号「女子の外貌に醜状を残すもの」及び第14級10号「男子の外貌に醜状を残すもの」が廃止された。

b　露出面の醜状障害

上下肢の露出面とは、上肢では肩関節から先の部位（手部を含む）、下肢では股関節から先の部位（足背部を含む）をいい、この部位に瘢痕または線状痕を残すものを後遺障害と評価している。

キ　胸腹部臓器の障害

介護を要する障害（別表第一）について2等級、胸腹部臓器及び生殖器の障害（別表第二）について6段階の等級が定められている。その障害が単一の場合は、臓器ごとに定める基準により、複数認められる場合は併合の方法を用いて相当級によって等級評価している。また、便秘、便失禁、蓄尿障害、排尿障害等の膀胱直腸障害が脊髄損傷や頭部外傷に随伴して生じた場合には、脊髄や脳の障害の等級に含めて等級評価する。

a　呼吸器の障害

原則として「動脈血酸素分圧と動脈血炭酸ガス分圧の検査結果による判定」により等級評価している。

ただし、その等級が「スパイロメトリーの結果および呼吸困難の程度による判定」または「運動負荷試験の結果による判定」による等級より低い場合は後二者による等級を認定する。

b　循環器の障害

心筋梗塞、狭心症、心臓外傷などの後遺症状により「心機能が低下したもの」の障害等級は、心機能の低下による運動耐容能の低下の程度により等級評価する。また、「除細動器・ペースメーカを植え込んだもの」は別表第二第7級5号と、「房室弁または大動脈弁を置換したもの」は継続的に抗凝血薬療法を行うときは別表第二第9級11号、それ以外は別表第二第11級10号と、「大動脈に解離を残すもの」で偽腔開存型の解離を残すものは別表第二第11級10号と各々等級評価している。

c　腹部臓器の障害

① 食道の障害は、食道の狭さくによる通過障害（通過障害の自覚症状があり、かつ、消化管造影検査により食道の狭さくによる造影剤のうっ滞が認められることが要件）を残すものは別表第二第9級11号と等級評価する。

② 胃の障害は、胃の切除により生じる症状の有無により等級評価する。例えば、消化吸収障害、ダンピング症候群および胃切除術後逆流性食道炎のいずれもが認められるものは、別表第二第7級5号と等級評価する。

③ 小腸の障害は、「小腸を大量に切除したもの」、「人工肛門を造設したも

の」、「小腸皮膚瘻を残すもの」、「小腸の狭さくを残すもの」を各々等級評価している。

④ 大腸の障害は、「大腸を大量に切除したもの」、「人工肛門を造設したもの」、「大腸皮膚瘻を残すもの」、「大腸の狭さくを残すもの」、「便秘を残すもの」、「便失禁を残すもの」を各々等級評価している。

⑤ 肝臓の障害は、「肝硬変（ウイルスの持続感染が認められ、かつ、AST・ALTが持続的に低値であるもの）」が別表第二第9級11号、「慢性肝炎（ウイルスの持続感染が認められ、かつ、AST・ALTが持続的に低値であるもの）」が別表第二第11級10号である。

⑥ 胆のうの障害として、胆のうを失ったものは別表第二第13級11号である。

⑦ すい臓の障害は、外分泌機能障害と内分泌機能障害の双方または一方が認められるか否かによって等級評価している。例えば、双方の機能障害が認められるときは別表第二第9級11号である。

⑧ ひ臓の障害として、ひ臓を失ったものは、別表第二第13級11号である。

⑨ 腹壁瘢痕ヘルニア、腹壁ヘルニア、鼠径ヘルニアまたは内ヘルニアを残すものは、常時ヘルニア内容の脱出・膨隆が認められるもの、または立位をしたときヘルニア内容の脱出・膨隆が認められるもので、別表第二第9級11号と等級評価している。

d 泌尿器の障害

① じん臓の障害は、じん臓の亡失の有無及び糸球体濾過値によるじん機能の低下の程度により等級評価している。

② 尿管、膀胱及び尿道の障害は、「尿路変向術を行ったもの」、「排尿障害を残すもの」、「蓄尿障害」を各々等級評価している。

e 生殖器の障害

① 生殖機能を完全に喪失したものとして、両側のこう丸を失ったものは別表第二第7級13号と評価している。

② 生殖機能に著しい障害を残すもの（生殖機能は残存しているものの、通常の性交では生殖を行うことができないもの）は別表第二第9級17号である。

③ 生殖機能に障害を残すもの（通常の性交で生殖を行うことができるものの、生殖機能に一定以上の障害を残すもの）は別表第二第11級相当として取り扱う。

④ 生殖機能に軽微な障害を残すもの（通常の性交で生殖を行うことができるものの、生殖機能にわずかな障害を残すもの）は別表第二第13級相当として

取り扱う。

ク　脊柱及びその他の体幹骨の障害

これは、「脊柱」の障害と「その他体幹骨」の障害に区分され、脊柱の障害として「変形又は運動障害[注24]」、その他体幹骨の障害として「変形障害」について等級が定められている。なお、脊椎の損傷に伴う麻痺などの脊髄症状は神経症状として評価する。

a　脊柱の障害

① 脊柱の変形障害として「脊柱に著しい変形を残すもの」及び「脊柱に中等度の変形を残すもの」を脊柱の後彎または側彎の程度などにより等級評価する。この場合、脊柱の後彎の程度は脊椎圧迫骨折、脱臼などにより前方椎体高が減少した場合に、減少した前方椎体高と当該椎体の後方椎体高の高さを比較することにより、脊柱の側彎はコブ法による側彎度で評価する。また、「脊柱に変形を残すもの」を画像診断により脊椎圧迫骨折等が確認できるときに等級評価する。なお、横突起や棘突起の局部的な欠損や変形は後遺障害等級の対象ではない。

② 脊柱の運動障害は、外傷に起因する脊椎の圧迫骨折等による脊椎固定術または項背腰部軟部組織の器質的変化による頚部または胸腰部の運動障害として等級評価する。画像診断で脊椎圧迫骨折、脊椎固定術等が認められず、あるいは項背腰部軟部組織の器質的変化が認められないときは運動障害としては評価できない。

b　その他体幹骨の障害

鎖骨、胸骨、ろく骨、けんこう骨または骨盤骨に骨折後の変形が外部から想見できる場合に、変形障害として評価する。脊柱を形成する頚椎、胸椎及び腰椎並びに鎖骨、胸骨、ろく骨、けんこう骨または骨盤骨（仙骨を含む）以外の変形障害は、別表第二に定められていないため、各部位の器質的障害または機能的障害に係る等級によって認定している。

ケ　上肢及び手指の障害

上肢の障害として欠損障害、機能障害及び変形障害を、手指の障害として欠損障害及び機能障害を各々等級評価している。

コ　下肢及び足指の障害

注24　頚部と胸腰部のそれぞれに脊柱の変形障害または運動障害がある場合には、併合の方法を用いて相当する等級を定め、頚部に複数の脊柱の障害がある場合は、いずれか上位の等級で認定する。

下肢の障害として欠損障害、機能障害、変形障害及び短縮障害を、足指の障害として欠損障害及び機能障害を各々等級評価している。

4 損害調査の実務

ア 調査体制

前述の非一括払請求（加害者からの保険金請求・被害者からの損害賠償額請求）では、請求を受け付けた自賠社[注25]は当該契約が存在していること、請求者から提出された一件書類に不備がないことを確認した後、損害保険料率算出機構（旧「自動車保険料率算定会（自算会）」。以下、「損保料率機構」という）の下部機構である自賠責損害調査事務所（以下、「調査事務所」という）に送付し、損害調査を依頼する。この調査事務所は各都道府県に1か所以上設置され、自賠責保険の損害調査（後遺障害の等級認定もその一環である）業務を実施している。調査事務所は、損害調査結果を自賠社に報告し、自賠社が最終的な支払可否・支払金額を決定し請求者に通知している。このように自賠責保険の損害調査を損保料率機構が担当するのは、統一された支払基準（自賠16条の3）に基づいて全国的に均質で公平な損害調査を実現するためである[注26]。

一方、一括払請求では、任意社が被害者と示談契約を締結し、自賠責保険からの精算できるであろう見込金額を含めて損害賠償金を支払うが、自賠責保険への精算請求に際して見込金額が支払われないリスクを回避するため、「後遺障害等級事前認定」という仕組みが設けられている。これは、あらかじめ（示談に先立ち）任意社が調査事務所に必要資料を送付し、自賠責保険の観点からする損害調査結果に係る判断内容を事前に意見照会するものである。後遺障害による損害については、示談前に等級認定に関する事前認定を行い、任意社は自賠責保険からどの程度の金額が支払われるかの見込額を把握できることになる。

イ 調査結果の取扱い

損保料率機構の損害調査は支払基準に則って実施されるため、その調査結果が自賠社の見解と相違することは考え難い。支払基準は自賠社に対して拘束力

注25 自賠責共済を取り扱っている協同組合を含む。ただし、全国農業協同組合連合会（JA共済連）を構成する協同組合は独自に損害調査業務を実施し、損保料率機構には調査を依頼していない。

注26 自賠責保険契約の引受主体が自賠社であり、最終的な支払額を決定する権限を有することから、損保料率機構は、その依頼を受けた調査機関であって保険契約関係・損害賠償額支払関係の当事者ではないといえる。

図表5　自賠責保険（共済）後遺障害等級早見表（22.6.10以降事故発生分）

障害系列	障害序列	別表番号	別表第1 第1級	別表第1 第2級	第1級	第2級	第3級	第4級	第5級	第6級
眼	眼球（両眼）	視力障害			(1)両眼が失明したもの	(1)1眼が失明し、他眼の視力が0.02以下になったもの (2)両眼の視力が0.02以下になったもの	(1)1眼が失明し、他眼の視力が0.06以下になったもの	(1)両眼の視力が0.06以下になったもの	(1)1眼が失明し、他眼の視力が0.1以下になったもの	(1)両眼の視力が0.1以下になったもの
		調節機能障害								
		運動障害								
		視野障害								
	まぶた（右又は左）	欠損又は運動障害								
耳	内耳等（両耳）	聴力障害						(3)両耳の聴力を全く失ったもの		(3)両耳の聴力が耳に接しなければ大声を解することができない程度になったもの (4)1耳の聴力を全く失い、他耳の聴力が40センチメートル以上の距離では普通の話声を解することができない程度になったもの
	耳殻（右又は左）	欠損障害								
鼻		欠損及び機能障害								
口		咀嚼及び言語機能障害			(2)咀嚼及び言語の機能を廃したもの			(2)咀嚼及び言語の機能に著しい障害を残すもの		
							(2)咀嚼又は言語の機能を廃したもの			(2)咀嚼又は言語の機能に著しい障害を残すもの
		歯牙障害								

別表第2

第7級	第8級	第9級	第10級	第11級	第12級	第13級	第14級
(1)1眼が失明し、他眼の視力が0.6以下になったもの	(1)1眼が失明し、又は1眼の視力が0.02以下になったもの	(1)両眼の視力が0.6以下になったもの (2)1眼の視力が0.06以下になったもの	(1)1眼の視力が0.1以下になったもの			(1)1眼の視力が0.6以下になったもの	
				(1)両眼の眼球に著しい調節機能障害を残すもの	(1)1眼の眼球に著しい調節機能障害を残すもの		
			(2)正面を見た場合に複視の症状を残すもの	(1)両眼の眼球に著しい運動障害を残すもの	(1)1眼の眼球に著しい運動障害を残すもの	(2)正面以外を見た場合に複視の症状を残すもの	
		(3)両眼に半盲症、視野狭窄又は視野変状を残すもの				(3)1眼に半盲症、視野狭窄又は視野変状を残すもの	
		〔(4)両眼のまぶたに著しい欠損を残すもの〕		(3)1眼のまぶたに著しい欠損を残すもの 〔(2)両眼のまぶたに著しい運動障害を残すもの〕	(2)1眼のまぶたに著しい運動障害を残すもの	〔(4)両眼のまぶたの一部に欠損を残し又はまつげはげを残すもの〕	(1)1眼のまぶたの一部に欠損を残し又はまつげはげを残すもの
(2)両耳の聴力が40センチメートル以上の距離では普通の話声を解することができない程度になったもの (3)1耳の聴力を全く失い、他耳の聴力が1メートル以上の距離では普通の話声を解することができない程度になったもの		(7)両耳の聴力が1メートル以上の距離では普通の話声を解することができない程度になったもの (8)1耳の聴力が耳に接しなければ大声を解することができない程度になり、他耳の聴力が1メートル以上の距離では普通の話声を解することが困難である程度になったもの (9)1耳の聴力を全く失ったもの	(5)両耳の聴力が1メートル以上の距離では普通の話声を解することが困難である程度になったもの (6)1耳の聴力が耳に接しなければ大声を解することができない程度になったもの	(5)両耳の聴力が1メートル以上の距離では小声を解することができない程度になったもの (6)1耳の聴力が40センチメートル以上の距離では普通の話声を解することができない程度になったもの			(3)1耳の聴力が1メートル以上の距離では小声を解することができない程度になったもの
					(4)1耳の耳殻の大部分を欠損したもの		
		(5)鼻を欠損し、その機能に著しい障害を残すもの					
		(6)咀嚼及び言語の機能に障害を残すもの					
			(3)咀嚼又は言語の機能に障害を残すもの				
			(4)14歯以上に対し歯科補綴を加えたもの	(4)10歯以上に対し歯科補綴を加えたもの	(3)7歯以上に対し歯科補綴を加えたもの	(5)5歯以上に対し歯科補綴を加えたもの	(2)3歯以上に対し歯科補綴を加えたもの

(注) カッコ内は組合せ等級を表すものである。

障害系列	障害序列＼別表番号	別表第1 第1級	別表第1 第2級	第1級	第2級	第3級	第4級	第5級	第6級
神経系統の機能又は精神	神経系統の機能又は精神の障害	(1)神経系統の機能又は精神に著しい障害を残し、常に介護を要するもの	(1)神経系統の機能又は精神に著しい障害を残し、随時介護を要するもの			(3)神経系統の機能又は精神に著しい障害を残し、終身労務に服することができないもの		(2)神経系統の機能又は精神に著しい障害を残し、特に軽易な労務以外の労務に服することができないもの	
頭部、顔面部、頸部	醜状障害								
胸腹部臓器（外生殖器を含む。）	胸腹部臓器の障害	(2)胸腹部臓器の機能に著しい障害を残し、常に介護を要するもの	(2)胸腹部臓器の機能に著しい障害を残し、随時介護を要するもの			(4)胸腹部臓器の機能に著しい障害を残し、終身労務に服することができないもの		(3)胸腹部臓器の機能に著しい障害を残し、特に軽易な労務以外の労務に服することができないもの	
保険金額	平成 14.4.1	4,000万円	3,000万円	3,000万円	2,590万円	2,219万円	1,889万円	1,574万円	1,296万円

障害系列		障害序列＼別表番号	別表第1 第1級	別表第1 第2級	第1級	第2級	第3級	第4級	第5級	第6級
体幹	脊柱	変形又は運動障害								(5)脊柱に著しい変形を残すもの
体幹	脊柱	変形又は運動障害								(5)脊柱に著しい運動障害を残すもの
体幹	体幹骨その他	変形障害（鎖骨、胸骨、ろく骨、けんこう骨又は骨盤骨）								
上肢	(右又は左)上肢	欠損又は機能障害			(3)両上肢をひじ関節以上で失ったもの (4)両上肢の用を全廃したもの	(3)両上肢を手関節以上で失ったもの		(4)1上肢をひじ関節以上で失ったもの	(4)1上肢を手関節以上で失ったもの (6)1上肢の用を全廃したもの	(6)1上肢の3大関節中の2関節の用を廃したもの
上肢	(右又は左)上肢	変形障害（上腕骨又は前腕骨）								
上肢	(右又は左)上肢	醜状障害								
上肢	(右又は左)手指	欠損又は機能障害					(5)両手の手指の全部を失ったもの			(8)1手の5の手指又はおや指を含み4の手指を失ったもの

別表第２

第７級	第８級	第９級	第10級	第11級	第12級	第13級	第14級
(4)神経系統の機能又は精神に障害を残し、軽易な労務以外の労務に服することができないもの		(10)神経系統の機能又は精神に障害を残し、服することができる労務が相当な程度に制限されるもの			(13)局部に頑固な神経症状を残すもの		(9)局部に神経症状を残すもの
(12)外貌に著しい醜状を残すもの		(16)外貌に相当程度の醜状を残すもの			(14)外貌に醜状を残すもの		
(5)胸腹部臓器の機能に障害を残し、軽易な労務以外の労務に服することができないもの (13)両側の睾丸を失ったもの		(11)胸腹部臓器の機能に障害を残し、服することができる労務が相当な程度に制限されるもの (17)生殖器に著しい障害を残すもの		(10)胸腹部臓器の機能に障害を残し、労務の遂行に相当な程度の支障があるもの		(11)胸腹部臓器の機能に障害を残すもの	
1,051万円	819万円	616万円	461万円	331万円	224万円	139万円	75万円

別表第２

第７級	第８級	第９級	第10級	第11級	第12級	第13級	第14級
				(7)脊柱に変形を残すもの			
	(2)脊柱に運動障害を残すもの						
					(5)鎖骨、胸骨、ろく骨、けんこう骨又は骨盤骨に著しい変形を残すもの		
	(6)１上肢の３大関節中の１関節の用を廃したもの		(10)１上肢の３大関節中の１関節の機能に著しい障害を残すもの		(6)１上肢の３大関節中の１関節の機能に障害を残すもの		
(9)１上肢に偽関節を残し、著しい運動障害を残すもの	(8)１上肢に偽関節を残すもの				(8)長管骨に変形を残すもの		
							(4)上肢の露出面にてのひらの大きさの醜いあとを残すもの
(6)１手のおや指を含み３の手指を失ったもの又はおや指以外の４の手指を失ったもの	(3)１手のおや指を含み２の手指を失ったもの又はおや指以外の３の手指を失ったもの	(12)１手のおや指又はおや指以外の２の手指を失ったもの		(8)１手のひとさし指、なか指又はくすり指を失ったもの	(9)１手のこ指を失ったもの	(7)１手のおや指の指骨の一部を失ったもの	(6)１手のおや指以外の手指の指骨の一部を失ったもの

（注）カッコ内は組合せ等級を表すものである。

障害系列	障害序列	別表番号	別表第1 第1級	別表第1 第2級	第1級	第2級	第3級	第4級	第5級	第6級
	(右又は左)手指	欠損又は機能障害						(6)両手の手指の全部の用を廃したもの		
下肢	(右又は左)下肢	欠損又は機能障害			(5)両下肢をひざ関節以上で失ったもの (6)両下肢の用を全廃したもの	(4)両下肢を足関節以上で失ったもの		(5)1下肢をひざ関節以上で失ったもの (7)両足をリスフラン関節以上で失ったもの	(5)1下肢を足関節以上で失ったもの (7)1下肢の用を全廃したもの	(7)1下肢の3大関節中の2関節の用を廃したもの
下肢	(右又は左)下肢	変形障害(大腿骨又は下腿骨)								
下肢	(右又は左)下肢	短縮障害								
下肢	(右又は左)下肢	醜状障害								
下肢	(右又は左)足指	欠損又は機能障害							(8)両足の足指の全部を失ったもの	
下肢	(右又は左)足指									
保険金額	平成14.4.1		4,000万円	3,000万円	3,000万円	2,590万円	2,219万円	1,889万円	1,574万円	1,296万円

別表第2

第7級	第8級	第9級	第10級	第11級	第12級	第13級	第14級
(7)1手の5の手指又はおや指を含み4の手指の用を廃したもの	(4)1手のおや指を含み3の手指の用を廃したもの又はおや指以外の4の手指の用を廃したもの	(13)1手のおや指を含み2の手指の用を廃したもの又はおや指以外の3の手指の用を廃したもの	(7)1手のおや指又はおや指以外の2の手指の用を廃したもの		(10)1手のひとさし指、なか指又はくすり指の用を廃したもの	(6)1手のこ指の用を廃したもの	(7)1手のおや指以外の手指の遠位指節間関節を屈伸することができなくなったもの
(8)1足をリスフラン関節以上で失ったもの	(7)1下肢の3大関節中の1関節の用を廃したもの		(11)1下肢の3大関節中の1関節の機能に著しい障害を残すもの		(7)1下肢の3大関節中の1関節の機能に障害を残すもの		
(10)1下肢に偽関節を残し、著しい運動障害を残すもの	(9)1下肢に偽関節を残すもの				(8)長管骨に変形を残すもの		
( )	(5)1下肢を5センチメートル以上短縮したもの		(8)1下肢を3センチメートル以上短縮したもの			(8)1下肢を1センチメートル以上短縮したもの	
							(5)下肢の露出面にてのひらの大きさの醜いあとを残すもの
	(10)1足の足指の全部を失ったもの	(14)1足の第1の足指を含み2以上の足指を失ったもの	(9)1足の第1の足指又は他の4の足指を失ったもの		(11)1足の第2の足指を失ったもの、第2の足指を含み2の足指を失ったもの又は第3の足指以下の3の足指を失ったもの	(9)1足の第3の足指以下の1又は2の足指を失ったもの	
(11)両足の足指の全部の用を廃したもの		(15)1足の足指の全部の用を廃したもの		(9)1足の第1の足指を含み2以上の足指の用を廃したもの	(12)1足の第1の足指又は他の4の足指の用を廃したもの	(10)1足の第2の足指の用を廃したもの、第2の足指を含み2の足指の用を廃したもの又は第3の足指以下の3の足指の用を廃したもの	(8)1足の第3の足指以下の1又は2の足指の用を廃したもの
1,051万円	819万円	616万円	461万円	331万円	224万円	139万円	75万円

(注) カッコ内は組合せ等級を表すものである。

図表6　自賠責保険金の請求方法

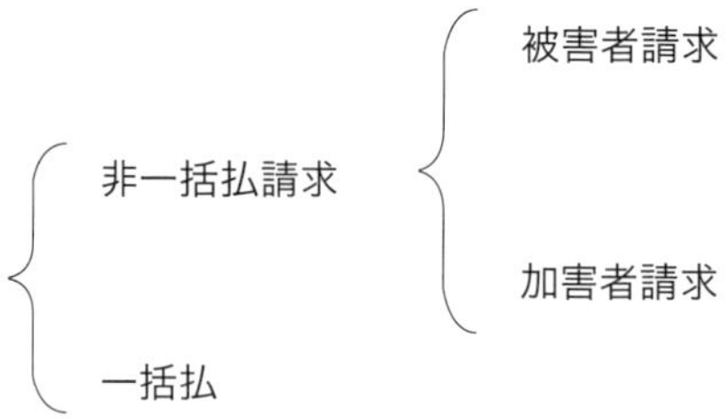

図表7　自賠責保険請求の流れ

〈加害者請求〉

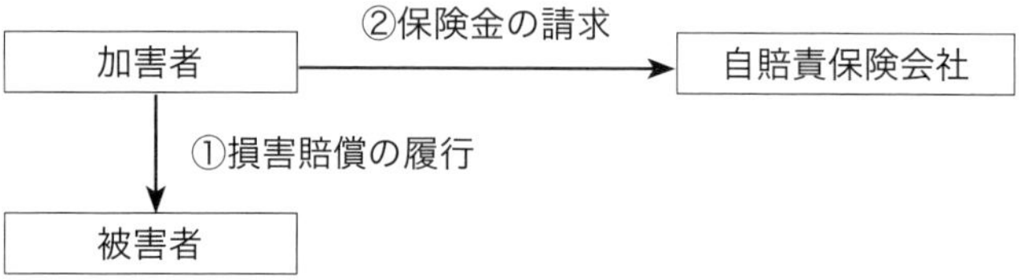

〈被害者請求〉

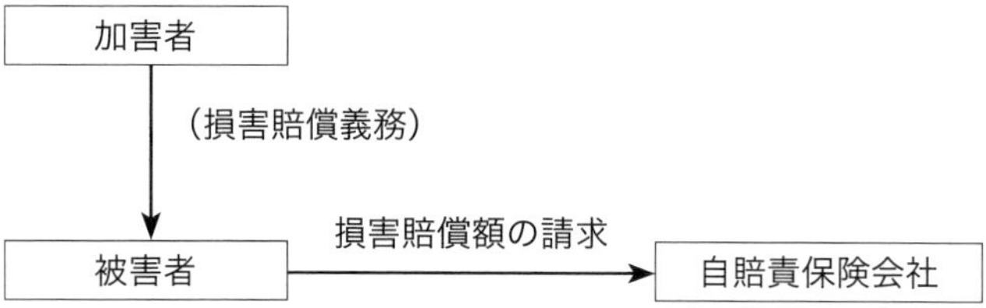

〈一括払請求〉

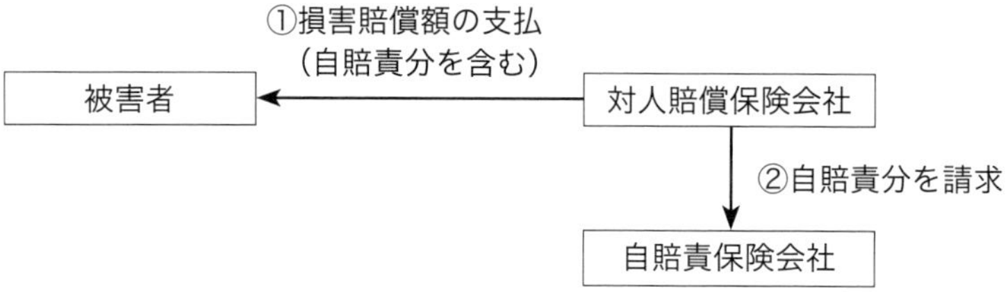

を有しているためである。ただし、自賠社の見解と損保料率機構の調査結果が整合しないケースも想定されるため、自賠社は損保料率機構に対して再度の調査依頼をすることができる。また、対人賠償責任保険約款の解釈として、対人賠償保険が自賠責保険査定額を超過する場合に、その超過額を補塡するものとすれば、結果的にその調査結果は任意社の金額算定に大きな影響を及ぼすことになる。

一方、被害者または被保険者（加害者）に対しては、損保料率機構の調査結果は拘束力を有しない。したがって、被害者または被保険者（加害者）は、自賠責保険からの支払金額が保険限度額に満たず、追加請求を求める十分な理由があると考えるときには、保険限度額の範囲内で、自賠社に対して妥当な損害額との差額を請求できる。

なお、この調査結果が（保険会社の最終決定内容を含め）裁判所を拘束しないことは判例（最判平成18年3月30日民集60巻3号1242頁、最判平成24年10月11日交民45巻5号1065頁）の明示するところである。

ウ　自賠責保険への直接請求について

後遺障害による損害を自賠社（交通事故証明書に契約先と証明書番号が記載されるため被害者による特定が可能）に対して被害者請求権を行使しようとする場合、自賠法施行令3条に定める次の事項を記載した書面を保険会社に提出する必要がある。①請求者の氏名・住所、②死亡損害を請求するときは請求者と死亡した者との続柄、③加害者・被害者の氏名・住所と事故の日時・場所、④当該自動車の自動車登録番号等、⑤保険契約者の氏名・住所、⑥請求する金額・算出基礎である。また、この書面には、診断書・検案書、②～③の事項に関する立証資料、⑥の算出基礎に関する立証資料、を添付しなければならないと定められている。

途中まで一括払請求の形態で示談交渉が進行していた場合は、任意社に一括払手続の中断を連絡し、改めて損害賠償額支払請求する必要がある（自動的に一括払請求から損害賠償額支払請求に手続が切り換わるのではない）。この時点で、任意社が損害賠償額の一部を支払っていれば当該金額に係る保険金請求権が成立するので、被害者請求権と保険金請求権が競合することとなる。このケースで、被害者の損害額総額が保険金額を超えることも想定されるが、いずれかの請求権が優先するのか、あるいは保険金額を比例配分するのか、問題が生じる。被害者保護という自賠法の趣旨を重んじて被害者請求権を優先すべきであるとする見解もあるが、自賠法16条2項の趣旨も踏まえ、保険金請求権を優先させ残余の範囲で被害者請求権に応じるとの考え方が一般的であって、実務上も

書式1 自動車損害賠償責任保険後遺障害診断書

自動車損害賠償責任保険後遺障害診断書

◈記入にあたってのお願い
1. この用紙は、自動車損害賠償責任保険における後遺障害認定のためのものです。交通事故に起因した精神・身体障害とその程度について、できるだけくわしく記入してください。
2. 歯牙障害については、歯科後遺障害診断書を使用してください。
3. 後遺障害の等級は記入しないでください。

氏 名		男・女	
生年月日	明治 昭和 大正 平成 年 月 日(歳)		
住 所		職 業	
受傷日時	年 月 日	症状固定日	年 月 日
当 院 入院期間	自 年 月 日 至 年 月 日 ( )日間	当 院 通院期間	自 年 月 日 実治療日数 至 年 月 日( )日
傷病名		既存障害	今回事故以前の精神・身体障害：有・無 (部位・症状・程度)
自覚症状			

各部位の後遺障害の内容 (各部位の障害について、該当項目や有・無に○印をつけ①の欄を用いて検査値等を記入してください)

①精神・神経の障害 他覚症状および検査結果

知覚・反射・筋力・筋萎縮など神経学的所見や知能テスト・心理テストなど精神機能検査の結果も記入してください
X-P・CT・EEGなどについても具体的に記入してください
眼・耳・四肢に機能障害がある場合もこの欄を利用して、原因となる他覚的所見を記入してください

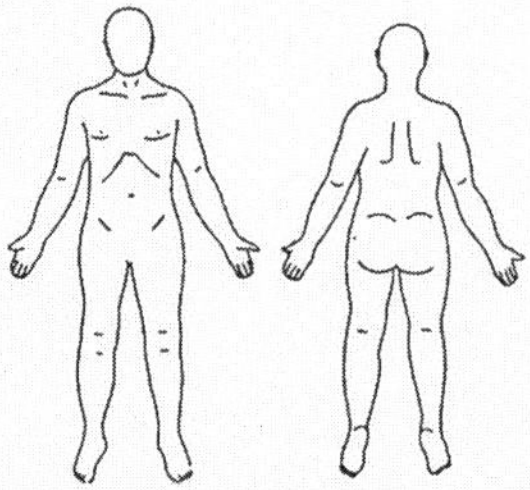

②胸腹部臓器・生殖器・泌尿器の障害

各臓器の機能低下の程度と具体的症状を記入してください
生化学検査・血液学的検査などの成績はこの欄に併記するか検査表を添付してください

③眼球・眼瞼の障害

	視力		調節機能		視野	眼瞼の障害
	裸眼	矯正	近点距離・遠点距離	調節力	イ.半盲(1/4半盲を含む) ロ.視野狭窄 ハ.暗 点 ニ.視野欠損 (視野表を添付してください)	イ.まぶたの欠損 ロ.まつげはげ ハ.開瞼・閉瞼障害 (図示してください)
右			cm cm	( )D		
左			cm cm	( )D		

眼球運動	注視野障害 (全方向1/2以上の障害)	右 左	複視	イ.正面視 ロ.左右上下視

眼症状の原因となる前眼部・中間透光体・眼底などの他覚的所見を①の欄に記入してください

④聴力と耳介の障害

オージオグラムを添付してください						耳介の欠損	⑤鼻の障害	⑦醜状障害(採皮痕を含む)
イ.感音性難聴(右・左) ロ.伝音性難聴(右・左) ハ.混合性難聴(右・左)			聴力表示 イ.聴力レベル ロ.聴力損失			イ.耳介の½以上 ロ.耳介の½未満 (右⑦欄に図示してください)	イ.鼻軟骨部の欠損 (右⑦欄に図示してください) ロ.鼻呼吸困難 ハ.嗅覚脱失 ニ.嗅覚減退	1.外ぼう イ.頭 部 2.上 肢 ロ.顔面部 3.下 肢 ハ.頸 部 4.その他
検査日	6分平均		最高明瞭度					
第1回 年 月 日	右	dB	dB	%				
	左	dB	dB	%		耳 鳴	⑥そしゃく・言語の障害	
第2回 年 月 日	右	dB	dB	%		右・左	原因と程度(摂食可能な食物、発音不能な語音など)を左面①欄に記入してください	
	左	dB	dB	%				
第3回 年 月 日	右	dB	dB	%				
	左	dB	dB	%				(大きさ、形態等を図示してください)

⑧脊柱の障害

圧迫骨折・脱臼(椎弓切除・固定術を含む)の部位	運動障害	イ.頸椎部 ロ.胸腰椎部				荷重機能障害	常時コルセット装用の必要性	⑨体幹骨の変形
		前 屈	度	後 屈	度		有・無	イ.鎖骨 ニ.肩甲骨 ロ.胸骨 ホ.骨盤骨 ハ.肋骨 (裸体になってわかる程度) X-Pを添付してください
		右 屈	度	左 屈	度			
X-Pを添付してください		右回旋	度	左回旋	度			

⑩上肢・下肢および手指・足指の障害

短縮			長管骨の変形	
右下肢長	cm	(部位と原因)		イ.仮関節 ロ.変形癒合 (部位) X-Pを添付してください
左下肢長	cm			

欠損障害(離断部位を図示してください)

上 肢		下 肢		手 指		足 指	
(右)	(左)	(右)	(左)	(右)	(左)	(右)	(左)

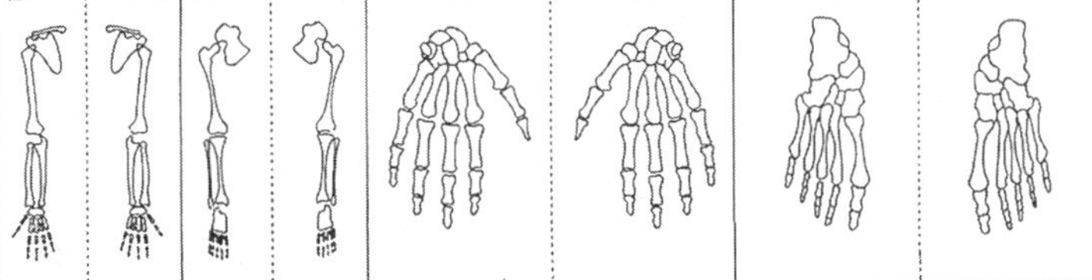

関節機能障害(日整会方式により自動他動および健側患側とも記入してください)

関節名	運動の種類	他動		自動		関節名	運動の種類	他動		自動	
		右	左	右	左			右	左	右	左
		度	度	度	度			度	度	度	度

障害内容の増悪・緩解の見通しなどについて記入してください

上記のとおり診断いたします。

診　断　日　平成　　年　　月　　日

診断書発行日　平成　　年　　月　　日

所在地

名　称

診療科

医師氏名　　　　　　　　　　印

書式2 異議申立書

＿＿＿＿＿＿＿＿保険 保険/相互 会社御中
(担当部課)

自 動 車 損 害 賠 償 責 任 保 険
後遺障害認定等級に対する異議申立書

過日、貴社より通知のありました後遺障害の認定等級について次のとおり異議申立てをいたします。

平成　　年　　月　　日
申立人　　氏名　　　　㊞
(請求者)　電話番号　　－　　－

被害者	氏名	
	住所	
異議申立の主旨 (認定等級に対するあなたのご意見およびその根拠について記載してください。)		
添付資料		

(注)
・太枠に所要事項をご記入のうえ、上記担当部課宛にご送付願います。
・「異議申立の主旨」欄は、調査事務所および当社担当者に対し申し述べられた内容を記載願います。なお、必要であれば便箋等別紙をご利用ください。
・「添付資料」欄は、あなたの主張を裏付ける新たな診断書・医師の意見書等があれば書題名をご記入のうえ、同封してください。

保険会社整理番号		事故発生日	
保険証明書番号		認定等級第級号	(併合・相当・　級 加重　級 (既存　級))
取扱調査事務所		後遺障害による損害の支払見込額	
調査事務所受付番号			

書式3　後遺障害等級認定票

後遺障害等級認定票

平　成　　年　　月　　日　受付

被　　害　　者＿＿＿＿＿＿＿＿＿＿＿＿＿様＿＿＿＿＿＿歳
事　故　年　月　日＿＿＿平成＿＿＿＿年＿＿＿＿月＿＿＿＿日
自賠責保険会社＿＿＿＿＿＿＿＿＿＿＿＿＿＿＿＿＿＿＿＿＿＿
証　明　書　番　号＿＿＿＿＿＿＿＿＿＿＿＿＿＿＿＿＿＿＿＿＿

上記被害者の件、下記の通り判断いたします。

<table>
<tr><th colspan="3">認定等級政令別表</th><td rowspan="17">別紙の通り</td></tr>
<tr><td>級</td><td>号</td><td></td></tr>
<tr><td>級</td><td>号</td><td></td></tr>
<tr><td>級</td><td>号</td><td></td></tr>
<tr><td>級</td><td>号</td><td></td></tr>
<tr><td>級</td><td>号</td><td></td></tr>
<tr><td colspan="2">加　重
併　合
相　当</td><td>級</td></tr>
<tr><th colspan="3">加重の時の既存障害等級</th></tr>
<tr><td>級</td><td>号</td><td></td></tr>
<tr><td>級</td><td>号</td><td></td></tr>
<tr><td colspan="2">~~単独不法行為~~</td><td>共同不法行為</td></tr>
<tr><th colspan="3">減　　額</th></tr>
<tr><th colspan="2">重　過　失</th><th>因果関係</th></tr>
<tr><td colspan="2">%</td><td>%</td></tr>
<tr><td colspan="2">後遺障害
認定額</td><td>円</td></tr>
<tr><th>摘　　要</th><td colspan="3">1　他車契約確認
2　積算額と保険金額の関係に留意
3　合算額適用につき保険金額留意
4　本部承認番号等（　　　　）
5　平成14年4月1日査定要綱適用
＊平成18年4月1日改正等級表適用</td></tr>
</table>

書式4 後遺障害事案整理票

後遺障害事案整理票

自賠責損害調査事務所	コード	被害者 フリガナ		事前認定	（一括払・自損・人傷）
受付年月日	年 月 日	氏名	様	自賠責損害調査事務所	コード
				受付年月日	年 月 日
受付No.	―	生年月日	年 月 日	受付No.	―
		性別	年齢 才		
自賠責会社	コード	職業	有・無 職種（ ）	会社	コード
		請求者	15 16 被害者 受 人傷 様	事故発生日	年 月 日
証明書No.				治療開始日	年 月 日
				症状固定日	年 月 日

事故の形態	車種	大・普・軽・自動二輪・原付	車種	大・普・軽・自動二輪・原付	車種	大・普・軽・自動二輪・原付
	被害者 人 自転車	運転・同乗・その他	相手車	衝突・追突・接触・その他	車輌単独	転倒・道路外逸脱・衝突・その他

初診時の傷病名

初期の病状および態様　（医師の意識障害の所見　有・無　日時　間　意識障害の程度　）

治療経過	No.	病・医院名	治療期間	入院	通院	傷病名、態様、手術、その他
			～			
			～			
			～			
			～			

㊋診断書発行医師	（ ）科	（ ）科	（ ）科	（ ）科

No.

傷病名(現症)		既存障害	
自覚症状			
他覚的所見・検査結果			
調査のポイント			

その考え方を採用している。被害者は加害者（被保険者）から賠償金を受領した限度で損害回復しており、実際に賠償金を支払った被保険者に保険金を支払うことが妥当との判断に基づくものである。このときでも被害者は不足分の損害額を加害者に対して賠償請求する権利を失う訳ではないから、損害の回復に支障はない。

なお、自賠社への被害者請求権行使には回数制限がなく、第1回の請求で自賠社の判断が被害者の見解と異なる場合は、再度の請求が可能である。この再度の請求は、実際には自賠社判断の変更を求めるものであるから、「異議申立て」と呼び、自賠社宛ての異議申立書（書式2）を提出して行う。異議申立書では後遺障害等級の認定結果が不当な理由を述べて、必要であれば証拠資料（医師の意見書等）を添付すべきだが、そのためには自賠責保険の認定根拠を知る必要がある。

自賠社には調査事務所から後遺障害等級認定に係る調査結果を記した「後遺障害等級認定票」（書式3）、「後遺障害事案整理票」（書式4）が送付される（いずれも対外開示文書である）ため、開示請求によって記載内容を知ることができる（自賠16条の4以下）。この異議申立事案は、医師等の専門家によって構成される自賠責保険（共済）審査会の後遺障害専門部会で審議される。

さらに、自賠法23条の5以下は指定紛争処理機関の設置を定めている。これは平成14年の法改正により、保険金の支払に係る紛争の公正かつ適確な解決のため、紛争処理の仕組みを整備したものである。現在、「一般財団法人 自賠責保険・共済紛争処理機構」が自賠法の指定を受け紛争処理業務を担っている。紛争処理の対象案件は自賠責保険の保険金等支払に関する紛争であり、保険会社が示した後遺障害等級に関する判断（後遺障害に該当しないとの判断を含む）に不服である案件が典型的なものである。紛争処理機関の結論は「調停」という形式でなされるが、これは紛争当事者の互譲による紛争解決ではなく、自賠社の判断が自賠責保険支払基準に適合性していたかどうかを再評価・再審査することである。紛争処理機関は自賠法の枠内での解決機能を有するものであるから、迅速に解決策を示し爾後の損害賠償全体の解決（究極的には民事訴訟による解決）に向けた前提を示すという意味合いを持つものと考えられる。

5　被害者請求権の履行期間

保険金請求権に関して履行期が法定されたこと（保険21条）との均衡を図り、適正な履行期間を定めることで被害者保護の実益を確保するため自賠法16条の9で「必要な期間」内に支払わなければならないことが定められている。

被害者請求権の請求完了日は、自賠法施行令3条に規定する各書面（①請求者氏名住所、②死亡による損害を請求する場合は請求者と死亡者との続柄、③加害者・被害者の氏名・住所・加害行為日時・場所、④当該自動車の登録番号・車両番号・車台番号等、⑤保険契約者の氏名住所、⑥請求する金額とその算出基礎、の各事項を記載した書面）の提出完了日から起算することが妥当である。これらの事項は被害者の後遺障害等級を踏まえた損害額を積算する上で不可欠の情報であり、これらの情報がなければ損害調査手続を進めることは不可能といえる。

調査事項に相応した履行期間については、後遺障害等級の認定にあたり必要な医学的諸資料（検査資料・画像資料・医師の意見書・照会回答等）や家族からの照会回答書を入手（当然ながら医師・家族等が作成するための合理的期間は不可欠）するまでの期間を標準化することが困難と思われるため、履行期間を類型化することはできない（無制限という意味ではない）が、全ての調査には相応の合理的な期間が観念できるため、それを超える履行期間は許容されず自賠社は履行遅滞に陥る。この合理的履行期間の立証責任は自賠社が負担し、①当該調査が不可欠であったこと、②当該調査に要した期間が合理的であったこと、を立証できれば合理的履行期間であったことの一応の推定が成立すると解するのが穏当と思われる。

履行期を徒過し履行遅滞を生じさせた場合遅延利息が発生する。この利率は5%（民事法定利率）である。通常の訴訟では、事故日から自賠責保険金等を受領した日までの期間に応じた確定遅延損害金を請求することが一般的だが、事故日から直ちに履行期が到来する訳ではなく、必要な期間が経過するまでは遅延利息が発生しないと考えられる。

この点、東京高判平成28年12月22日（平成28年（ネ）第4484号保険金請求控訴事件／判例集未登載）は、被害者側が履行遅滞の時期を不法行為と同様に訴状送達日の翌日と主張したことに対し、支払基準に従って保険金等を支払う訴訟外と異なり、訴訟上の被害者請求では、裁判所が支払基準によることなく損害賠償額を決定するのであって、保険会社において判決が確定するまでは損害賠償額を確認することができないことからすると、保険会社が訴訟を遅滞させるなどの特段の事情がない限り、訴訟上の被害者請求における自賠法16条の9第1項の必要な期間とは、判決が確定するまでの期間をいうものと解すべきであると判示した。したがって、遅延利息の起算時も判決確定時と解される。

II 請求権の消滅時効とその中断手続

1 被害者請求権

被害者請求権は3年で時効により消滅する（自賠19条）が、時効の起算点は、自賠責保険実務上、傷害による損害については事故発生日の翌日、後遺障害による損害については症状固定日の翌日とされている。なお、複数の後遺障害があり、それぞれの症状固定日が異なる場合には、直近の症状固定日（消滅時効期間が最も長くなる）とすることが穏当と解される。

後遺障害の認定に対する異議申立ては、実務上、新たな被害者請求として取り扱われているので、該当等級が認定された場合には損害賠償額が支払われた日の翌日から3年、非該当とされた場合には支払不能通知到達日の翌日から3年で時効により消滅する。

一括払手続により、任意社と示談折衝を継続中であれば被害者請求権の消滅時効は進行しないと解されている。これは示談交渉により損害賠償請求権を継続的に行使していると評価できるからであり、逆に一括払手続を中断した時点でこの継続的行使は停止することになるから、一括払手続の中断後速やかに被害者請求権を行使する必要がある。

2 加害者請求権

自賠法15条の加害者請求権の消滅時効期間は、被害者に対する損害賠償額を支払った日の翌日から3年間である（保険95条）。しかし、実務上、後遺障害による損害について加害者請求がなされることは稀である。

3 損害賠償請求権

民法709条または自賠法3条に基づく損害賠償請求権の消滅時時効期間は3年である（民724条、自賠4条）。その起算日は「被害者が損害及び加害者を知りたる時」（ただし、原則的に初日不算入）であるが[注27]、個々の損害について（例

注27 「被害者が損害及び加害者を知りたる時」とは、被害者において、加害者に対する賠償請求をすることが事実上可能な状況の下に、それが可能な程度に損害及び加害者を知った時を意味し、被害者が損害を知った時とは、被害者が損害の発生を現実に認識した時をいうとされている（最判平成16年12月24日裁判集民215号1109頁）。

注28 最近の下級審裁判例ではこの立場が圧倒的多数を占めているとされる（河邉義典・赤い本2002年版274頁）。文献として、来司直美・赤い本2002年版336～348頁、千葉和則・赤い本2010年版下巻5～24頁が詳しい。

書式5 時効中断申請書

時効中断申請書

平成　年　月　日

保険会社　御中

申請者　住所

(電話　　　)

氏名　　□

(被害者との関係：本人・加害者側・その他　　　)

下記自動車事故に係る自動車損害賠償責任保険金の請求に関し、下記理由により請求が遅延していますので、民法第147条に基づく時効中断の承認を申請いたします。

記

1. 自賠責証明書番号　第＿＿＿＿＿＿＿＿号
2. 保険契約者名　＿＿＿＿＿＿＿＿
3. 被害者名　＿＿＿＿＿＿＿＿
4. 事故日　＿＿年＿＿月＿＿日
5. 時効中断申請理由　(該当するものに○印を付ける。)
   (1) 治療中　　(2) 請求資料取付中
   (3) 示談交渉中　　(4) 訴訟中
   (5) その他(　　　　　　)
6. 初回損害賠償日(加害者申請の場合のみ記入)　＿＿年＿＿月＿＿日

(注) ① 時効の起算点は加害者請求の場合には損害賠償日の翌日、被害者請求の場合には事故日の翌日(死亡による損害については死亡日の翌日、後遺障害による損害については症状固定日の翌日)で、有効期間はそれぞれ2年間(平成22年4月1日以降に発生した事故については3年間)となります。

② 本書は2通ご提出ください。1通を承認書としてお返しいたします。

③ ご請求の際は本承認書を必ずご添付ください。

④ 申請者が代理人である場合などは、委任状を添付願います。

承　認　書

様　　　　保険会社

担当部店課

＿＿＿＿＿＿＿＿＿＿

上記の申請書に基づいて本件の時効中断を承認いたします。

本承認によりご請求のできる期間は、平成　　年　　月　　日までとなりますので、それまでにご請求の手続を行ってください。

受付印	承認印	対象となる損害※
		傷害 後遺障害 死亡

※抹消された損害は既に時効完成のため、請求できません。

事故日チェック

□	事故日が平成22年4月1日以降(時効3年)であることを確認した。
□	事故日が平成22年3月31日以前(時効2年)であることを確認した。

(自賠調20号様式)

えば、1回の治療費ごとに）発生日の翌日から個別に時効が進行していくのか、それとも、最終的に全損害が確定した時、具体的には、後遺症が残らない場合には最後の治療の日（治癒の日）の翌日から、後遺症が残る場合には症状固定日の翌日から、全損害について時効が進行を開始するのか、あるいは、被害者請求権に関する自賠責保険実務の取扱いにみられるように、傷害による損害は事故日の翌日から、後遺症による損害については症状固定日の翌日から進行を開始すると考えるべきなのであろうか。

最高裁の若干の判例（最判昭和42年7月18日判時493号22頁、最判昭和49年9月26日交民7巻5号1233頁）から推測すると、最高裁は被害者請求権に関する自賠責保険実務の取扱いに近い考え方をしているようにも思われる。

しかし、損害一個説に立つとすると、全損害が具体的に確定し、全損害について被害者が権利を行使し得るようになるのは、治癒または症状固定の日であるから、この時を「損害を知りたる時」として、その翌日から、全損害について、すなわち傷害による損害を含めて、時効が進行を開始すると考えるべきであろう[注28]。なお、損害保険料率算出機構による等級認定は、自賠責保険の保険金額を算定することを目的とする損害の査定に過ぎず、損害賠償請求権の行使を制約するものではないから、等級認定の帰趨にかかわらず、消滅時効の起算点は症状固定の時である（最判平成16年12月24日裁判集民215号1109頁）。

4 時効中断手続

実務上は自賠社あてに「時効中断申請書」（書式5）を2通提出し、1通を「承認書」として返戻することになっており、その承認日の翌日から再度3年間の消滅時効期間が進行する（民147条3項）。

自賠社に対する被害者請求権と加害者に対する損害賠償請求権は別個独立の権利と解されているため（最判昭和39年5月12日民集18巻4号583頁）、被害者請求権に関する時効中断事由（承認のほかにも、被害者請求自体や、これに応じた自賠社による支払が考えられる）は、加害者に対する損害賠償請求権の消滅時効を中断しない。そして、自賠社に対する被害者請求権は被害者及び保有者双方の利便のための補助的手段であるから、自賠法3条による保有者に対する損害賠償請求権が消滅すれば、自賠社に対する被害者請求権も消滅するとされている（最判平成元年4月20日民集43巻4号234頁—ただし、混同による消滅の例）ことに注意しなければならない。

Ⅲ 裁判実務の取扱い

1 後遺障害逸失利益の算定方法

ア 算 式

症状が固定した後に、労働能力（差額説的に表現すれば収益能力）を全部または一部喪失させるような障害が残る場合、それにより見込まれる収入の喪失または減少が後遺障害逸失利益である。

「後遺障害」とは、『労災補償障害認定必携』を参考に厳密に定義すると、①負傷がなおったときに残存する当該負傷と相当因果関係を有し、かつ、②将来においても回復が困難と見込まれる精神的または身体的な毀損状態であって、③その存在が医学的に認められ、④労働能力の喪失を伴うもの、とされている。ここで「なおったとき」とは、負傷に対して行われる医学上一般に承認された治療方法をもってしても、その効果が期待し得ない状態（療養の終了）で、かつ、残存する症状が、自然的経過によって到達すると認められる最終の状態（症状の固定）に達したときをいう。わかりやすくいえば、「症状の固定」とは、症状がこれ以上治療を続けても、よくも悪くもならない状態に達したことである。後遺障害逸失利益は次の算式により算出される。この算式自体は自賠責保険支払基準でも同様である。

【算式】
後遺障害逸失利益＝１年当たりの基礎収入×労働能力喪失率×労働能力喪失期間に対応するホフマン係数またはライプニッツ係数

【例題】
年収（税込み）600万円の男子（症状固定時40歳）が、事故に遭い、左下肢を膝関節から足関節までの間で切断し、失った。後遺障害逸失利益をライプニッツ式により算定せよ。ただし、労働能力喪失率は、自賠責保険の取扱に準じて考えよ。

労働能力喪失率は、自賠責保険の取扱いに準じて考えるということであれば、自動車損害賠償保障法施行令第2条別表第二に定める後遺障害別等級第5級5号「1下肢を足関節以上（膝関節未満で）で失ったもの」に該当するので、労働能力喪失率は79％である。そうすると、当該被害者が1年間に喪失する収入は、

600万円×0.79＝474万円

となる。

このような減収が稼働可能年齢の終期（一般的には67歳）まで27年間継続することになるが、27年間分の逸失利益を現在の一時金として受け取ることになるので、その間の中間利息を控除することになる。中間利息の利率を年5％とした場合の係数表（年金現価表）が用意されているので、27年間に対応するライプニッツ係数を拾い出すと14.6430であるからこれを乗じることにより27年間分の逸失利益の（症状固定日における）「現価」が算出される。

600万円×0.79×14.6430＝6940万7820円

問題となるのは、①基礎収入、②労働能力喪失率、③労働能力喪失期間、④中間利息の控除である。

イ　基礎収入

事故前年の実収入をもって基礎収入とすることが原則である。税金を控除した手取額ではなく、名目額を基礎とする（最判昭和45年7月24日民集24巻7号1177頁）。ただし、比較的若年の被害者で（概ね30歳未満）、生涯を通じて全年齢平均賃金程度の収入を得られる蓋然性が認められる場合については、基礎収入を全年齢平均賃金または学歴別（全年齢）平均賃金による場合がある[注29]。

a　会社役員

裁判例の大勢は、会社役員の報酬については、その内の労務提供の対価部分（労働対価部分）のみが逸失利益を構成し、利益配当の実質をもつ部分（利益配当的部分）は損害とは認められない、としている。例えば、東京地裁昭和61年5月27日判決（判タ621号162頁）は、「会社役員の報酬中には、役員として実際に稼働する対価としての実質をもつ部分と、そうでない利益配当等の実質をもつ部分とがあるとみるべきところ、そのうち後者については、傷害の結果役員を解任される等の事情がなく、その地位に留まるかぎり、原則として逸失利益の問題は発生しないものと解されるから、前者についてのみ逸失利益の判断をすればよいと解される」とする。同判決の事案は、株式会社X_2の代表取締

注29　「交通事故による逸失利益の算定方式についての共同提言」判タ1014号61頁（2000年）。

役兼部長X_1が事故に遇い負傷休業し、10級の後遺障害が残存したが、X_2はX_1に対し、症状固定前も、さらに症状固定後も約10か月間は、従前どおりの役員報酬（年間1500万円）を支給してきたところ、X_2は、労務の提供を全部もしくは一部受けていないのにX_1に支給してきた役員報酬につき、1500万円を基礎として労務の提供を受けなかった範囲で賠償を求め、X_1も、1500万円を基礎として後遺障害逸失利益を算定し（X_2から支給を受けた部分を除いて）賠償を求めたものである。裁判所は、X_2の規模、X_1が担当していた職務を勘案し、X_1の役員報酬の内900万円（役員報酬の60%）を「本人の稼働による収入」として認定し、これを基礎としてX_1及びX_2の請求を一部認容した。

労働対価部分は、役員報酬の額、企業の規模、当該役員の執務状況、その他諸般の事情をきめ細かく考慮して、具体的・個別的に判断する他はない[注30]。

b　事業所得者

事業所得者（個人営業主）の逸失利益は、原則として、事故前年の所得税確定申告所得によって認定する。この場合、一般的には、事故の前年の年収（売上）から、その収入を得るために要した経費を控除した後の純収入（税法上の「所得」に相当するもの）をもって、事故の年以降の「得べかりし純収入」と推定し、これを基礎収入として算定する。

事業所得者（個人企業主）の収入は、一般的には、①企業主の個人的手腕によって生み出される部分（本人の寄与部分）、②企業としての物的設備によって生み出される部分（資本利得部分）、③人的組織（家族や従業員）によって生み出される部分とから成り立っているとされており、個人企業主の逸失利益を算定するに当たって基礎収入となるのは①の本人の寄与部分である、とされている。労務価額説（労務価値説）と称される考え方である。

最高裁昭和43年8月2日判決（民集22巻1525頁・判タ227号131頁）は、法人成りしていない個人企業主の死亡逸失利益につき、労務価値説を採るべきことを明らかにしたリーディングケースであるが、後遺障害逸失利益についても同様と考えられている。

「企業主が生命もしくは身体を侵害されたため、その企業に従事することができなくなったことによって生ずる財産上の損害額は、原則として、企業収益中に占める企業主の労務その他企業に対する個人的寄与に基づく収益部分の割合によって算定すべきであり、企業主の死亡により廃業のやむなきに至った場

注30　大工強「役員の休業損害及び逸失利益の算定」判タ842号14～19頁（1994年）において具体的な検討がなされている。

合等特段の事情の存しないかぎり、企業主生存中の従前の収益の全部が企業主の右労務等によってのみ取得されていたと見ることはできない。したがって、企業主の死亡にかかわらず企業そのものが存続し、収益をあげているときは、従前の収益の全部が企業主の右労務等によってのみ取得されたものではないと推定するのが相当である。」

通常は、企業主の個人的寄与部分を上記のような差額から推定することは難しいため（特に後遺障害逸失利益の算定においては不可能である）、事故の前年1年間の収入を基礎として、企業主個人の寄与度（率）を乗じて算定することが多いが、青色申告において、従業員の給与（人件費）や専従者給与が適正に（その労務の実態に相応する金額で）計上されていれば、純収入（所得）算出の過程で、既にこれらは収入から控除されているから、人的組織の寄与部分は清算済みということになる。

しかし、白色申告における事業専従者控除には、所得税法上、一定の限界が設けられているから[注31]、事業専従者の寄与部分が適正に清算されているとは言い難いことが多いであろう。青色申告における専従者給与も、労務の実態に相応する金額で適正に清算されていないことが少なくない。そのような場合には、純収入（所得）に専従者控除もしくは専従者給与を加算し、そこに企業主本人の寄与率を乗じて、企業主の個人的寄与部分を抽出することになる。

人件費が適正に計上されていない場合には、これも純収入に加算してから、企業主本人の寄与率を乗じ、企業主の個人的寄与部分を算定することになるが、人件費が実態とかけ離れている場合はあまりないであろう。また、企業主が従業員の給与分を上回る収益を得ている場合には、従業員の給与分を上回る収益は、企業主の経営手腕によって得られたものであり、企業主の個人的寄与によって生み出されたものと評価すべきであるから、従業員の給与分を経費として収入から控除した場合は、それ以上に営業収益から従業員の寄与分を控除すべきではない、との見解[注32]が有力である。

物的設備の寄与部分については、通常は、減価償却費や地代家賃という経費科目として計上され、純収入（所得）算出の過程で、その大部分は収入から控除され、清算済みといえよう[注33]。

注31　事業専従者が事業主の配偶者である場合で年間86万円、配偶者でなければ1人につき年間50万円とされている。

注32　湯川浩昭・赤い本2006年版下巻24頁、法曹会編『例題解説交通損害賠償法』174頁（2006年、法曹会）。

注33　この点（物的設備の寄与部分）に関しては、「個人事業主の営業収益から、物的設備を利用することによって生み出された不動産の賃料、利子等を除外」するという説明

c 家事従事者

家事従事者とは家族のために（自分のためではない）主婦的労務に従事する者をいい、性別は問わないが、現実には家事従事者は女子（主婦）であることが圧倒的である。

無職の専業主婦の逸失利益は、賃金センサス第1巻第1表の産業計・企業規模計・学歴計・女子労働者の全年齢平均賃金を基礎として算出することが一般的であるが、概ね60歳前後からは年齢別平均賃金を使用する裁判例が多くなるようである。高齢主婦については、家事労働の実態からみて平均賃金以下で評価されることも多い。

有職の兼業主婦については、実際の収入と上記平均賃金とを比較して、どちらか高い方を基礎収入とする。

男性が家事労働に従事している場合（いわば「主夫」）には、男女どちらの平均賃金を使うべきか問題であるが、女子平均賃金を基礎収入とすべきであるとするのが裁判例の大勢である[注34]。

d 未就労の幼児・児童・生徒・学生

幼児・児童・生徒・学生の逸失利益については、賃金センサス第1巻第1表の産業計・企業規模計・学歴計・男女別全年齢平均の賃金額を基礎とする。ここで問題が出てくるのは、平均賃金の男女間格差である（女子の平均賃金は男子の概ね6割前後である）。

最高裁昭和62年1月19日判決（判時1222号24頁）は、事故当時14歳の女子中学生の死亡逸失利益につき、女子労働者平均賃金（旧中・新高卒）を基準として算定し、家事労働分の加算を認めなかった原審の判断を、不合理なものとはいえない、として是認している（本件第一審は、家事労働分として年額60万円を加算して逸失利益を算定していたが、第二審はこれを相当でないとして排斥していた）。

現在の下級審裁判例では、男子を含めた全労働者（男女計）の全年齢平均賃金を基礎とする方式が主流となりつつある。最高裁第三小法廷は、同日（平成14年7月9日）付けの二つの決定（上告不受理決定）において、一方で、女児の死亡による逸失利益の算定について、賃金センサスの女子労働者の平均賃金を基礎

もある（湯川浩昭・赤い本2006年版下巻21頁）。しかし、これらの収入はそもそも不労所得であって逸失利益の基礎収入とはならない。労務価額説でいわれている「物的設備によって生み出される部分」とは意味が異なるように思われる。いずれにしろ、人的組織の寄与部分ほど問題となることはない。

注34 青本2010年版（22訂版）72頁。

収入として算定した原判決を是認し（交民35巻4号921頁）、他方で、女児の死亡による逸失利益の算定について、賃金センサスの全労働者の平均賃金を基礎収入として算定した原判決を是認している（交民35巻4号917頁）。最高裁は、事実審の専権事項であって、どちらでもよいと考えているようである。なお、全労働者（男女計）平均賃金方式を採用できるのは概ね被害者が中学生までである。

e　外国人

一時的に我が国に滞在し将来出国が予定される外国人[注35]の逸失利益の算定について、最高裁平成9年1月28日判決（民集51巻1号78頁・判タ934号216頁）は、次のように判示している。

「一時的に我が国に滞在し将来出国が予定される外国人の逸失利益を算定するに当たっては、当該外国人がいつまで我が国に居住して就労するか、その後はどこの国に出国してどこに生活の本拠を置いて就労することになるか、などの点を証拠資料に基づき相当程度の蓋然性が認められる程度に予測すべきことになる。そうすると、予測される我が国での就労可能期間ないし滞在可能期間内は我が国での収入を基礎とし、その後は想定される出国先（多くは母国）での収入等を基礎として逸失利益を算定するのが合理的ということができる。そして、我が国における就労可能期間は、来日目的、事故の時点における本人の意思、在留資格の有無、在留資格の内容、在留期間、在留期間更新の実績及び蓋然性、就労資格の有無、就労の態様等の事実的及び規範的な諸要素を考慮して、これを認定するのが相当である。

在留期間を超えて不法に我が国に残留し就労する不法残留外国人は、出入国管理及び難民認定法24条4号ロにより、退去強制の対象となり、最終的には我が国からの退去を強制されるものであり、我が国における滞在及び就労は不安定なものといわざるを得ない。そうすると、事実上は直ちに摘発を受けることなくある程度の期間滞在している不法残留外国人がいること等を考慮しても、在留特別許可等によりその滞在及び就労が合法的なものとなる具体的蓋然性が認められる場合はともかく、不法残留外国人の我が国における就労可能期間を長期にわたるものと認めることはできないものというべきである。」

事案は、短期在留資格で来日したが、不法残留し、日本国内で稼働していたパキスタン国籍の男子（25歳）が、右手人指し指末節部分切断という労災事故

注35　実際には、短期滞在等の就労できない在留資格で入国しながら、違法に就労し、認められた在留期間を超えてそのまま居すわっている（オーバーステイ＝不法残留）という形態（資格外活動がらみ不法残留）が大半である。

に遭ったというもので、事故後に勤めた会社を退社した日の翌日から3年間は日本における実収入額を、その後は来日前にパキスタン回教共和国で得ていた収入を基礎として逸失利益を算定した（具体的には、42年間分の後遺障害逸失利益のうち、当初3年間分は日本国賃金基準で、その後39年間分は出国先（パキスタン）賃金基準で算定した）原判決の判断を是認している[注36]。

ウ　労働能力喪失率

難しいのは、その後遺障害によって労働能力がどの程度失われるのかという労働能力喪失率（差額説の立場からいえば、減収率と表現すべきであろうが、計算方法は変わらない）の判断である。

自賠責保険（強制保険）の適用がある交通事故では損害保険料率算出機構による後遺障害等級の認定制度がある。労災保険の適用がある労災事故では労働基準監督署長が認定することになる。後遺障害別等級表の内容は同じであり、認定はどちらも財団法人労災サポートセンター編著『労災補償障害認定必携』（平成23年に第15版刊行）に準拠して行われているが、交通事故が労災事故でもある場合、同じ後遺障害であっても自賠責と労災保険とで認定に差が出ることもある。一般的には、自賠責保険における認定のほうが厳しいようである[注37]。

後遺障害の等級が判定できれば、自賠責保険においては（労災保険と同様に）労働基準局長通牒（昭和32年7月2日基発551号）による所定の労働能力喪失率が認められることになる。

しかし、損害賠償訴訟において、裁判所は、より具体的・個別的に労働能力喪失率を判断している。例えば、前記【例題】において、被害者が頭脳労働者や一般事務職である場合と、肉体労働者である場合とでは、収入への影響は大きく異なるであろう。単純に労働能力喪失率が79％とは判断はできないわけである。

この点につき、前掲最高裁昭和42年11月10日判決（民集21巻9号2352頁・判タ215号94頁）は、次のように判示し、左大腿複雑骨折による傷害を受けたが（身体障害等級表5級該当）、復職後は、従来どおり会社（漬物・佃煮の製造卸販売業）に勤務し、従来の作業（漬物佃煮の製造作業、原料の買い出し）に従事し、労働能

注36　ただし、原審が、労働者災害補償保険特別支給金支給規則に基づく休業特別支給金、障害特別支給金等の特別支給金を損害額から控除した点を違法として、原判決を一部変更した。

注37　これは労災保険が本来的には「補償」の性格を有するものであるのに対し、自賠責保険は「賠償」の性格を有するものであるという制度趣旨の違いに由来しているように思われ、直ちに不当ともいえないであろうが、同じ認定基準を使用しながら認定結果が分れることは一般には理解し難いところであろう。

力の減少によって格別の収入減を生じていない被害者の逸失利益の発生を否定している。これは典型的な差額説の立場であるが、この程度の後遺障害に至れば、労働能力喪失説の立場からは逸失利益の発生を否定できないと思われる。

「交通事故による傷害のため、労働力の喪失・減退を来たしたことを理由として、将来得べかりし利益喪失による損害を算定するにあたって、上告人の援用する労働能力喪失率が有力な資料となることは否定できない。しかし、損害賠償制度は、被害者に生じた現実の損害を塡補することを目的とするものであるから、労働能力の喪失・減退にもかかわらず損害が発生しなかった場合には、それを理由とする賠償請求ができないことはいうまでもない。」

他方、最高裁昭和48年11月16日判決（裁判集民110号469頁・交民6巻6号1693頁）は、次のように判示している。

事案は、小学校教諭を退職後、音楽（主としてピアノ）及び書道の家庭教師として各家庭に出張教授し、毎月5万円の収入を得ていた男性（症状固定時63歳）が交通事故に遭い、膝関節等に労働基準法施行規則別表第二身体障害等級表の9級（喪失率35%）ないし10級（喪失率27%）に該当する後遺障害が残ったケースである。被害者は、杖なしでは歩行不能となり、正座もあぐらも横座もできなくなり、事故以来、従前の家庭教師を辞めてしまった。原判決は、労働能力の90%喪失（喪失期間7年間）を認定したが、最高裁はこれを是認した。

「交通事故による傷害のため、労働能力の喪失・減退を来たしたことを理由として、得べかりし利益の喪失による損害を算定するにあたって、上告人の援用する労働能力喪失率表が有力な資料となることは否定できない。しかし、損害賠償制度は、被害者に生じた現実の損害を塡補することを目的とするものであるから、被害者の職業と傷害の具体的状況により、同表に基づく労働能力喪失率以上に収入の減少を生じる場合には、その収入減少率に照応する損害の賠償を請求できることはいうまでもない。」

上記両判決は「しかし、損害賠償制度は、被害者に生じた現実の損害を塡補することを目的とするものであるから」までは全く同文で、その後に続く文章が異なるが、その趣旨は共通しており、労働能力喪失率表が有力な資料となるけれども、具体的・個別的に考えよ、ということである。

そこで、損害賠償実務においては、被害者の職業と傷害の具体的状況（後遺症の内容・程度）を中心に、過去に裁判所が認定した喪失率との相関関係を整理・分析することが必要となる。本書はまさにその要請に答えようとするものである。

エ　労働能力喪失期間

労働能力喪失期間の始期は症状固定日（未就労の児童等については原則18歳であり、大学生については大学卒業時とする）であり、終期は原則67歳とされている[注38]。症状固定日の年齢が67歳を超える者、症状固定日から67歳までの年数が平均余命の2分の1より短い者については、平均余命の2分の1とする。

後遺障害は、本来的には、一生残る（治らない）ものであるから、労働能力喪失期間の終期は、死亡逸失利益における稼動能力喪失期間の終期と同じとなるはずであるが、実際には、軽度の後遺障害では、労働能力喪失期間を短縮して認定する裁判例が多い。いわゆる「むち打ち損傷」の場合には、12級で10年程度、14級では5年程度に制限する例が多くみられる。

その他の後遺障害においても、労働能力喪失期間を67歳未満に縮減する裁判例や、労働能力喪失率を逓減（漸減）していく裁判例がみられる。

器質的障害（欠損障害、変形障害、短縮障害など）については、67歳までの労働能力喪失を認定する裁判例が多いし、それが妥当である。

植物状態[注39]となった被害者の余命期間は健常者のそれより短いと推認されるから、後遺障害逸失利益の算定期間の終期も、健常者のように67歳とするのではなく、それ以前の、例えば40歳までとすべきではないか、という問題がある。余命短縮の問題は将来介護料の算定において切実となるが（余命期間＝要介護期間であるから）、後遺障害逸失利益の算定においても問題となる。仮に余命を40歳までと推認できるとすると、40歳に達するまでの分は後遺障害逸失利益として算定し、40歳以降67歳までの分は死亡逸失利益として算定することになる[注40]。後遺障害逸失利益の算定においては、原則として生活費控

注38　第12回生命表（昭和44年）の男子0歳の平均余命を採用したものであり、大した根拠のあるものではないことにつき、北河・賠償法224頁。

注39　植物状態とは、重度の脳損傷により運動機能や感覚機能に著しい障害が残り、精神活動もほとんどせず、周囲に対する反応をしない患者のことであるが、日本脳神経外科学会は、①自力移動が不可能である、②自力摂食が不可能である、③し尿失禁状態にある、④眼球はかろうじて物を追うこともあるが、認識はできない、⑤声を出しても、意味のある発言は全く不可能である、⑥目を開け、手を握れというような簡単な命令にはかろうじて応ずることもあるが、それ以上の意思の疎通は不可能である、という6項目の状態が、医療努力によっても改善されずに3か月以上経過したものと定義している。

注40　このことは当然のことであるが、最判平成6年11月24日自保ジャーナル762号の原審（高松高判昭和60年4月18日自保ジャーナル610号）は、事故により植物状態となった事故当時7歳の男児の生存期間を40歳までとし、逸失利益を40歳までの分しか認定しなかった。被害者が上告したところ、最高裁は、生存期間を満40歳までとした判断は是認したが、被害者が満40歳を超えて就労可能上限年齢まで生存すること

除はなされないが､死亡逸失利益においては生活費控除がなされることになる。

オ　中間利息の控除

年収600万円（税込み）の症状固定時40歳の被害者が、後遺障害により79％の労働能力を喪失し、その状態が67歳まで27年間継続するとしても、逸失利益の総額が、

600万円×0.79×27年＝1億2798万円

となるかといえば、そうではない。これは毎年474万円の逸失利益が27年間累積した結果であるから、一時金賠償方式の原則を採用する民法の下では、これを症状固定時の一時金（現価）として評価しなおさなければならない。これが中間利息の控除という作業である。

中間利息の控除方法としては「ホフマン式」と「ライプニッツ式」があり、ホフマン式は毎年の収入を単利で運用していくことを、ライプニッツ式は毎年の収入を複利で運用することを前提にして、現価を算定する方式である。

運用利率を5％とした場合の係数表（年金現価表[注41]）が用意されているので、実際には、そこから稼働可能期間に対応するホフマン係数またはライプニッツ係数を拾い出して、乗じればよい。かつては、ホフマン式を採るかライプニッツ式を採るかは各裁判所でバラバラであったが（最高裁はどちらでもよいとしていた)、東京地裁・大阪地裁・名古屋地裁の民事交通専門部の共同提言（｢交通事故による逸失利益の算定方法についての共同提言」判タ1014号52頁以下）を契機としてライプニッツ式が大勢となっている。自賠責保険支払基準でもライプニッツ式が採られている。

控除すべき中間利息の割合につき、最高裁平成17年6月14日判決（民集59巻5号983頁・判タ1185号109頁）は、被害者の将来の逸失利益を現在価額に換算するために控除すべき中間利息の割合は、民事法定利率（年5％）によらなければならない、とした。

「我が国では実際の金利が近時低い状況にあることや原審のいう実質金利の動向からすれば、被害者の将来の逸失利益を現在価額に換算するために控除すべき中間利息の割合は民事法定利率である年5％より引き下げるべきであると

ができなくなったことは、特段の事情のない限り、本件事故に起因するものであることは明らかであるから、被害者の逸失利益としては、当然、就労可能上限年齢までの逸失利益を算定・認容すべきであるとして、逸失利益の請求のうち、満40歳を超える分の請求を棄却した原審の判断を違法とした（一部破棄・差戻し)。

注41　「年金現価表」と「現価表」を混同しないように注意されたい。ここで利用するのは「年金現価表」のほうである。なお、年金現価表と現価表との関係については、北河・賠償法228・229頁参照。

の主張も理解できないではない。しかし、民法404条において民事法定利率が年5%と定められたのは、民法の制定に当たって参考とされたヨーロッパ諸国の一般的な貸付金利や法定利率、我が国の一般的な貸付金利を踏まえ、金銭は、通常の利用方法によれば年5%の利息を生ずべきものと考えられたからである。そして、現行法は、将来の請求権を現在価額に換算するに際し、法的安定及び統一的処理が必要とされる場合には、法定利率により中間利息を控除する考え方を採用している。例えば、民事執行法88条2項、破産法99条1項2号（旧破産法（平成16年法律75号による廃止前のもの）46条5号も同様）、民事再生法87条1項1号、2号、会社更生法136条1項1号、2号等は、いずれも将来の請求権を法定利率による中間利息の控除によって現在価額に換算することを規定している。損害賠償額の算定に当たり被害者の将来の逸失利益を現在価額に換算するについても、法的安定及び統一的処理が必要とされるのであるから、民法は、民事法定利率により中間利息を控除することを予定しているものと考えられる。このように考えることによって、事案ごとに、また、裁判官ごとに中間利息の控除割合についての判断が区々に分かれることを防ぎ、被害者相互間の公平の確保、損害額の予測可能性による紛争の予防も図ることができる。上記の諸点に照らすと、損害賠償額の算定に当たり、被害者の将来の逸失利益を現在価額に換算するために控除すべき中間利息の割合は、民事法定利率によらなければならないというべきである。」

未就労の児童等については、［67歳－症状固定時の年齢］年数に対応する係数から、［18年－症状固定時の年齢］年数に対応する係数を差し引いた係数を乗じることになる[注42]。

以上では、中間利息控除の起算点を症状固定日として、症状固定時における現価を算定することを前提にしている（症状固定時説）。裁判例の大勢は症状固定時に拠っているが、これに対し事故時における現価を算出し、中間利息控除の起算点を事故日とする裁判例・学説がある（事故時基準説）[注43]。事故時基準説によれば、［67歳－事故時の年齢］年数に対応する係数から、［症状固定時の年齢－事故時の年齢］年数に対応する係数を差し引いた係数を乗じることになる。

注42　自賠責保険支払基準別表Ⅱ—1(1)「幼児・児童・生徒・学生・右欄以外の働く意思と能力を有する者」に適用する係数がこれに相当するものである。

注43　この他に紛争解決時説と呼ばれる見解もある。浅岡千香子・赤い本2007年版下巻171頁以下において詳細な検討がなされているが、裁判例の圧倒的多数が症状固定時説に拠っていることが指摘されている。

事故時基準説は、不法行為に基づく損害賠償請求権が不法行為時に発生し、その時から遅延損害金が発生するとされていることとのバランスを考慮したものであるが、中間利息控除と遅延損害金の付加とは趣旨が異なるから（前者は利殖可能性を損害の金銭的評価に反映させる趣旨であり、後者は被害者の損害が塡補されずにいることについてのペナルティーである）、損害賠償債権の発生時期と損害の金銭的評価の時点とを一致させる理論的必然性はない。事故時基準説によれば、過去分の積極損害や休業損害なども事故時を基準に計算しなければならないことになるはずであり、そうなると損害額の算定がきわめて複雑になる。

損害額が確定する症状固定時を基準とする症状固定時説が自然であり、簡便でもある。裁判例の大勢は、中間利息は元本の複利運用を前提とする年5%のライプニッツ式で控除しており、これに対し、遅延損害金は年5%で単利計算されるのであるから、その点も考慮されてよい[注44]。症状固定時説が妥当である[注45]。

なお、最高裁昭和62年12月17日判決（裁判集民152号281頁）も症状固定時説を前提として計算しているが、中間利息控除の起算点自体が争点となっていたわけではないから、事故時基準説を否定するものかどうかはわからない。

民法(債権法)改正では、中間利息の控除につき規定が新設された(417条の2)。その内容は次のようなものである。

第417条の2（中間利息の控除）

将来において取得すべき利益についての損害賠償の額を定める場合において、その利益を取得すべき時までの利息相当額を控除するときは、その損害賠償の請求権が生じた時点における法定利率により、これをする。

2　将来において負担すべき費用についての損害賠償の額を定める場合において、その費用を負担すべき時までの利息相当額を控除するときも、前項と同様とする。

上記規定は不法行為による損害賠償にも準用される（722条)。法定利率は

注44　さらに言えば、年金現価表は1年間の収入がその年の終わりに一括して入ることが前提となっているが、実際はそのようなことはあり得ず、概ね年収の12分の1が1か月ごとに入ってくるのが通常であるから、必要以上に中間利息を多めに控除していることになる。

注45　症状固定時説の妥当性と、債権法改正によって新設される民法417条の2の下においても症状固定時説が妥当であることについて、北河「債権法改正と中間利息控除」法律時報87巻12号65～71頁、北河・賠償法196～199頁を参照。

現在の5%固定制から変動制へと変更されることについては10頁参照[注46]。

カ　生活費の控除

後遺障害逸失利益の算定においては、死亡の場合とは異なり、被害者は生活していく過程で生活費を支出し続けていかなければならず、損益相殺として生活費を控除する必要がない。

しかし、植物状態となった被害者の後遺障害逸失利益の算定においては、一定の生活費控除を行う裁判例が出ている。これは、植物状態となった被害者の生活費は、健常者の生活費よりは安く済むはずであるから、その差は損益相殺すべきである、とする考え方に基づくものである。積極説に立つ裁判例では、控除率を20～30%とするものが多いようである[注47]。裁判例の大勢は現在でも消極説に立っている[注48]。この点は、生活費控除の性質を労働力再生産のための経費に尽きるものと考えるかどうかによるが、消極説に立つ東京地裁平成10年3月19日判決（判タ969号226頁）は次のように述べている。

「被告は、原告Xの将来の生活に必要な費用は治療費と付添介護費に限定されており、労働能力の再生産に要すべき生活費の支出は必要でないから、生活費を控除すべきであると主張する。しかし、生活費は、必ずしも労働能力の再生産費用だけを内容とするものではなく、また、原告Xは、今後も生命維持のための生活費の支出を要することは明らかである上、自宅療養中の雑費の多くは、逸失利益中から支出されることが見込まれる（前記8で認めた部分を除く。）から、逸失利益の算定に当たり、生活費を控除するのは相当でなく、被告の右主張は、採用できない。」

「前記8で認めた部分」とは、「将来的消耗品費」の項目であり、次のように判示されている。

「自宅療養中の雑費の支出は、基本的には逸失利益の中から支出されるべきものであるが、原告Xの状況によれば、紙おむつ等通常人には不要と考えられる物品であっても、日常生活をする上で必要と認められるので、1日当たり

注46　法定利率が変動したときは、その利率に応じた現価表・年金現価表が必要となるが、北河・賠償法426～431頁に、利率を年2・3・4%とした場合のライプニッツ係数表（現価表・年金現価表）を掲載している。

注47　前掲最判平成6年11月24日の原審（高松高判昭和60年4月18日）は、事故により植物状態となった事故当時7歳の男児の生存期間を40歳までとして、40歳までの分の後遺障害逸失利益を算定するに当たり、20%の生活費控除を実施していた。この点も法令解釈の誤りとして上告されたが、この点は上告を棄却されている。

注48　東京三弁護士会交通事故処理委員会編『新しい交通賠償論の胎動』166～167頁（2002年、ぎょうせい）に裁判例一覧表が掲載されている。

200円の範囲で損害と認めるのが相当である。」

なお、植物状態以外の重度後遺障害者についても、以上と同様の議論が可能であるが、生活費控除を肯定した裁判例は見当たらないようであり、いっそう慎重に対処すべきであろう。

キ 成年後見開始審判申立ての必要性

植物状態にある被害者は、「精神上の障害により事理を弁識する能力を欠く常況にある者」に該当するから、後見開始の審判を申立て、成年後見人を付さなければならない。成年後見人が被害者（成年被後見人）の法定代理人として訴訟を提起することになる。審判費用も損害として認められる[注49]。

2 後遺症慰謝料

ア 後遺障害に基づく損害

後遺障害に基づく損害としては、後遺症逸失利益のほかに後遺症慰謝料がある。後遺症慰謝料は後遺障害等級に応じて、110万円から2,800万円の範囲で基準化されている。『赤い本』の基準は下記のとおりである。

第1級	2,800万円	第2級	2,370万円	第3級	1,990万円
第4級	1,670万円	第5級	1,400万円	第6級	1,180万円
第7級	1,000万円	第8級	830万円	第9級	690万円
第10級	550万円	第11級	420万円	第12級	290万円
第13級	180万円	第14級	110万円	無等級	χ

「無等級」とは「自賠責14級に至らない後遺障害があった場合等（例えば3歯以上歯科補綴の場合は自賠責14級であるが2歯の場合は14級に至らない等）は、それに応じた後遺障害慰謝料が認められることがある」と説明されている。また、「特定の後遺障害等級の認定がなされ、より上級の等級に至らない場合（例

注49 小河原寧・赤い本2012年版下巻5頁以下で具体的な検討がなされている。既に成年後見人が選任されている場合については、法定費用（申立手数料・登記用収入印紙代）、予納郵券、添付書類取得費用、鑑定費用を事故と相当因果関係がある損害と認める一方、弁護士費用は否定する。平均余命までの期間の後見人報酬相当額、後見監督人が選任された場合の後見監督人報酬相当額（ただし、後見人と異なり平均余命までの期間分は認められない）も損害として認められるとする。後見人に弁護士が選任され、当該弁護士が加害者に損害賠償請求訴訟を提起した場合、後日家庭裁判所から認められるであろう後見人の付加報酬相当額も損害として認められるとする。

えば外貌醜状痕で12級に該当するがより上級の等級には至らない等）でも、症状により認定等級の慰謝料に相当額を加算することがある。」と説明されている。さらに、「平成14年4月1日以降の事故で、後遺障害等級別表第1の2級の後遺障害と同別表第2の後遺障害があった場合、自賠責保険では併合による等級の繰り上げはないが、慰謝料の算定にあたっては、平成14年4月1日より前の事故と同様に、併合による等級の繰り上げをして算定する」とされている。

イ　近親者慰謝料

民法711条は、「生命侵害」の場合に、「被害者の父母、配偶者及び子」に固有の慰謝料請求権を認めた規定であるが、判例（最判昭和49年12月17日民集28巻10号2040頁）は、被害者との間に同条所定の者と実質的に同視することができる身分関係が存し、被害者の死亡により甚大な精神的苦痛を受けた者につき同条を類推適用している。また、判例（最判昭和33年8月5日民集12巻12号1901頁）は、生命侵害には至らない傷害の場合であっても、近親者が、被害者の死亡したときに比肩しうべき精神上の苦痛を受けたと認められるときには、民法709条、710条に基づき固有の慰謝料請求権を認めている。

上記アの慰謝料基準は本人分とされており、近親者固有の慰謝料が認められる場合には、本人分とは別に認められている（別枠式）。かつて、近親者の慰謝料は本人分の3割相当額とするとの意見があったが（沖野威「東京地裁民事交通部の損害賠償算定基準と実務傾向」別冊判タ1号14頁）、近年の裁判例を参照すると、本人分の2割程度の金額が認められる例が多く見られるようである。

ウ　慰謝料の増額事由

『赤い本』では、慰謝料の増額事由は、①「加害者に故意もしくは重過失（無免許、ひき逃げ、酒酔い、著しいスピード違反、ことさらに赤信号無視、薬物等の影響により正常な運転ができない状態で運転等）または著しく不誠実な態度等がある場合」、②「被害者の親族が精神疾患に罹患した場合」、③「その他」に分類され、裁判例が掲げられている。

『赤い本2005年版下巻』45頁以下において、高取真理子裁判官（当時）は、慰謝料の増額事由について、①事故態様、加害者の過失、②加害者の事故後の態度に分類して裁判例を整理している。①事故態様、加害者の過失は、さらに（ア）飲酒、酒気帯び運転、（イ）救護義務違反、報告義務違反（ひき逃げ）、（ウ）速度超過、（エ）信号無視、（オ）居眠り、（カ）無免許、（キ）脇見運転に分類され、②加害者の事故後の態度は、さらに（ア）証拠隠滅、（イ）謝罪なし、（ウ）責任否定（訴訟で争う、虚偽供述など）に分類されている。

3 損益相殺

「損益相殺」（そんえきそうさい）とは、通常、不法行為によって被害者が損害を受けるとともに利益をも受ける場合において、損害からこの利益を差し引く操作をいうと説明される。民法に明文の規定はないが､民法709条の「損害」とは、このような操作後の実損害を意味しており、その根拠は、不法行為法における原状回復の理念の反面としての利得の防止の思想に基づくとされる。逸失利益と関連して問題となることが多いのは、社会保険からの給付がなされる場合（重複塡補）である。判例で形成されてきた準則がいくつかあるので、整理しておく[注50]。

ア 控除の客観的範囲（対応原則）

社会保険給付を損害額から控除できるのは、保険給付の費目と損害賠償の費目とが「同一の事由」の関係にある場合に限られる（対応原則)。保険給付と損害賠償とが「同一の事由」の関係にあるとは、「保険給付の趣旨目的と民事上の損害賠償のそれとが一致すること、すなわち、保険給付の対象となる損害と民事上の損害賠償の対象となる損害とが同性質であり、保険給付と損害賠償とが相互補完性を有する関係にある場合をいうものと解すべきであって、単に同一の事故から生じた損害であることをいうものではない。」とされている（最判昭和62年7月10日民集41巻5号1202頁・判タ658号81頁)。具体的には、労災保険法による休業補償給付及び傷病補償年金、厚生年金保険法による障害年金が対象とする損害と同性質であり、同一の事由の関係にあることを肯定できるのは、財産的損害のうちの消極損害（逸失利益）のみであるとされた。

なお、最高裁平成5年3月24日判決（判タ853号63頁）は、退職年金受給権喪失損を逸失利益と認めた上で、妻が受給する遺族年金をこれと「同質性」を有するものとして逸失利益から控除したが、このときに残された問題点の一つとして、遺族年金を控除できる損害の範囲は、死亡被害者の年金受給権喪失による逸失利益に限られるのか、それとも、（給与収入がある場合には）給与収入を含めた逸失利益全般に及ぶのか、という点があった。この点につき、最高裁平成16年12月20日判決（判時1886号46頁）は後者の見解を採用し、「不法行為により死亡した被害者の相続人が、その死亡を原因として遺族厚生年金の受給権を取得したときは、被害者が支給を受けるべき障害基礎年金等に係る逸失利益だけでなく、給与収入等を含めた逸失利益全般との関係で、支給を受ける

注50 損益相殺・損害の塡補全般については、北河・賠償法247～288頁を参照。

ことが確定した遺族厚生年金を控除すべきものと解するのが相当である。」としている。同判決と最高裁昭和62年7月10日判決とを併せ考えれば、対応原則は、損害の大項目、すなわち積極損害・消極損害（逸失利益）・慰謝料という損害項目単位で考えればよいことになる。この点は、労災保険の求償実務とは異なるところである。

イ　控除の時的範囲

給付が年金方式で支給される場合、既に支給済みの分に限り控除できるのか（既支給分控除説）、将来支給される分まで控除できるのか（将来分控除説）、という問題がある。最高裁平成5年3月24日判決（判タ853号63頁）は、次のように述べて、確定分控除説と称される立場を打ち出した。

「2　被害者が不法行為によって損害を被ると同時に、同一の原因によって利益を受ける場合には、損害と利益との間に同質性がある限り、公平の見地から、その利益の額を被害者が加害者に対して賠償を求める損害額から控除することによって損益相殺的な調整を図る必要があり、また、被害者が不法行為によって死亡し、その損害賠償請求権を取得した相続人が不法行為と同一の原因によって利益を受ける場合にも、右の損益相殺的な調整を図ることが必要なときがあり得る。このような調整は、前記の不法行為に基づく損害賠償制度の目的から考えると、被害者又はその相続人の受ける利益によって被害者に生じた損害が現実に補てんされたということができる範囲に限られるべきである。

3　ところで、不法行為と同一の原因によって被害者又はその相続人が第三者に対する債権を取得した場合には、当該債権を取得したということだけから右の損益相殺的な調整をすることは、原則として許されないものといわなければならない。けだし、債権には、程度の差こそあれ、履行の不確実性を伴うことが避けられず、現実に履行されることが常に確実であるということはできない上、特に当該債権が将来にわたって継続的に履行されることを内容とするもので、その存続自体についても不確実性を伴うものであるような場合には、当該債権を取得したということだけでは、これによって被害者に生じた損害が現実に補てんされたものということができないからである。

4　したがって、被害者又はその相続人が取得した債権につき、損益相殺的な調整を図ることが許されるのは、当該債権が現実に履行された場合又はこれと同視し得る程度にその存続及び履行が確実であるということができる場合に限られるものというべきである。」

具体的には、地方公務員等共済組合法に基づく退職年金を受給していた62歳の男性が交通事故で死亡した事案で、被害者が生存していればその平均余命期間に受給することができた退職年金の現在額を損害として認めた上で、退職年金の受給者の死亡を原因として、妻が遺族年金の受給権を取得した場合に、「支給を受けることが確定した遺族年金の額」の限度で[注51]、妻が加害者に対して賠償を求めることができる損害額から控除すべきものであるが、支給を受けることが確定していない遺族年金の額について控除することを否定した。

ウ　控除の主観的範囲

死亡被害者の一部が遺族年金等の受給権者となる場合は、給付額は受給権者である相続人の取得する損害賠償額だけから控除される（最判昭和50年10月24日民集29巻9号1379頁・判タ329号127頁、最判平成16年12月20日裁判集民215号987頁・判タ1173号154頁）。

エ　過失相殺との先後関係

過失相殺がある場合における、社会保険給付の控除と過失相殺との先後関係については、まず過失相殺を実施してから、その後に社会保険給付を控除するというのが判例の立場である（最判平成元年4月11日民集43巻4号209頁・判タ697号186頁、労災保険の例）。このような考え方を、相殺後控除説（＝控除前相殺説）という。なお、控除の客観的範囲との係わりに注意すべきである。すなわち、損害額全額に過失相殺を実施し、労災保険給付全額を控除してはならず、積極損害・消極損害・慰謝料という損害項目ごとに過失相殺を実施し、積極損害の過失相殺後の額から積極損害に対応する労災保険給付を控除し、消極損害の過失相殺後の額から消極損害に対応する労災保険給付を控除することになる（慰謝料に対応する労災保険給付はない）[注52]。

オ　損益相殺的な調整の対象となる損害・損害が塡補されたと評価すべき時期

労災保険給付金等の社会保険給付が支給されたとき、①損益相殺の対象となる損害は何か（損害額元本に充当されるのか、遅延損害金は考慮されないのか）、②損害が塡補されたと評価すべき時期はどう考えるべきか（不法行為の時に塡補されたものと考えるべきなのか）、という問題がある。最高裁平成22年9月13

注51　結論的には、支給済みの分に加えて、最大3か月分（現在では最大2か月分）まで控除を認めた。
注52　北河・賠償法263頁に具体例計算例を掲げている。

日判決（判タ1337号92頁）は、①については、損害額の元本に充当される、②については、不法行為の時に塡補されたものと評価すべきである、との判断を示した（最判平成22年10月15日裁判集民235号65頁も同旨）。

「被害者が、不法行為によって傷害を受け、その後に後遺障害が残った場合において、労災保険法に基づく各種保険給付や公的年金制度に基づく各種年金給付を受けたときは、これらの社会保険給付は、それぞれの制度の趣旨目的に従い、特定の損害について必要額をてん補するために支給されるものであるから、同給付については、てん補の対象となる特定の損害と同性質であり、かつ、相互補完性を有する損害の元本との間で、損益相殺的な調整を行うべきものと解するのが相当である。……

……不法行為による損害賠償債務は、不法行為の時に発生し、かつ、何らの催告を要することなく遅滞に陥るものと解されるが、被害者が不法行為によって傷害を受け、その後に後遺障害が残った場合においては、不法行為の時から相当な時間が経過した後に現実化する損害につき、不確実、不確定な要素に関する蓋然性に基づく将来予測や擬制の下に、不法行為の時におけるその額を算定せざるを得ない。その額の算定に当たっては、一般に、不法行為の時から損害が現実化する時までの間の中間利息が必ずしも厳密に控除されるわけではないこと、上記の場合に支給される労災保険法に基づく各種保険給付や公的年金制度に基づく各種年金給付は、それぞれの制度の趣旨目的に従い、特定の損害について必要額をてん補するために、てん補の対象となる損害が現実化する都度ないし現実化するのに対応して定期的に支給されることが予定されていることなどを考慮すると、制度の予定するところと異なってその支給が著しく遅滞するなどの特段の事情のない限り、これらが支給され、又は支給されることが確定することにより、そのてん補の対象となる損害は不法行為の時にてん補されたものと法的に評価して損益相殺的な調整をすることが、公平の見地からみて相当というべきである。」

事案は、労災保険法に基づく療養給付・休業給付を受け、また労災保険法に基づく障害年金、国民年金法に基づく障害基礎年金、厚生年金保険法に基づく障害厚生年金の支給を受け、またはその支給を受けることが確定していたというものである。

他方、最高裁平成16年12月20日判決（裁判集民215号987頁・判タ1173号154頁）は、「本件自賠責保険金等によっててん補される損害についても、本件事故時から本件自賠責保険金等の支払日までの間の遅延損害金が既に発生していたのであるから、本件自賠責保険金等が支払時における損害金の元本及び遅延損害金の全部を消滅させるに足りないときは、遅延損害金の支払債務にまず充当されるべきものであることは明らかである（民法491条1項参照）。」としているが[注53]、ここで「自賠責保険金等」と表現されているのは、自賠責保険金の他にも、遺族に対し、労働者災害補償保険法に基づく遺族補償年金、厚生年金保険法に基づく遺族厚生年金が支給されていたからである。そうすると、遺族補償年金・遺族厚生年金についても、まず遅延損害金から充当すべきことになる。この判決と、前掲最高裁平成22年9月10日判決・最高裁平成22年10月15日判決との整合性については検討する必要がある。この点につき、両判決の法廷意見は、上記平成16年判決とは事案を異にする、とだけ判示するのみであるが、どのような意味で事案が異なるのかにつき、平成22年10月判決の中で、千葉裁判官の補足意見が敷衍している。補足意見は、①平成16年判決の事案は、被害者が不法行為の当日に死亡した事案であり、平成22年10月判決の事案は、被害者が不法行為により傷害を受け、その後に後遺障害が残った事案であること、②損益相殺的調整の対象となった給付が、平成16年判決の事案では、生活保障的な政策目的が加味された遺族年金給付であり、平成22年10月判決の事案では、逸失利益そのものの塡補を目的とする休業給付等であることを指摘している。

その後、最大判平成27年3月4日民集69巻3号178頁は、①労働者災害補償保険法に基づく遺族補償年金と被扶養利益の喪失による損害の元本との間で損益相殺的な調整を行うべきであるとするとともに、②上記最判平成16年12月20日を一部変更し、特段の事情のない限り、その塡補の対象となる損害は不法行為の時に塡補されたものとして損益相殺的な調整をすることが相当である、とした。本判決は、平成16年判決で問題とされた厚生年金保険法に基づく遺族厚生年金については言及していないが、遺族補償年金と同様に解すべきであろう。なお、平成16年判決のうち自賠責保険金についての判断には変更はない。

この点は、自賠責保険金の支払は損害賠償債務の弁済に極めて近い性格を有しているため民法491条1項に準じた処理になじむけれども、労災保険給付や公的年金給付はそうではないからそのような処理になじまないというべきであ

注53　自賠責保険からの既払額については、対応原則は考慮されていないので、人損の範囲内では弁済充当の費目は考慮せずに総額で差し引いてよい。

ろう。

4 自賠責保険支払基準の裁判所に対する拘束力

従来は通達にすぎなかった自賠責保険の支払基準が法律上の根拠をもつようになり、同支払基準の保険会社に対する（片面的）拘束力も法定された（自賠16条の3）。

これを受けて制定されたのが、「自動車損害賠償責任保険の保険金等及び自動車損害賠償責任共済の共済金等の支払基準」（平成13年12月21日金融庁国土交通省告示第1号）である。同支払基準では、「後遺障害による損害は、逸失利益及び慰謝料等とし、自動車損害賠償保障法施行令第2条並びに別表第1及び別表第2に定める等級に該当する場合に認める。等級の認定は、原則として労働者災害補償保険における障害の等級認定の基準に準じて行う。」と規定されている。

損害賠償額が上記自賠責保険金支払基準による認定額を超える場合に、被害者が自賠社を相手取って裁判所に対し超過分の支払を請求することができるか、という問題がある。換言すると、裁判所は（後遺障害の等級認定も含めて）上記支払基準に拘束されるか、ということである。最高裁平成18年3月30日判決（民集60巻3号1242頁・判タ1207号70頁）は、同支払基準は、訴訟外で保険会社が保険金等を支払う場合の基準であり、裁判所に対する拘束力はなく、被害者は、保険金額の範囲内であれば、保険会社を相手取って、支払基準を超える損害賠償額の支払を求めて提訴することができる、とする。

「法16条の3第1項は、保険会社が被保険者に対して支払うべき保険金又は法16条1項の規定により被害者に対して支払うべき損害賠償額（以下、「保険金等」という。）を支払うときは、死亡、後遺障害及び傷害の別に国土交通大臣及び内閣総理大臣が定める支払基準に従ってこれを支払わなければならない旨を規定している。法16条の3第1項の規定内容からすると、同項が、保険会社に、支払基準に従って保険金等を支払うことを義務付けた規定であることは明らかであって、支払基準が保険会社以外の者も拘束する旨を規定したものと解することはできない。支払基準は、保険会社が訴訟外で保険金等を支払う場合に従うべき基準にすぎないものというべきである。そうすると、保険会社が訴訟外で保険金等を支払う場合の支払額と訴訟で支払を命じられる額が異なることがあるが、保険会社が訴訟外で保険金等を支払う場合には、公平かつ迅速な保険金等の支払の確保という見地から、保険会社に対して支払基準に従って支払うことを義務付けることに合理性があるのに対し、訴訟においては、当事者の主張立証に基づく個別的な事案ごとの結果の妥当性が尊重されるべきであるから、上記のように額に違いがあるとしても、そのことが不合理であるとはいえない。

したがって、法16条1項に基づいて被害者が保険会社に対して損害賠償額の支払を請求する訴訟において、裁判所は、法16条の3第1項が規定する支払基準によることなく損害賠償額を算定して支払を命じることができるというべきである。」

上記最判平成18年3月30日は、自賠法16条に基づく損害賠償額の支払請求（被害者請求）で、かつ裁判基準による算定額のほうが自賠責支払基準による算定額よりも有利な事案であったが、自賠法15条に基づく保険金の支払請求（加害者請求）で、かつ裁判基準による算定額のほうが自賠責支払基準による算定額よりも不利な事案についても、その射程が及ぶことが明らかにされている（最一小判平成24年10月11日裁判集民241号75頁）。

そもそも裁判所は後遺障害の等級を認定することなく、適当な逸失利益を認定すれば足りるはずである。しかし、実際には、専門機関である損害保険料率算出機構の等級認定には重みがあるし、裁判所は自賠責保険における等級認定を大いに気にする傾向にあるから、原告（被害者）としては、提訴前に自賠責保険における等級認定を経て、損害賠償額の支払を受けておくべきである[注54]。認定に不服であれば「異議申立て」を行い、場合によっては自賠責保険・共済紛争処理機構（自賠法23条の5に基づく指定紛争処理機関）に対する紛争処理申請も考えるべきである。

なお、被害者・加害者間の損害賠償請求訴訟の判決で、自賠責保険の支払基準により支払われた損害賠償額を超える損害賠償額が認定された場合、保険金額の限度内であれば、自賠社に対する追加支払いの請求がなされると、追加支払いに応じる取扱いのようである。

5 訴状の書き方

ア 土地管轄

被告の普通裁判籍所在地（住所等）（民訴4条）、交通事故発生地（民訴5条9号）、

注54 注意すべきことは、大幅な過失相殺が適用されることが予想される場合、自賠責保険からの支払額のほうが多くなることが稀にあることである。自賠責保険では、一般不法行為におけるような過失相殺は行われず、被害者の過失割合が70%未満にとどまる場合には重過失減額はされない。しかし、裁判所の判決で損害賠償額が認定された場合には、自賠責保険も判決に従う取扱いとなっている。

被害者（債権者）の現住所（民訴5条1号、民484条）[注55]を管轄する裁判所へ提訴できる。通常は原告（被害者）の現住所を管轄する裁判所へ提訴することになろう。

損害賠償義務者が2人以上存在し、その全員を共同被告とする場合には、そのうちの1人につき管轄のある裁判所に他の被告についても提訴できる（民訴7条・38条前段）。

イ　当事者（被告）と請求原因

人身損害については、通常、運行供用者は自賠法3条本文[注56]、運転者は民法709条が請求原因となる。自賠社を被告とする場合の請求原因は自賠法16条1項であり、任意社を被告とする場合の請求原因は直接請求権を規定した自動車保険約款である。

自動車保険約款に直接請求権が規定されている場合には、保険会社（任意社）を共同被告とすることもできるが、これは保険会社の本店が大都市にあることから、併合管轄を利用して、その地を管轄する裁判所に訴訟を提起するために行われることが多い。かつて、保険会社（任意社）に対する請求は、被保険者（加害者）に対する認容判決確定を停止条件とする将来給付の訴え（民訴135条）となるため、特別の事情のない限り、将来給付の必要性を欠く（訴えの却下）との見解もあったが、保険会社が（被保険者とともに）原告の損害賠償請求を争っている以上、訴えの利益を欠くとまでいう必要はない（裁判所の手間が増えるわけでもないし、保険会社の顧問的弁護士が加害者の代理人と保険会社の代理人を兼ねることが一般的であるから、保険会社に特に負担が生じるわけでもない）。

ウ　遅延損害金

不法行為に基づく損害賠償債務は、損害の発生と同時に何らの催告を要することなく遅滞に陥ると解されており、不法行為の日から遅延損害金が発生する（最判昭和37年9月4日民集16巻9号1834頁・判タ139号51頁）。利率は民事法定利率（民法404条）の年5%とされている。

注55　民事訴訟法5条1号は、財産権上の訴えについて「義務履行地」を管轄する裁判所を管轄裁判所としているところ、民法484条によれば、特定物引渡債務以外の債務の義務履行地は債権者（被害者）の現在の住所とされているから、損害賠償請求訴訟は被害者の現住所を管轄する裁判所へ提訴できることになる。

注56　「通常」と表現したのは、自賠法3条の運行供用者責任は成立しないが、民法709条の一般不法行為責任（あるいは民法715条の使用者責任）が成立する場合があるからである。その例として、最判昭和63年6月16日民集42巻5号414頁・判タ681号111頁を挙げることができる（北河・賠償法71～73頁）。

任意社に対する損害賠償額の支払請求（約款に基づく直接請求権）については、被保険者に対する判決確定を条件として、事故日から年5%の遅延損害金が発生する（東京地判平成8年7月31日交民29巻4号1132頁）[注57]。

したがって、必ず被保険者（加害者）に対する損害賠償請求訴訟と併合し、将来の給付請求として、「被告○○保険株式会社は、原告の被告○○（加害者）に対する前項の判決が確定したときは……支払え。」という請求の主旨で提起しなければならない。

加害者（被保険者）Y_1と保険会社（任意社）Y_2を共同被告とする場合の請求の趣旨の記載例は次のとおりである。

請　求　の　趣　旨

1　被告Y_1は、原告に対し、金○○○円及びこれに対する平成○年○月○日から支払済みまで年5分の割合による金員を支払え。
2　被告Y_2は、原告に対し、被告Y_1に対する前項の判決が確定したときは、金○○○円及びこれに対する平成○年○月○日から支払済みまで年5分の割合による金員を支払え。
3　訴訟費用は被告らの負担とする。
との判決並びに仮執行宣言を求める。

通常、被害者が自賠社を被告として提訴する必要性はないが、自賠責保険で無責と判断された場合とか、自賠責支払基準により算定された損害額が保険金額の上限に達せず、裁判基準で算定する損害額が自賠基準により算定された損害額を上回ることが見込まれ、加害者が任意保険（対人賠償保険）に加入していない場合には、自賠社を被告として提訴する必要が出てくることがある。

自賠法16条1項に基づく保険会社（自賠社）の被害者に対する損害賠償額支払債務については、自賠法の改正（平成22年4月1日施行）により、①保険会社（自賠社）は、同法第16条第1項の規定による損害賠償額の支払の請求があった後、当該請求に係る自動車の運行による事故及び当該損害賠償額の確認をするために必要な期間が経過するまでは、遅滞の責任を負わず、また、②保険会社がそ

注57　遅延損害金の起算日については、加害者に対する判決確定の日の翌日とする裁判例もある。

の確認をするために必要な調査を行うに当たり、被害者が正当な理由なく当該調査を妨げ、またはこれに応じなかった場合には、保険会社は、これにより損害賠償額の支払を遅延した期間について、遅滞の責任を負わないとされた（自賠16条の9）[注58]。なお、保険会社固有の損害賠償額支払債務についての、弁済期以降に発生する遅延損害金は保険金額を超えて付加請求できると解される[注59]。

エ　後遺障害逸失利益を請求する場合の留意点

後遺障害逸失利益を請求する場合には、後遺症の程度と被害者が従事する職業の性質からみて現在または将来における減収の可能性が存在することを主張しなければならない（最判昭和56年12月22日判時1031号123頁参照）。

そこで、第1に、後遺症の程度を具体的かつ詳細に主張する必要がある。その基本となるのは何といっても後遺障害診断書であるから、後遺障害診断書を参考に、症状固定日、他覚症状及び検査結果、自覚症状を具体的に主張すべきである。

第2に、自賠責保険において後遺障害の認定を受けていれば、その認定等級を主張する必要がある。裁判所は自賠責保険の認定に拘束されるものではない（最判平成18年3月30日民集60巻3号1242頁・判タ1207号70頁）が、自賠責保険の認定結果が事実上大きな影響力を有することも事実である。自賠責保険において「非該当」とされた場合や、自賠責保険の認定等級に不満がある場合には、訴訟提起の準備段階で、認定に対する異議申立てをしておくべきであり、場合によっては自賠責保険・共済紛争処理機構に対する紛争処理申請も検討すべきである。異議申立てが不首尾に終わった場合には、自賠責保険の認定の不当性を具体的に指摘し、原告（被害者）側が相当と考える等級を主張しておくべきであろう。

第3に、当該後遺障害が被害者の従事する職業の性質上、いかに不利益な影響を及ぼすものかを具体的に主張しておかなければならない。

以上を踏まえて、労働能力喪失率及び労働能力喪失期間を主張し、逸失利益を算出することになる。

注58　改正前は、自賠法16条1項に基づく自賠社の被害者に対する損害賠償額支払債務は、期限の定めのない債務として発生し、民法412条3項により保険会社が被害者からの履行の請求を受けた時に遅滞に陥るとされていた（最判昭和61年10月9日裁判集民149号21頁・判タ639号118頁）。

注59　損害賠償算定基準研究会編『注解交通損害賠償算定基準（上）［3訂版］』139頁（2002年、ぎょうせい）。

第3章

因果関係をめぐる現代的課題

I 素因減責論

1 序 論

素因減責とは加害行為（本書では交通事故）とともに被害者の素因が寄与・競合することによって、損害が発生・拡大した場合に、加害行為者に発生した損害の全部について賠償責任を負わせるべきか（素因原則不考慮説）、それとも加害行為が損害の発生・拡大に影響を及ぼした度合い（寄与度[注1]）に応じた賠償責任を負わせるべきか（素因原則考慮説）という問題である[注2]。

被害者の素因とは、被害者自身の属性のうち心身ともに「健康」という基準からずれる部分、あるいは被害者の「個性」であり、心因的要因と体質的素因とに分けられるが、共通するのは被害者の支配領域内の問題ということである。

例えば、加害行為（寄与度60％）と被害者の素因（寄与度40％）とが競合して1000万円の損害が発生したとする。この場合、当該加害行為さえなければ当該損害は発生しなかったであろうという関係（条件関係＝事実的因果関係）があり、加害行為者が被害者の素因の存在について予見可能であれば、加害行為者は発生した損害の全部（1000万円）につき賠償責任があり、逆に、予見可能性がなければ加害行為者は損害賠償責任を負わないとするのが伝統的な考え方であった。

すなわち、民法416条＝相当因果関係説の判断フレームを用い、被害者の素因を同条の「特別事情」と把握するものである。この立場では、オール・オア・ナッシングの結論となるが、そのような解決は硬直的であり、中間的な解決（割合的処理）をすべきであるとの批判が生まれてきた。上記設例において、加害行為者には加害行為の寄与度に応じた割合的責任【1000万円×0.6＝600万

注1　素因減責を肯定する立場でも「寄与度」の意義について共通の理解がない。元々は「原因力」を意味していたが、「寄与度」にそれを超える内容を持ち込む学説もあり、寄与度概念の曖昧さは指摘しておかなければならない（北河「素因減責論」『割合的解決と公平の原則』31頁以下（2002年、ぎょうせい））。

注2　素因減責論については、北河「素因減責論の現状と課題」『交通事故訴訟の理論と展望』113頁以下（1993年、ぎょうせい）、同「素因減責論の新展開」判タ943号67頁以下（1997年）、同「素因減責論」『割合的解決と公平の原則』23頁以下（2002年、ぎょうせい）参照。

円】を認めるのが公平である、とする考え方である。

2 学 説

ア 素因原則考慮説

素因原則考慮説の嚆矢は、割合的因果関係論であった（野村好弘により1969年に提言された）。この説は、従来の伝統的な因果関係論が事実的因果関係の有無の判断基準として不可欠条件公式（「あれなければこれなし」公式）を用いているのに対し、「当該要素が結果発生にどの程度寄与したか」というふうに事実的因果関係を量的問題として捉えていくべきであり、従来の因果関係を「寄与度」に置き換えて責任範囲確定基準としようとする考え方である。

割合的因果関係論が実体法的視点からの割合的処理であるのに対し、訴訟法的視点から割合的処理を指向するものが、確率的心証論であった（倉田卓次により1969年に提唱され、倉田が裁判長として関与した東京地判昭和45年6月29日判時615号38頁により実践された）。この説は、加害行為と損害との間の事実的因果関係の存在についての肯定的心証度に応じて損害賠償額を認容しようとする考え方である。

実体法的視点での割合的処理のもう一つの方策が、過失相殺類推適用説（中野貞一郎により1972年に提唱された）であり、これは、後述のとおり最高裁が採用するところである。留意すべき点は、「過失」相殺の規定の類推適用とはいうものの、本来の過失相殺とは異なり被害者の帰責性・非難性といった行為規範への抵触は類推適用の要件とされていないことである。

イ 素因原則不考慮説

このような素因原則考慮説の実質的価値判断（公平観）に疑問を提起し、被害者の帰責的要素を要件とせずに被害者の素因を斟酌して加害者の責任を減ずることは公平ではないとする立場が素因原則不考慮説[注3]である。

英米法の教科書では、この問題がエッグ・スカル・ケースとして紹介されている。軽い打撃を受けた者が、異常に薄い頭蓋骨の持ち主であったため、そのことを知らなかった加害者の予想外の重大な結果を招いたとしても、加害者は現実に生じた全ての損害を賠償する責任を負うという法理である。英米法では「加害者は被害者のあるがままを受け入れなければならない。」のが基本原則となっており（ドイツでも同様で、「健康上、虚弱な者を侵害した者は、健康な者を侵

注3 例外的に、どのような場合にどのような素因を考慮することができるかについては意見が分かれるところである。

害したのと同様に扱われることを求め得ない」とされている)、ここでいう素因原則不考慮説が通説・判例となっている。

ウ　素因競合の諸相

実はひとくちに素因競合といっても、その中には様々なケースが含まれている。以上の説明は、①事故による外力が作用するまでは発症していなかった潜在的素因が外傷契機によって顕在化した場合と、②事故前に既に素因による症状が発症していたが、事故による外力が作用した結果、症状が増悪した場合を念頭においたものである（必要的競合、狭義の素因競合）が、この他に、③事故と当該具体的結果との事実的因果関係が不明な場合（原因不明の場合)、④事故から発生した損害と、被害者の素因から発生した損害とが混じり合って存在する場合（複数原因による損害の混在)、⑤具体的な損害発生の原因となったのは事故以外にはないが、事故がなくても早晩同じような損害が発生したと考えられる場合（例えば、癌に罹患して余命いくばくもない人が事故によって死亡したようなケースであり、仮定的原因とか潜在的損害と呼ばれている問題である）がある。実際にはこれらを厳密に区別することは不可能であろうが、減額率を考える際に念頭においておく意味はあると思われる[注4]。

3　心因的加重についての判例理論

心因性加重の問題につき、リーディングケースとされる判決は、最高裁昭和63年4月21日判決（民集42巻4号243頁・判タ667号99頁）である。事案は、軽微な追突事故[注5]によって外傷性頭頸部症候群（むち打ち症）の傷害を受けた女性被害者（事故当時52歳、夫の運転する被害車に同乗していた）が、実に10年以上も入通院を繰り返したケースである。原審（東京高判昭和58年9月29日判タ515号143頁）は、過失相殺の規定の類推により、事故（昭和44年3月20日発生）後3年間である昭和47年3月20日までに発生した損害のうちその4割の限度に減額し被告ら（加害車の運転者と保有者）に賠償責任を負担させるのが相当で

注4　北河「素因減責論の現状と課題」『交通事故訴訟の理論と展望』130頁以下（1993年、ぎょうせい)。

注5　本件追突事故は、被害車の15メートルないし18メートル後方を、時速40キロメートルないし50キロメートルの速度で追従して進行中していた加害車が、被害車が突然急停車したので、急ブレーキをかけて停止しようとしたが間に合わず、被害車の後部に自車の前部を接触させたものである。接触の際、被害車はブレーキを掛けていなかったため若干前に押し出された。その衝撃の程度は軽度であったが、接触の衝撃は人体に感じ得るものであった。加害車には接触のため若干の凹損を生じ、被害車には肉眼では識別できないが手指の感触によって他の部分との違いがわかる程度の僅かな凹損等が生じた。

あるとし（相当な賠償額は282万円余となる）、自賠責保険金（285万円）の支払で全て填補されているとして、原告の請求を全部棄却した。原告が上告したところ、最高裁は、「身体に対する加害行為と発生した損害との間に相当因果関係がある場合において、その損害がその加害行為のみによって通常発生する程度、範囲を超えるものであって、かつ、その損害の拡大について被害者の心因的要因が寄与しているときは、損害を公平に分担させるという損害賠償法の理念に照らし、裁判所は、損害賠償の額を定めるに当たり、民法722条2項の過失相殺の規定を類推適用して、その損害の拡大に寄与した被害者の右事情を斟酌することができるものと解するのが相当である。」と一般論を述べた後に、次のように判示し、上告を棄却した（判決文の段落分けは筆者による）。

「原審の確定した事実関係のもとにおいては、上告人は本件事故により頭頸部軟部組織に損傷を生じ外傷性頭頸部症候群の症状を発するに至ったが、これにとどまらず、上告人の特異な性格、初診医の安静加療約50日という常識はずれの診断に対する過剰な反応、本件事故前の受傷及び損害賠償請求の経験、加害者の態度に対する不満等の心理的な要因によって外傷性神経症を引き起こし、更に長期の療養生活によりその症状が固定化したものと認めるのが相当であり、この上告人の症状のうち頭頸部軟部組織の受傷による外傷性頭頸部症候群の症状が被上告人Aの惹起した本件事故と因果関係があることは当然であるが、その後の神経症に基づく症状についても右受傷を契機として発現したもので、その症状の態様からみて、東病院退院後自宅療養を開始したのち約3か月を経過した日、すなわち事故後3年を経過した昭和47年3月20日までに、右各症状に起因して生じた損害については、本件事故との間に相当因果関係があるものというべきであるが、その後生じた分については、本件事故との間に相当因果関係があるものとはいえない。

また、右事実関係のもとにおいては、上告人の訴えている右症状のうちには上告人の特異な性格に起因する症状も多く、初診医の診断についても上告人の言動に誘発された一面があり、更に上告人の回復への自発的意欲の欠如等があいまって、適切さを欠く治療を継続させた結果、症状の悪化とその固定化を招いたと考えられ、このような事情のもとでは、本件事故による受傷及びそれに起因して3年間にわたって上告人に生じた損害を全部被上告人らに負担させることは公平の理念に照らし相当ではない。

すなわち、右損害は本件事故のみによって通常発生する程度、範囲を超えているものということができ、かつ、その損害の拡大について上告人の心因的要因が寄与していることが明らかであるから、本件の損害賠償の額を定めるに当たっては、民法722条2項の過失相殺の規定を類推適用して、その損害の拡大に寄与した上告人の右事情を斟酌することができるものというべきである。

そして、前記事実関係のもとでは、事故後昭和47年3月20日までに発生した損害のうちその4割の限度に減額して被上告人らに負担させるのが相当であるとした原審の判断は、結局正当として是認することができる。」

上記判決は、損害が交通事故のみによって通常発生する程度、範囲を超えているものということができ、かつ、その損害の拡大について被害者の「心因的要因」が寄与していることが明らかである場合において、過失相殺類推適用説によって損害賠償額の減額を肯定したものであるが（損害の「拡大」とされているのは、交通事故においては損害の「発生」に心因的要因が寄与することは考え難いからであろう）、次の点に留意すべきである。

第1に、相当因果関係のある損害の範囲を事故後3年間に生じた損害に限定した上で、心因的要因の寄与を理由に6割の減額を実施しており、相当因果関係の問題と素因減額の問題とを明確に分けていることである。

第2に、「心因的要因」の内容として、①被害者の特異な性格、②初診医の安静加療約50日という常識はずれの診断に対する過剰な反応、③本件事故前の受傷及び損害賠償請求の経験[注6]、④加害者の態度に対する不満等が具体的に挙げられていることである。

第3に、被害者の症状のうち頭頸部軟部組織の受傷（器質的な傷害）を契機として発現した神経症に基づく症状についても一定の範囲で事故と相当因果関係のある損害として認めていることである。原判決によれば、被害者が当初医師に対し症状を正確に告げ、これに対する正確な診断及び適切な治療が施され、心因性の要因に影響されることがなく、本人の回復への意欲があれば、器質的な傷害は1か月以内に治癒する程度のものであったと認めるのが相当であるとされている。

本件は、誰が見ても異常なケースであり、いわゆる賠償神経症か、これに類似するケースと思われ（素因原則不考慮説が通説・判例となっているドイツにおい

注6　本件事故前の総武線小岩駅での事故について国鉄を相手方として損害賠償請求の訴を提起しその後和解により賠償金を受領したことが認められる。なお、原判決によると、原告の夫も、本件事故前の追突事故により外傷性頭頸部症侯群の症状を発して入院治療を受け、また右事故に関し損害賠償請求を提起し和解により賠償金を取得する等の事故被害歴及び訴訟経験があるとされている。

ても、例外的に賠償神経症の場合には賠償の否定もしくは減責が認められている)、素因原則考慮説の論者からもその結論自体には異論は出なかったが、その一般論の射程範囲については限定的に解すべきであるとの指摘がなされ、そのような理解をする下級審裁判例も出ていた[注7]。

「心因性」の概念は明確ではないが、賠償神経症、定期金ノイローゼ、心身症、不安神経症、脅迫神経症、心気症、抑うつ神経症などの症状を呈するものであり、心因性の疑いを推認させる事情として、①愁訴に見合う医学的他覚所見のないこと、②愁訴にあった症状を呈する事故態様ではないこと、③治療期間が同種の傷害の一般的な治療期間より明らかに長期であることが指摘されている[注8]。裁判例では、本人の治療態度について非難的要素があることを減額の理由とするものが相当数あること、そうではない非有責的心因とは、素因としての脆弱人格の基盤(精神病の発症を含めて)を指し、「性格」「精神的傾向」等をいうものと解されることが指摘されている[注9・10]。

PTSD(心的外傷後ストレス障害)について心因性減額が認められるべきか、という問題がある[注11]。外傷的出来事の基準を厳格に解し[注12]、誰が発症してもおかしくないものを要求し、かつ、その基準に基づいてPTSDと認められる場合には、PTSDの発症は、あくまで「異常な事態における正常な反応」ということになるので、損害の拡大について通常の程度、範囲を超える場合を除き、

注7 例えば、「あるがまま判決」と呼ばれた東京地判平成元年9月7日判タ729号191頁が、その典型である。

注8 東京三弁護士会交通事故処理委員会『寄与度と非典型過失相殺』13頁(2002年、ぎょうせい)。同書には平成12年頃までの素因減額に関する裁判例が整理されている。

注9 天野智子「素因減額の考慮要素」判タ1181号78頁(2005年)。同論文は、平成16年頃までの裁判例を分析し、心因性減額と体質的素因(加齢と疾患)の素因減額の考慮要素を整理している。身体的特徴と疾患との区別について、平成20年頃までの裁判例を分析して整理した鈴木祐治「素因減額」赤い本2009年版下巻51頁以下と並んで有益な文献である。また、山﨑克人「心因的要因を理由とする減額」赤い本2017年版下巻65頁以下は、心因的要因の意義、最判平成12年3月24日民集54巻3号1155頁の射程、非器質性精神障害と素因減額につき検討している。

注10 非器質性精神障害事案における素因減額の考慮要素として、中武由紀「交通損害賠償事件における非器質性精神障害をめぐる諸問題⑶」判タ1379号13頁以下(2012年)は、①性格・人格、②生活史(社会適応状況)、③精神的既往症の有無・程度、④意思的要素の有無・程度、⑤生物学的・遺伝的要素を挙げている。

注11 PTSDについては本田晃「交通損害賠償訴訟におけるPTSD」赤い本2004年版384頁以下が詳しい。

注12 WHO国際疾病分類「ICD-10」、アメリカ精神医学会診断基準「DSM—IV」であるが、裁判例としては東京地判平成14年7月17日判時1792号92頁が参照されるべきである。

素因減額はあまり考えられないとの考え方[注13]が支持されるべきである[注14]。

4 疾患の競合についての判例理論

前掲最高裁昭和63年4月21日判決の一般論は、体質的素因が損害の発生・拡大に寄与した場合の減責の可否には触れておらず、同判決の射程は体質的素因には及ばないとする理解が大勢であったが、最高裁平成4年6月25日判決(民集46巻4号400頁・判タ813号198頁)[注15]は、ほぼ同様の一般論を疾患(病気)に関しても展開するに至った。

事案は、事故の1か月前に一酸化炭素中毒に罹患していた男性被害者(個人タクシー運転手)が、事故による頭部打撲傷を引き金として、潜在化していた一酸化炭素中毒における精神症状が顕在化し、次第に増悪し、事故から3年1か月後に死亡したというケースであった。最高裁は、事故と死亡との因果関係を認めた上で、賠償額を50%減額した原判決(東京高判昭和63年4月25日交民集25巻553頁)を是認した。

「被害者に対する加害行為と被害者のり患していた疾患とがともに原因となって損害が発生した場合において、当該疾患の態様、程度などに照らし、加害者に損害の全部を賠償させるのが公平を失するときは、裁判所は、損害賠償の額を定めるに当たり、民法722条2項の過失相殺の規定を類推適用して、被害者の当該疾患をしんしゃくすることができるものと解するのが相当である。けだし、この場合においてもなお、被害者に生じた損害の全部を加害者に賠償させるのは、損害の公平な分担を図る損害賠償法の理念に反するものといわなければならないからである。」

最高裁昭和63年判決が損害の「拡大」について被害者の素因が寄与しているときに減責を肯定したものであるのに対し、最高裁平成4年判決は損害の「発生」について被害者の素因が競合しているときに減責を肯定したものである。減責の根拠として過失相殺類推適用説を採用することも固まった。

しかし、最高裁平成4年判決の事案を仔細にみていくと、その実体は、事故と死亡との因果関係については心証度に応じた割合的処理がなされたケースで

注13 本田・前掲赤い本406頁。

注14 北河・賠償法83頁、藤村=山野『新版概説交通事故賠償法』226頁(2003年、日本評論社)。

注15 北河・平成4年度重要判例解説(ジュリ臨時増刊1024号)89頁以下、同・判タ797号22頁以下(1992年)を参照。

あり（第二審で鑑定が実施されているが、鑑定書では、患者が死に至った原因については不可解である、原因不明の極めて偶発的死亡であり、いわば突然死とも言うべきである、とされている）、また、精神症状については事故と被害者の素因による損害が混在していたケースではないか（事故時、被害者のタクシーは危険な首都高速の第二車線に停止していた。第一審判決では、被害者が乗客の指示とは別の方向に走り出したり、釣銭として石を渡そうとしたりしたという苦情がタクシー近代化センターに持ち込まれていたことが窺われる。これらは、事故前の段階で、既に一酸化炭素中毒による精神症状が再発していたことを窺わせる）、という疑問があるケースであった[注16]。

5 身体的特徴の影響

前掲最高裁平成4年6月25日判決は「疾患」が原因競合したケースであったが、その当否は別として、その射程範囲は体質的素因全般に及ぶものと理解された。他方で、同判決の射程範囲を可及的に制限しようとする学説からは、被害者側に何らかの帰責事由が存することを減責の要件とすべきであるなどの主張がなされた。そのような状況の中で、最高裁第三小法廷から平成8年10月29日に同日付けの二判決が出され、ここに至って、判例理論の全体像が明らかとなった。

ア 頸椎後縦靱帯骨化症事件

一つの判決は、頸椎後縦靱帯骨化症という疾患のある被害者が、追突されて頸椎捻挫（むち打ち症）の傷害を受け、治療が長期化し、神経障害が残った、というケースである。原審（大阪高判平成5年5月27日交民29巻5号1291頁）は、素因減額を否定したが、最高裁（交民29巻5号1272頁）は、平成4年判決を引用しながら、次のように判示し、原判決を破棄、差し戻した。なお、差戻し控訴審である大阪高裁平成9年4月30日判決（交民30巻2号378頁）は疾患の寄与度を30%と判断し、減責を実施している。

「被害者に対する加害行為と加害行為前から存在した被害者の疾患とが共に原因となって損害が発生した場合において、当該疾患の態様、程度などに照らし、加害者に損害の全部を賠償させるのが公平を失するときは、裁判所は、損害賠償の額を定めるに当たり、民法722条2項の規定を類推適用して、被害者の疾患を斟酌することができることは、当裁判所の判例（最高裁平成4年6月

注16 詳しくは、北河・判タ797号25～28頁を参照。

25日第一小法廷判決）とするところである。そしてこのことは、加害行為前に疾患に伴う症状が発現していたかどうか、疾患が難病であるかどうか、疾患に罹患するにつき被害者の責めに帰すべき事由があるかどうか、加害行為により被害者が被った衝撃の強弱、損害拡大の素因を有しながら社会生活を営んでいる者の多寡等の事情によって左右されるものではないというべきである。」

同判決は、従来、素因原則不考慮説が例外的に減責を認めるにつき必要として挙げてきたほとんど全ての事情、すなわち、①加害行為前に疾患に伴う症状が発現していたかどうか、②疾患が難病であるかどうか、③疾患に罹患するにつき被害者の責めに帰すべき事由があるかどうか、④加害行為により被害者が被った衝撃の強弱、⑤損害拡大の素因を有しながら社会生活を営んでいる者の多寡等の事情は、減額に当たって不必要としたものである。本判決には書かれていないが、被害者に損害拡大防止義務違反と評価できるような帰責事由も当然に不必要ということになる。

イ　首の長い女性事件

もう一つの判決は、首が長くこれに伴う多少の頸椎不安定症がある女性被害者が追突されて頸椎捻挫の傷害を受け、左胸郭出口症候群やバレーリュー症候群を生じた、というケースである。原審（福岡高宮崎支判平成4年12月25日交民29巻5号1262頁）は、体質的素因・心因的要素の競合を理由に40％の素因減額を実施した。これに対し、最高裁（民集50巻9号2474頁・判タ931号164頁）は、同じように平成4年判決を引用しながらも、「しかしながら」と続け、次のように述べて、賠償額の減額を否定し、原判決を破棄、差し戻した。自判しなかったのは、心因的要素の斟酌の余地を残し（「損害賠償の額を定めるに当たり上告人の心因的要素を斟酌すべきか否かはさておき」と述べている）、損害額全般について審理を尽くさせる必要があるから、ということである[注17]。

「被害者に対する加害行為と加害行為前から存在した被害者の疾患とが共に原因となって損害が発生した場合において、当該疾患の態様、程度などに照らし、加害者に損害の全部を賠償させるのが公平を失するときは、裁判所は、損害賠償の額を定めるに当たり、民法722条2項の規定を類推適用して、被害者の疾患を斟酌することができることは、当裁判所の判例（最高裁平成4年6月25日第一小法廷判決）とするところである。しかしながら、被害者が平均的な体格ないし通常の体質と異なる身体的特徴を有していたとしても、それが疾患

注17　差戻し控訴審判決は公刊物に登載されていない。和解により終了したのであろうか。

に当たらない場合には、特段の事情の存しない限り、被害者の右身体的特徴を損害賠償の額を定めるに当たり斟酌することはできないと解すべきである。けだし、人の体格ないし体質は、すべての人が均一同質なものということはできないものであり、極端な肥満など通常人の平均値から著しくかけ離れた身体的特徴を有する者が、転倒などにより重大な傷害を被りかねないことから日常生活において通常人に比べてより慎重な行動をとることが求められるような場合は格別、その程度に至らない身体的特徴は、個々人の個体差の範囲として当然にその存在が予定されているものというべきだからである。」

それまでの素因減責をめぐる議論においては、—素因減責を肯定するにせよ、否定するにせよ—被害者の素因を体質的素因と心因的要因とに二分して論じるのが一般的であり、体質的素因を、さらに「身体的特徴」と「疾患」とに分けるという学説はなかった。その意味で、本判決は最高裁独自の考え方を打ち出したユニークなものであり、別件判決（頸椎後縦靱帯骨化症事件）とともに平成4年判決の射程範囲を明らかにするものである。

6 疾患と身体的特徴の区別

そうなると、被害者の身体的変性（特に加齢的変性）が「疾患」なのか、それとも疾患には至らない「身体的特徴」にとどまるものなのかは重大問題となるが、その境界はどこにあるのであろうか。特に問題となるのが老化現象による身体的変性である。

本判決のいう「平均的な体格ないし通常の体質」は年齢に応じて考えることになるから—老若男女を通じての平均的な体格・通常の体質など考えられない—、歳相応の老化現象による身体的変性は、それが医学的には「疾患」といえるとしても「身体的特徴」にとどまり、それを超える身体的変化が「疾患」として評価されることになる。その意味で、ここでいう「疾患」は—医学概念を基礎とするものではあるが—法的概念であり、身体的特徴と疾患とは連続性のある相対的概念である[注18]。本判決の調査官解説（長沢幸男）でも、「通常の加齢による骨の変性」は疾患に当たらないとされている[注19]。

注18　北河「素因減責論」『割合的解決と公平の原則』41頁（2002年、ぎょうせい）、同「素因減責論の新展開」判タ943号75頁(1997年)。この理解は現在では共通のものとなっている（天野智子「素因減額の考慮要素」判タ1181号89頁（2005年)、鈴木祐治「素因減額」赤い本2009年版下巻58頁)。

注19　鈴木祐治・赤い本2009年版下巻51頁以下は、頸椎後縦靱帯骨化症、椎間板ヘルニア、脊柱管狭窄、骨粗鬆症について裁判例を整理している。

疾患と（疾患に至らない）身体的特徴との区別の判断にあたっては、①当該病的状態が平均値からどれくらい離れているか（罹患率等も含めて）、②その病的状態の除去のために医学的にどの程度の処置を要するか、③その病的状態のために事故前どの程度の健康状態であったか、を総合的に考慮すべきであると指摘されている[注20]。

なお、最高裁平成4年判決は、①加害行為と被害者の疾患とが共に原因となって損害が発生した場合において、②当該疾患の態様、程度などに照らし、加害者に損害の全部を賠償させるのが公平を失するときに賠償額を減額できる、としているから、身体的変性が「疾患」に該当し、共に原因となって損害が発生した場合であっても、損害の公平な分担という観点から、賠償額を減額しない余地もある[注21]。

7 主張責任・立証責任

一般的に素因減額は被告側の抗弁として位置付けられている。過失相殺の規定を類推適用するという構成からもその理解で正しいわけであるが、最高裁平成20年3月27日判決（判タ1267号156頁）は次のように判示している（事案は労災事故による損害賠償事件）。

「被害者に対する加害行為と加害行為前から存在した被害者の疾患とが共に原因となって損害が発生した場合において、当該疾患の態様、程度等に照らし、加害者に損害の全部を賠償させるのが公平を失するときは、裁判所は、損害賠償の額を定めるに当たり、民法722条2項の規定を類推適用して、被害者の疾患をしんしゃくすることができる（最高裁平成4年6月25日第一小法廷判決）。このことは、労災事故による損害賠償請求の場合においても、基本的に同様であると解される。また、同項の規定による過失相殺については、賠償義務者から過失相殺の主張がなくとも、裁判所は訴訟にあらわれた資料に基づき被害者に過失があると認めるべき場合には、損害賠償の額を定めるに当たり、職権をもってこれをしんしゃくすることができる（最高裁昭和41年6月21日第三小法廷判決）。このことは、同項の規定を類推適用する場合においても、別異に解すべき理由はない。」

本来の過失相殺においても問題となる事柄であるが、これは被告側から過失相殺（素因減額）の「主張」がなくても、裁判所が職権で斟酌できるという趣

注20　天野・前掲判タ90頁以下。
注21　鈴木・前掲赤い本60頁。

旨であるから、素因減額については主張責任の問題は生じないことになるが、過失相殺とパラレルな議論をするのであれば、被害者の素因を基礎づける事実については弁論主義の適用があると解するべきであろう。したがって、被告側（賠償義務者側）は、疾患を理由とする素因減額においては、①被害者の身体的変性が「疾患」に該当すること、②加害行為（事故）と当該疾患とが共に原因となって損害が発生したこと、③当該疾患を斟酌しないと損害の公平な分担という不法行為法の趣旨を害すること、④減額割合において検討すべき諸要素につき立証責任を負うことになる[注22]。

これに対し、身体的変性が（疾患に至らない）身体的特徴にとどまる場合には、「特段の事情」がない限り減額は認められないが、裏からいえば「特段の事情」があれば、身体的特徴による減額も認められることになる。したがって、被告側（賠償義務者側）は、（疾患に至らない）身体的特徴を理由とする素因減額においては、①被害者の身体的特徴、②加害行為（事故）と当該身体的特徴とが共に原因となって損害が発生したこと、③当該身体的特徴を斟酌できる特段の事情、④当該身体的特徴を斟酌しないと損害の公平な分担という不法行為法の趣旨を害すること、④減額割合において検討すべき諸要素につき立証責任を負うことになろうが、実際には特段の事情として認められるものは——判決は、その例として、極端な肥満など通常人の平均値から著しくかけ離れた身体的特徴を有する者が、転倒などにより重大な傷害を被りかねないことから日常生活において通常人に比べてより慎重な行動をとることが求められるような場合[注23]を挙げているが——想定することが困難である。

心因的要因の寄与を理由とする素因減額においては、被告側（賠償義務者側）は、①当該損害がその加害行為のみによって通常発生する程度、範囲を超えるものであること、②当該損害の拡大について被害者の心因的要因が寄与していること、③減額割合において検討すべき諸要素につき立証責任を負うことになろう。

8　素因減責と本来的過失相殺の実施方法

これについては、まず損害額に素因減責を実施し、その残額に対して過失相殺を実施する方法（順次減額方式）と、素因減責率と過失相殺率を加算して損害額に乗じる方法（加算減額方式）とがある。平成4年判決の原審（東京高判昭和63年4月25日金判920号34頁）は順次減額方式を採用している。

注22　鈴木・前掲赤い本62頁。
注23　これは身体的特徴を超えて、もはや疾患であろう。

9 基準化の試み

減額率の基準化は容易なことではないが（基準が硬直的に運用されやすい危険も考慮すると、むしろ基準化すべきではないのかもしれない）、以下では東京三弁護士会交通事故処理委員会編『寄与度と非典型過失相殺』の「試案」を紹介しておく。

図表8　心因的要因による減額基準試案

分　類	程　　度	減額率(参考)
第Ⅰ類	傷害の部位・程度、事故内容から見て、通常人であっても心因的影響を受けやすい状況にあると認められるもの	0%
第Ⅱ類	傷害の部位・程度、事故内容から見て、通常人であれば心因的影響をあまり受けないと認められるが、影響を受ける可能性も相当程度認められるもの	0%
第Ⅲ類	傷害の部位・程度、事故内容が軽く、気質的な要因が相当程度加わっていると認められ、通常人では影響を受ける可能性がないとはいえないが極めて低いもの	20%～40%
第Ⅳ類	通常であれば傷害を受けるような事故ではなく、受傷当初の傷害の程度が軽く（遅発性の疾病を除く）、明らかに被害者の気質的、性格的な要因の関与が認められ、通常人であれば考えられない程度の損害が発生したと見られるもの	30%～50%

図表9　既往症減額基準試案

分　類	程　　度	減額率(参考)
第Ⅰ類	既往症が軽度、一般的なもので障害に対する寄与が極めて軽微であると認められるもの	0%
第Ⅱ類	既往症の関与が明らかであるが、寄与の度合いが軽微であると認められるもの	0%
第Ⅲ類	既往症の関与が明らかであり、寄与の度合いが相当程度認められるもの	20%～40%
第Ⅳ類	既往症の関与の度合いが大きく、傷害の治療が長期化する主たる原因となっていると認められるもの	30%～50%
第Ⅴ類	既往症がなければ、受傷の治療の必要がほとんどない程度であって、結果発生が通常では予想できないと認められるもの	40%～70%

II 自賠責保険の後遺障害等級認定と寄与度減額

自賠責保険の後遺障害等級認定では、寄与度減額の考え方を採用していない。これは、自賠責保険支払基準に定められている「減額」ルールの中で寄与度減額を採用していないからである。

この減額は、支払保険金・損害賠償額を削減する仕組みであるが、事故と後遺障害との間に相当因果関係が認められるか否か不明という場合に保険金・損害賠償額を50％減額して支払うものとされている。自賠責保険支払基準は、「受傷と死亡又は後遺障害との間の因果関係の有無の判断が困難な場合の減額」として、「被害者が既往症等を有していたため、死因又は後遺障害発生原因が明らかでない場合等受傷と死亡との間及び受傷と後遺障害との間の因果関係の有無の判断が困難な場合は、死亡による損害及び後遺障害による損害について、積算した損害額が保険金額に満たない場合には積算した損害額から、保険金額以上となる場合には保険金額から5割の減額を行う。」としており、自動車事故と相当因果関係を有する後遺障害と他原因（既往症等）と相当因果関係を有する後遺障害とを判別できなければ、相当因果関係立証なしとして後遺障害に関する損害賠償を否定するのではなく、50％を支払うこととしている。

III 自　殺

1 序　論

後遺障害が残存する被害者が、自殺という後発的事由により死亡した場合の取扱いが問題となる。事故と自殺による死亡との間に相当因果関係が認められる場合には、加害者が死亡による損害（死亡逸失利益、死亡慰謝料、葬儀費用等）を賠償しなければならないことは当然であるが、自殺には多かれ少なかれ被害者の自由意思の契機があることから相当因果関係の有無の判断が難しく、また相当因果関係が肯定される場合でも、加害者に死亡による損害の全てを負担させることが公平かは問題である。

2　最高裁平成5年9月9日判決

加害者に、死亡による損害の賠償責任を認めた上で、自殺には被害者の「心因的要因」も寄与しているとして相応の減額をした判例として、最高裁平成5年9月9日判決（裁判集民169号603頁・判タ832号276頁）がある。

事案は次のようなものである。Aは、自動車を運転して走行中、前方不注視の過失により反対車線から中央線を越えて進入してきたY運転の自動車に衝突され、頭部打撲、右額部両膝部打撲擦過傷、左膝蓋骨骨折、右肩右眼囲打撲皮下出血、腹部打撲、右上膊部打撲、頸部捻挫の傷害を受け、被害車に同乗していたAの妻子も負傷した。Aは、入通院治療により身体の運動機能は順調に回復し、事故から約2年2か月後に症状固定の診断がされ、頭痛、頭重、項部痛、めまい、眼精疲労などの後遺症は14級10号（現行9号）と認定された。しかし、Aは、その後、災害神経症状態に陥り、うつ病になり、症状固定から約1年4か月後に自殺した。うつ病にり患した者の自殺率を全人口の自殺率と比較すると約30倍から58倍にも上るとされている。

原判決（東京高判平成4年12月21日交民26巻5号1138頁）は、事故とAの自殺による死亡との相当因果関係を認めた上で、損害の拡大に寄与したAの心因的要因に応じて損害額を減額するのが相当であるとし、死亡による損害額（逸失利益と死亡慰謝料）については、その80％を減額して、20％の限度で加害者側に賠償を命じた。最高裁も、次のように判示して原判決を是認した（原告の上告を棄却）。

「本件事故によりAが被った傷害は、身体に重大な器質的傷害を伴う後遺症を残すようなものでなかったとはいうものの、本件事故の態様がAに大きな精神的衝撃を与え、しかもその衝撃か長い年月にわたって残るようなものであったこと、その後の補償交渉が円滑に進行しなかったことなどが原因となって、Aが災害神経症状態に陥り、更にその状態から抜け出せないままうつ病になり、その改善をみないまま自殺に至ったこと、自らに責任のない事故で傷害を受けた場合には災害神経症状態を経てうつ病に発展しやすく、うつ病にり患した者の自殺率は全人口の自殺率と比較してはるかに高いなど原審の適法に確定した事実関係を総合すると、本件事故とAの自殺との間に相当因果関係かあるとした上、自殺には同人の心因的要因も寄与しているとして相応の減額をして死亡による損害額を定めた原審の判断は、正当として是認することかでき、原判決に所論の違法はない。」

3 相当因果関係の判断要素

上記判決は、被害者の後遺障害は14級（神経症状）という比較的軽いケースにおいて、事故と被害者の自殺による死亡との間に相当因果関係を肯定しつつ、「心因的要因」の寄与を理由に損害額を大幅に減額したところに特色がある。

不法行為にも民法416条の規定が類推適用されるという判例の立場（最判昭和48年6月7日民集27巻6号681頁）から見ると、被害者の自殺は同条2項の「特別の事情」に当たると考えられ、加害者において被害者の自殺につき予見可能性があったかどうかで相当因果関係の有無が判断されることになる。

本件第一審（東京地判平成4年2月27日判タ788号245頁）、第二審（東京高判平成4年12月21日交民26巻5号1138頁）とも、Aが自殺に至った経過等に照らせば、昭和60年末頃まで（事故から約1年5か月後）の治療により整形外科的には治癒したといえるAが、その後、災害神経症的状態を経てうつ病状態に陥り、さらには自殺を図って死亡したとしても、これらは、被告らのみならず、通常人においても予見することが可能な事態というべきである、として、伝統的な上記判断枠組みに従っている。

さらに、第二審は、「Aは、本件事故後約3年7か月経過後に自殺したものであり、本件事故により、脳の器質的な重傷等身体に重度の後遺症を残して回復の見込みがなく、それが為に今後の社会生活が著しく困難になり将来の希望を喪失させる程度の傷害を負ったものではないけれども、事故と被害者の白殺との間に相当因果関係が認められるのは、事故直後に自殺した場合や右に記載したような程度の重度の傷害を負いそれを苦にした場合に限定されるというべきものではなく、前記認定の事実関係に照らすと、本件事故とAの自殺との相当因果関係を肯認する妨げとなるものではなく」とも述べている。最高裁は、そのような原審の判断を是認したものである。

最高裁昭和50年10月3日判決（裁判集民116号243頁・交民8巻5号1221頁）は、被害者の傷害及び後遺障害が本件よりも重篤であり（脳挫傷、外傷性視神経障害、右大腿骨々折の傷害を負い、約5か月間にわたり入通院して治療を受けたが、記銘力減退、知的水準低下、精神作業減退、軽躁状態などの頭部外傷後精神障害および右視野狭窄の後遺障害が残存した）、被害者が事故から約1年後に自殺した事案につき、事故と被害者の自殺との間に相当因果関係を否定した原審判断を是認していた。

最高裁昭和50年判決の事案と最高裁平成5年判決の事案を比べると、ややアンバランスな印象を受けないでもないが、裁判所は、最高裁平成5年判決の事案のように、事故の被害者が外傷性神経症状態に陥り、それが昂じてうつ病に罹り、自殺に至るケース（うつ病を経た自殺）では、事故と自殺による死亡との間の相当因果関係を認める傾向にあるといえよう。

4 心因的要因による減額

本判決は、事故と被害者の自殺との間の相当因果関係を肯定した上で、自殺には被害者の「心因的要因」も寄与しているとして、死亡による損害額の算定に当たり、その80%を減額した原審の判断を是認している。「心因的要因」の内容は、「慢性化した自覚症状に対して執拗にこだわるといったAの性格的傾向等」とされている。

本件のように死亡による損害額について大幅な減額が認められると、重度の後遺障害が残った被害者が自殺により死亡したようなケースでは、稼働可能年齢の終期までの後遺障害逸失利益を請求するほうが、被害者の遺族にとって金額的に有利な場合が出てくることが想定される。Ⅳで解説するとおり、最高裁平成8年5月31日判決（民集50巻6号1323頁・交民29巻3号649頁）によると、事故と被害者の自殺による死亡との間に「相当因果関係」が存在する場合であっても、被害者の遺族は、死亡逸失利益ではなく、継続説に依拠して後遺障害逸失利益を請求することができることになる。後遺障害逸失利益の算定に当たっては心因的要因の寄与を理由に減額されることはないから、後遺障害の程度が重度のケースにおいては、死亡逸失利益よりも後遺障害逸失利益を請求するほうが多額の賠償金を得られることがあり得ることになろう[注24]。

5 基準化の試み

東京三弁護士会交通事故処理委員会編『寄与度と非典型過失相殺』の「試案」を紹介しておく。

注24 北河「死亡逸失利益の算定に関する諸問題」赤い本2000年版241頁以下。

図表10 自殺の寄与基準試案

分 類	程 度	減額率(参考)
第Ⅰ類	傷害・後遺障害の程度が極めて大きく・自己の判断能力があるとは認められないもの	0%
第Ⅱ類	傷害・後遺症の程度が大きく、通常人であっても自殺への要因となり得ると認められるもの	30%～50%
第Ⅲ類	傷害・後遺症の程度は大きくないが、本人の気質、性格が加わって自殺への契機となったと認められるもの	40%～60%
第Ⅳ類	傷害・後遺症の程度が軽く、通常は自殺への契機となり得ず、他の経済的要因、社会的要因、家庭的要因が加わって、自殺への契機となったと認められるもの	60%～80%

Ⅳ 事故と無関係な後発的事情による死亡

1 序 論

後遺障害が残存する被害者が、事故（加害行為）とは無関係な（正確には、相当因果関係のない）後発的事情により死亡した場合、後遺障害による逸失利益の算定にどのような影響が生ずるであろうか。このような後発的事情としては、①病死、②第二事故、③被害者の自殺などがある。

この場合、後遺障害逸失利益の算定期間の終期を、一般的に稼働可能年齢の終期とされる67歳までとする考え方（継続説）と、被害者の現実の死亡時までとする考え方（切断説）がある。後発的事由にもいろいろあるが、①被害者の病死と、②第二事故による死亡のケースについて最高裁の判決が出ており、そこでは、逸失利益についてはかなり徹底した継続説が採られている。

なお、事故と後発的事由による死亡との間に相当因果関係が存在するときは、加害者は死亡による損害を賠償すべき責任があることは当然である（自殺の項を参照）。ここで取り上げるのは、そのような相当因果関係が存在しない場合のケースである。

2 病 死

交通事故による精神・知能障害等の後遺障害が残存する被害者（症状固定時44歳）が、症状固定日から起算して7日後（事故から約1年半後）に、自宅近くの海岸でリハビリを兼ねて貝採りを行っている最中、海中で心臓麻痺を起こして死亡したケースについて、最高裁は、症状固定日から現実の死亡日までの7日間分の逸失利益しか認めなかった原判決を破棄し、次のように判示した（最判平成8年4月25日民集50巻5号1221頁・交民29巻2号302頁、貝採り事件）。

図表11　最高裁平成8年4月25日判決の事案の概要

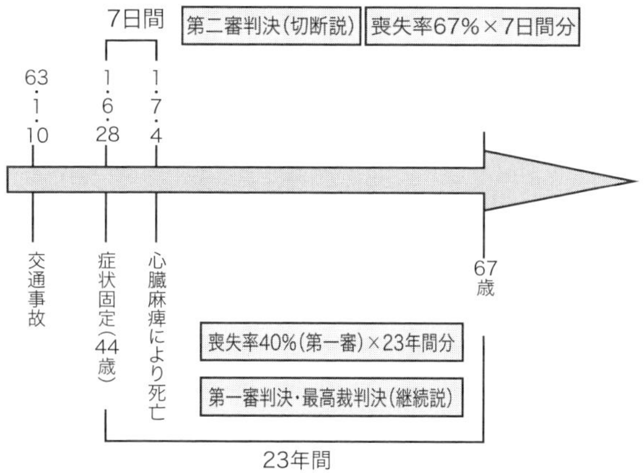

「交通事故の被害者が事故に起因する傷害のために身体的機能の一部を喪失し、労働能力の一部を喪失した場合において、いわゆる逸失利益の算定に当たっては、その後に被害者が死亡したとしても、右交通事故の時点で、その死亡の原因となる具体的事由が存在し、近い将来における死亡が客観的に予測されていたなどの特段の事情がない限り、右死亡の事実は就労可能期間の認定上考慮すべきものではないと解するのが相当である。けだし、労働能力の一部喪失による損害は、交通事故の時に一定の内容のものとして発生しているのであるから、交通事故の後に生じた事由によってその内容に消長を来すものではなく、その逸失利益の額は、交通事故当時における被害者の年齢、職業、健康状態等の個別要素と平均稼働年数、平均余命等に関する統計資料から導かれる就労可能期間に基づいて算定すべきものであって、交通事故の後に被害者が死亡したことは、前記の特段の事情のない限り、就労可能期間の認定に当たって考慮すべきものとはいえないからである。また、交通事故の被害者が事故後にたまたま別の原因で死亡したことにより、賠償義務を負担する者がその義務の全部又は一部を免れ、他方被害者ないしその遺族が事故により生じた損害のてん補を受けることができなくなるというのでは、衡平の理念に反することになる。」

本判決にいう「特段の事情」としては、被害者が事故当時、既に余命幾ばくもない末期癌に罹患していたというような場合以外には想定し難いであろう。

本件では、交通事故と被害者の心臓麻痺による死亡との間に相当因果関係がないことが前提となっている（事実的因果関係＝条件関係は存在するであろう）。本判決は、継続説を採用すべき根拠として、①逸失利益は交通事故の時に一定の内容のものとして発生しているから、その後の被害者の死亡により影響を受けないこと（形式的根拠）、②交通事故の被害者が事故後にたまたま別の原因で死亡したことにより、賠償義務を負担する者がその義務を免れ、被害者やその遺族が事故により生じた損害の填補を受けることができなくなるというのでは、衡平の理念に反すること（実質的根拠）を挙げている。ただ、形式的根拠は、あくまで実質的根拠に裏付けられていることが必要であることは、後述の最高裁平成11年12月20日判決が判示するところである。

3 第二事故による死亡

ア 最高裁平成8年5月31日判決

こちらは、高校3年の被害者が、症状固定から約3か月後に別の交通事故（第二事故）により死亡したという事案である。原審は、高校卒業のときから10年間の後遺障害逸失利益を認めたところ（原告の請求が10年間分だった）、死亡した時点で打ち切るべきだとして上告がなされた。最高裁平成8年5月31日判決（民集50巻6号1323頁・交民29巻3号649頁）は、上記4月判決を引用しながら、次のように述べて、上告を棄却した。

図表12 最高裁平成8年5月31日判決の事案の概要

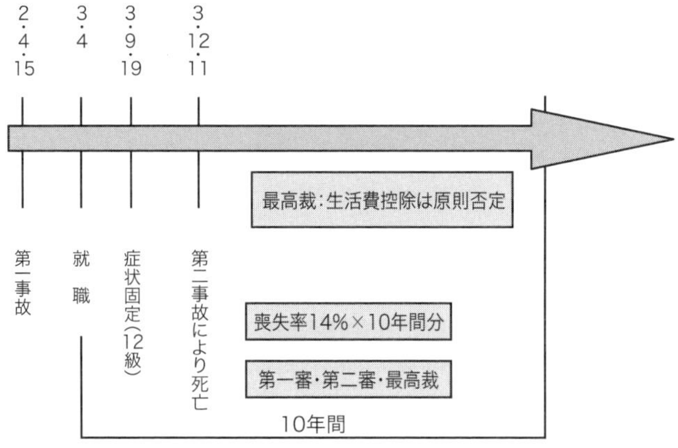

「交通事故の被害者が事故に起因する後遺障害のために労働能力の一部を喪失した場合における財産上の損害の額を算定するに当たっては、その後に被害者が死亡したとしても、交通事故の時点で、その死亡の原因となる具体的事由が存在し、近い将来における死亡が客観的に予測されていたなどの特段の事情がない限り、右死亡の事実は就労可能期間の算定上考慮すべきものではないと解するのが相当である（最高裁平成8年4月25日第一小法廷判決参照)。

右のように解すべきことは、被害者の死亡が病気、事故、自殺、天災等のいかなる事由に基づくものか、死亡につき不法行為等に基づく責任を負担すべき第三者が存在するかどうか、交通事故と死亡との間に相当因果関係ないし条件関係が存在するかどうかといった事情によって異なるものではない。本件のように被害者が第二の交通事故によって死亡した場合、それが第三者の不法行為によるものであっても、右第三者の負担すべき賠償額は最初の交通事故に基づく後遺障害により低下した被害者の労働能力を前提として算定すべきものであるから、前記のように解することによって初めて、被害者ないしその遺族が、前後二つの交通事故により被害者の被った全損害についての賠償を受けることが可能となるのである。」

図表13　事故と無関係な第2事故による死亡

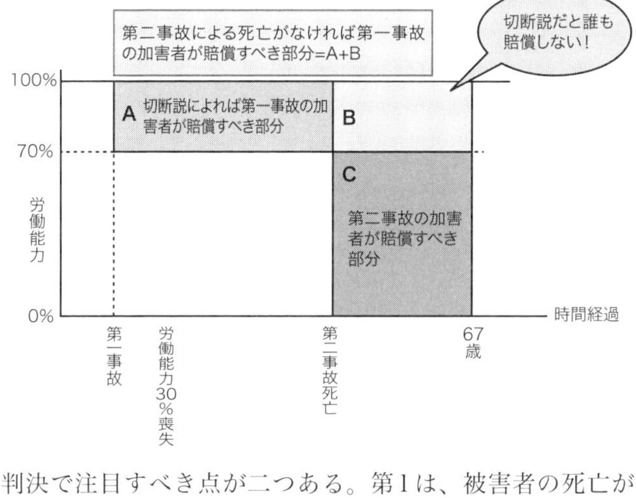

上記5月判決で注目すべき点が二つある。第1は、被害者の死亡が「自殺」によるものであっても継続説を採るべきであると述べていることであり、第2は、事故と死亡との間に「相当因果関係」が存在する場合であっても継続説を

採るべきであると述べていることである。

そうすると、事故と被害者の「自殺」による死亡との間に「相当因果関係」がある場合であっても、すなわち、死亡による逸失利益を請求できる場合であっても、被害者の遺族は、継続説に依拠して後遺障害による逸失利益を請求することができるということになる。これまで、事故と被害者の自殺による死亡との間に相当因果関係がある場合には、原告（被害者の遺族）は死亡による逸失利益を請求してきたのであるが、後遺障害による逸失利益を請求するか、死亡による逸失利益を請求するかは、原告に選択権があることになる。死亡による損害を請求する場合には、前述のとおり、大幅な減額がなされることになるから、後遺障害が重篤なケースにおいては、後遺障害による逸失利益を請求するほうが多額の賠償金を得られることがあり得ることになる[注25]。

従来、継続説に立つ学説においても、現実の死亡後には（後遺障害逸失利益であっても）生活費控除をすべきであるとの見解が有力であった。しかし、最高裁は上記5月判決において、次のとおり判示し、生活費控除を原則的に否定した。

「交通事故の被害者が事故に起因する後遺障害のために労働能力の一部を喪失した後に死亡した場合、労働能力の一部喪失による財産上の損害の額の算定に当たっては、交通事故と被害者の死亡との間に相当因果関係があって死亡による損害の賠償をも請求できる場合に限り、死亡後の生活費を控除することができると解するのが相当である。けだし、交通事故と死亡との間の相当因果関係が認められない場合には、被害者が死亡により生活費の支出を必要としなくなったことは、損害の原因と同一原因により生じたものということができず、両者は損益相殺の法理又はその類推適用により控除すべき損失と利得との関係にないからである。」

前述のとおり、事故と後発的事由による死亡との間に相当因果関係が存在する場合でも、被害者側には、死亡逸失利益を請求するか、後遺障害逸失利益を請求するか、選択権があるが、被害者側が後遺障害逸失利益として請求してきた場合には、加害者側は「抗弁」として、事故と後発的事由による死亡との間に相当因果関係が存在することを主張・立証して生活費控除を主張できると思われる[注26]。

判例はこのように生活費控除を原則的に否定するのであるが、第二事故の加害者が賠償すべきことになる死亡逸失利益との関係で、第一事故の後遺障害逸

注25　北河「死亡逸失利益の算定に関する諸問題」赤い本2000年版241頁以下。
注26　同上。

失利益の算定において生活費控除は行わないことの不都合が現れるように思われる。以下、具体的に設例で検討してみる。

イ　設例での検討

Aが30歳のときに交通事故（第1事故）に遭った。Aの事故前の年収は400万円であり、Aは独身とする。

第1事故でAが死亡したと想定した場合の逸失利益は次のようになる。

400万円×（1－0.5）×16.7113［37年のライプニッツ係数］≒3,342万円［a］

次に、第1事故でAに労働能力喪失率45％（8級）の後遺障害が残ったが（症状固定時の年齢も30歳とする）、症状固定日から1年後（31歳のとき）に、別の交通事故（第2事故）で死亡したと想定する。第1事故の加害者が賠償すべき後遺障害逸失利益を、判例に従い、継続説を採り、かつ、生活費控除をしないで算定すれば、次のようになる。

400万円×0.45×16.7113［37年のライプニッツ係数］≒3,008万円［b］

この場合、第2事故の加害者が賠償すべき逸失利益はどのように算定されるか。これが難問であるが、私の解答は次のようなものである。

400万円×（1－0.45）×（1－0.5）×16.5469［36年のライプニッツ係数］≒1,820万円［c］

この計算式は、第2事故当時に残っていたAの稼働能力（収益能力）［400万円×（1－0.45）＝220万円］の50％を生活費として控除するものである。

しかし、これでは［b］＋［c］＝4,828万円となり、第1事故で死亡した場合の逸失利益［a］を大きく上回ってしまうことになる。これはいかにも不均衡な印象を受ける。

それゆえ、私は、判例とは異なり、現実に死亡した以後は生活費控除をすべきであると考えている（貝採り事件の第一審判決の考え方がそうであった）。この立場から計算すると、第1事故の加害者が賠償すべき逸失利益は次のようになる。

〈最初の1年間〉

400万円×0.45×0.9523［1年のライプニッツ係数］≒171万円

〈その後の36年間〉

400万円×0.45×（1－0.5）×（16.7113［37年のライプニッツ係数］－0.9523［1年のライプニッツ係数］）≒1,418万円

〈第1事故の加害者が賠償すべき逸失利益〉

171万円＋1,418万円＝1,589万円［d］

これであれば、[d] ＋ [c] ＝3,409万円となるため、[a] との大きな不均衡は生じない。

これに対して、「5月判決」の調査官解説（三村量一判事）（最高裁判例解説民事篇平成8年度（上）409～433頁）では、第2事故による逸失利益を算定する際には「全収入の50％」を控除すべきものである、と説明されている（422～423頁）。本問に即して言えば、400万円の50％を控除すべきである、という趣旨である。つまり、次のような計算方法を採ることになる。

(400万円×0.55－400万円×0.5）×16.5469 [36年のライプニッツ係数]
＝330万円 [e]

[b] ＋ [e] ≒3,338万円となり､やはり [a] との大きな不均衡は生じない。

これは生活費控除の性質にも係わってくるが、三村調査官は解説の中で、最判昭和39年6月24日民集18巻5号874頁を引用しながら、「稼動可能期間中の生活費は稼働収入を得るために要する必要経費である。」と説明している(417頁)。生活費控除の理論的根拠について必ずしも共通の認識があるわけではないが、大多数の判例が稼働可能期間内に限って生活費控除を実施していることから見ても、稼働収入を得るために必要な労働力維持費用（労働力再生産費用）と捉えていると思われる。三村調査官による上記説明も同じ趣旨である。

第2事故当時にAに残されていた労働能力（55％）に相応する稼働収入は、220万円（＝400万円×0.55）であるが、この稼働収入を得るために要する必要経費としての生活費は、[400万円×0.5] ではなく、[220万円×0.5] と考えるべきではないだろうか。400万円の稼働収入を得るために必要な労働力再生産費用と、220万円の稼働収入を得るために必要な労働力再生産費用とが同じというのは、不合理ではなかろうか。

三村調査官のような考え方を採れば、第2事故当時に残されていた被害者の稼働能力が50％以下である場合には、控除される生活費が稼働収入を上回ってしまうため、第2事故の加害者が賠償すべき逸失利益はゼロとなる（423～424頁)。この結論は、いかにも不合理であろう。三村調査官自身も、この「結論が奇異に感じられるのは、第1事故によって被害者Xが負傷し後遺障害を被ったにもかかわらず、第1事故による逸失利益から生活費控除を全く行なわず、第2事故で死亡したことを理由に生活費全額を第2事故による逸失利益から控除したためでもある」と述べているところである（424頁)。

4　積極損害について

以上は、逸失利益（消極損害）に係わる問題であったが、積極損害（具体的には将来の介護料）においてはどう考えるべきであろうか。最高裁は、次のとおり判示し、積極損害については切断説の考え方を採用することを明らかにした（最判平成11年12月20日民集53巻9号2038頁・判タ1021号123頁）。

「介護費用の賠償については、逸失利益の賠償とはおのずから別個の考慮を必要とする。すなわち、㈠介護費用の賠償は、被害者において現実に支出すべき費用を補てんするものであり、判決において将来の介護費用の支払を命ずるのは、引き続き被害者の介護を必要とする蓋然性が認められるからにほかならない。ところが、被害者が死亡すれば、その時点以降の介護は不要となるのであるから、もはや介護費用の賠償を命ずべき理由はなく、その費用をなお加害者に負担させることは、被害者ないしその遺族に根拠のない利得を与える結果となり、かえって衡平の理念に反することになる。

㈡交通事故による損害賠償請求訴訟において一時金賠償方式を採る場合には、損害は交通事故の時に一定の内容のものとして発生したと観念され、交通事故後に生じた事由によって損害の内容に消長を来さないものとされるのであるが、右のように衡平性の裏付けが欠ける場合にまで、このような法的な擬制を及ぼすことは相当ではない。

㈢被害者死亡後の介護費用が損害に当たらないとすると、被害者が事実審の口頭弁論終結前に死亡した場合とその後に死亡した場合とで賠償すべき損害額が異なることがあり得るが、このことは被害者死亡後の介護費用を損害として認める理由になるものではない。以上によれば、交通事故の被害者が事故後に別の原因により死亡した場合には、死亡後に要したであろう介護費用を右交通事故による損害として請求することはできないと解するのが相当である。」

上記判決の事案は、事故により1級3号の後遺障害が残った被害者が、第二審の口頭弁論終結前（事故から約5年後）に胃がんで死亡したケースである。原審（大阪高判平成9年11月28日民集53巻9号2091頁［1］）は、最高裁の4月判決・5月判決を援用しながら、継続説の立場から、死亡後の介護費用も損害として認容していた。認容された将来の介護費用は5197万円余であるが、そのうち4000万円以上が死亡後の期間に係るものであった。最高裁は上記のように判示し、原判決を破棄し、差し戻した。

被害者が事実審口頭弁論終結時点で生存している場合には、平均余命期間にわたる将来介護費用が損害として認容されるが、介護費用について切断説を採る場合、被害者が事実審口頭弁論終結前に死亡した場合と後に死亡した場合とのアンバランスが生じる。原判決は、判決に基づいて金員が支払われた後に被害者が死亡した場合には、加害者が既払金につき不当利得として返還を求めることはできないと解すべきであるから、切断説を採った場合には、被害者が口頭弁論終結時の前に死亡したか後に死亡したかで取扱いが分かれることになり、被害者側にとって衡平を失する、という点を、介護費用についても継続説を採るべき実質的根拠として挙げていた。この点について、最高裁は積極的な対応策までは示してはいない。それはやむを得ないと割り切っているのかもしれない。

井嶋裁判官が補足意見でこの点に触れており、請求異議の訴えに基づく執行力の排除と不当利得返還請求という対応策を示唆している。

「事実審の口頭弁論終結後に至って被害者が死亡した場合には、確定判決により給付を命じられた将来の介護費用の支払義務は当然に消滅するものではない。この場合には、確定判決に対する請求異議の訴えにより将来の給付義務を免れ、又は不当利得返還の訴えにより既払金の返還を求めることができるか否かが問題となる。私は、少なくとも、長期にわたる生存を前提として相当額の介護費用の支払が命じられたのに、被害者が判決確定後間もなく死亡した場合のように、判決の基礎となった事情に変化があり、確定判決の効力を維持することが著しく衡平の理念に反するような事態が生じた場合には、請求異議の訴えにより確定判決に基づく執行力の排除を求めることができ、さらには、不当利得返還の訴えにより既に支払済みの金員の返還を求めることができるものとするのが妥当ではないかと考えるが、もとより、この点は、本判決の解決するところではなく、別途検討されるべき問題である。」

第4章

後遺障害・労働能力喪失率判例類型

I　はじめに

1　判例カードの見方

判例カードでは、裁判所で認定された後遺障害の内容・等級、原因となった傷害名、判決年月日・出典、事故日、性別・年齢（括弧書きで症状固定時年齢）・職業、認定された労働能力喪失率・喪失期間、標準喪失率（認定等級に相当する自賠責保険での労働能力喪失率）に加えて、備考欄には、逸失利益算定の基礎年収、中間利息控除方式、後遺障害慰謝料、自賠責保険（損保料率機構）の認定等級、その他の情報を可能な範囲で表示している。

また、判例カードは、認定された後遺障害の内容・等級、もしくは、裁判例の特徴・争点に応じて、

①　重度障害（標準喪失率100%）、
②　高次脳機能障害（神経系統の機能又は精神の障害）[注1]（①を除く）、
③　ジストニア[注2]・転換性障害[注3]、
④　非器質性精神障害（神経系統の機能又は精神の障害）[注4]、
⑤　脊髄損傷（①を除く）、
⑥　CRPS[注5]、
⑦　局部の神経症状、
⑧　眼・耳・鼻・口の障害、

注1　脳外傷による器質性精神障害で、認知障害、情動障害（性格・人格の変化）等、高次元の精神作用に障害が生じる。

注2　筋肉の異常な緊張により不随意運動、肢位、姿勢に異常が生じる。

注3　古典的にはヒステリー神経症と言われていたものである。

注4　脳外傷を伴わない精神障害を指す。PTSD（心的外傷後ストレス障害）もこれに含まれる。非器質性精神障害については、中武由紀「交通損害賠償事件における非器質性精神障害をめぐる諸問題(1)(2)(3)」判タ1377号10頁以下、1378号14頁以下、1379号11頁以下が詳しい。

注5　RSD、カウザルギーと呼ばれていた症状の総称で、複合性局所疼痛症候群のこと。

⑨ 形状障害（脊柱の変形、四肢・体幹の変形、下肢短縮等)、
⑩ 醜状障害（瘢痕・手術痕当)、
⑪ 四肢の関節機能障害（①を除く)、
⑫ 胸腹部臓器障害、
⑬ その他

と分類した。

判例カードは「Ⅱ判例カード（後遺障害類型)」として掲載した上で、検索の便宜のため、「Ⅲ被害者類型索引」、「Ⅳ級別類型索引」、「Ⅴ喪失率・期間別類型索引」、「Ⅵ級・率・期間対照表」、「Ⅶ等級・慰謝料類型索引」を作成した。これにより、読者の方々は、必要に応じて、様々な観点から裁判例を検索することができるはずである。判例データベースが普及した現在でも、一覧性という観点からはこれに優るものはないと考えている。なお、第5章では、様々な角度から裁判例の総括を試みているので、併せて活用していただきたい。

2 自賠責保険の後遺障害認定と判決の違い

自賠責保険は、支払基準（金融庁・国土交通省告示）に基づき、自賠法施行令別表の後遺障害等級を労災保険の障害認定基準に準拠して認定し、所定の労働能力喪失率に基づいて逸失利益を算定し、所定の後遺障害慰謝料と合わせた損害を保険金額の範囲で支払うことになる。

そして、支払基準上、賃金センサスに基づいた平均賃金を基礎収入にすること（それを上回る立証資料が提出されれば、その現実収入額を基礎収入にすること)、また、労災保険の障害認定基準上、障害補償の対象は「当該傷病と相当因果関係を有し、将来においても回復が困難と見込まれる身体的または精神的なき損状態であって、その存在が医学的に認められ、労働能力のそう失を伴うもの」とされていることや、「労働能力」とは、一般的な平均的労働能力をいうのであって「年齢、職種、利き腕、知識、経験等の職業能力的諸条件については、障害の程度を決定する要素とはなっていない」等、様々な準則が定められている。

一方、裁判所は自由心証主義に基づき、法令に反しない範囲で障害認定を行うことができるため、労災保険の認定基準に沿わないで障害等級を認定することや、被害者の職種や実際の減収額等を考慮して労働能力喪失率や労働能力喪失期間を定め、損害賠償額を算定することができる。

このような違いが根本にあるため、自賠責保険の認定と判決の認定との間に

差が生じることがある。裁判例の傾向を分析し、自賠責保険の認定等級との間で差が生じた理由や特徴的な病態を把握しておくことは適切に争訟するためには不可欠である。

II 判例カード（後遺障害類型）

① 重度障害

判例番号	障害の内容・級	傷　害	裁判所・判決年月日・出典	事故年月日
1	両下肢完全麻痺、尿閉（1級相当）	第3、4、5頸椎骨折、頸髄損傷	東京地判 H22.11.25 交民43-6-1478	H18.2.5
2	高度の痴呆（1級1号）	破裂脳動脈瘤・頭部外傷II型及び顔面挫傷	大阪地判 H23.1.27 交民44-1-123	H14.10.25
3	脳挫傷、遷延性意識障害、慢性硬膜下血腫及びびまん性軸索損傷ないし頭部外傷後遺症（後遺障害等級2級相当）	下顎部挫創、両下腿擦過傷、右膝擦過傷、右手背擦過傷、右足関節擦過傷、右胸部打撲、脳挫傷及び急性硬膜下血腫等）	大阪地判 H22.2.3 交民43-1-88	H17.11.17
4	脳全体にわたる脳挫傷後の脳梗塞（別表第1第1級1号）	急性硬膜下血腫、頭部外傷後遷延性意識障害及び四肢体幹運動障害等	名古屋地判 H23.2.18 交民44-1-230	H19.4.13
5	重度高次脳機能障害、嚥下障害、四肢運動障害により、自力での移動、食事摂取、排泄は不能で、終日介助要状態にある（1級）	頭部外傷、脳挫傷による重度高次脳機能障害、嚥下障害、四肢運動障害、左下腿骨折、肺挫傷、左鎖骨骨折等	名古屋地判 H21.3.10 交民42-2-371	H15.11.13
6	高次脳機能障害、左片麻痺等（2級）	脳挫傷、外傷性くも膜下出血、頭蓋骨骨折	名古屋地判 H21.3.25 交民42-2-440	H16.11.8
7	遷延性意識障害（1級1号）	脳挫傷、外傷性脳内出血	東京地判 H22.3.26 交民43-2-455	H18.11.6
8	記憶障害、学習障害、遂行機能障害、社会行動能力の低下、持続力の低下、知能低下といった高次脳機能障害（5級2号又は3級3号相当）、左顔面から頸部にかけての不随運動、構音障害・構語障害、左上下肢から頸部の筋緊張の亢進と異常姿勢及び運動障害等のジストニアの症状、併合2級相当	眼瞼擦過傷、後頭部に出血を伴う挫創	東京地判 H21.3.31 交民42-2-506	H14.2.19

性別・年齢（症状固定時年齢）・職業	労働能力喪失率・期間	標準喪失率	備　考
男・18 歳（19 歳）・アルバイト	100%・48 年（19 ～ 67 歳）	100%	○ H19 賃セ・産計・企計・男・高卒・全年齢（492 万 4,000 円）を基礎 ○ 2,800 万円 ○損保険料率算定機構認定：1 級
男・47 歳（49 歳）・米穀店等経営	100%・18 年	100%	○ H15 賃セ・産計・企計・男性労働者学歴計の 7 割程度（383 万 4,670 円）を基礎 ○ 2,800 万円 ○損害保険料率算出機構認定：別表第 1 第 1 級 1 号 ○素因減額 50%（事故前から存在した脳動脈瘤を考慮）
男・64 歳（64 歳）・設備業	100%・9 年（男性平均余命の 2 分の 1）	100%	○事故前年の申告所得額（321 万 4,777 円）を基礎 ○ 2,400 万円 ○本件事故の結果、脳挫傷等の傷害を負い、びまん性軸索損傷を発症し、それによる見当識障害のため、転落事故を起こして死亡したことに事実的因果関係はあるが、本件転落事故によって生ずる損害は、被告においてこれを予見し、又は予見すべきであるとはいえなかったというべきであるから、本件事故と死亡との間には相当因果関係は認められない。
男・20 歳（21 歳）・大学生	100%・45 年（22 ～ 67 歳）	100%	○ H18 賃セ・男子大卒全年齢（676 万 7,500 円）を基礎 ○本人 2,800 万円　母固有分 500 万円 ○損害保険料率算出機構認定：別表第 1 第 1 級 1 号 ○生活費控除を認めず、将来介護期間を平均余命である 57 年とした。
男・6 歳（7 歳）・小学生	100%・49 年（18 ～ 67 歳）		○ H16 賃セ・産計・企計・男・学計・全年齢（542 万 7,000 円）を基礎 ○本人:2,800 万円両親:各 300 万円(計 600 万円)
男・64 歳（66 歳）・弁護士	100%・8 年（65 ～就労可能年数の 73 歳）	100%	○ H14 ～ 16 の平均所得（846 万 9,616 円）を基礎 ○ 2,370 万円
男・69 歳（69 歳）・自動車整備・中古車販売業	100%・7 年（平均余命おおむね 15 年の 2 分の 1）	100%	○ H16 実収入（120 万円 / 年）を基礎 ○ 2,800 万円妻 150 万円、子 2 名につき各 100 万円 ○損害保険料率算出機構認定：1 級 1 号
男・29 歳（31 歳）・有限会社代表取締役	100%・36 年（31 ～ 67 歳）	100%	○ H16 賃セ・1 巻 1 表・産計・企計・男・学計・全年齢（542 万 7,000 円）の 70%を基礎 ○ 2,000 万円 ○損害保険料率算出機構：左上下肢麻痺や記憶障害などの症状が、脳器質性の障害によるものとする根拠に乏しく、頭部外傷に起因する障害とは捉えられないことから、本件事故との相当因果関係は認められず、非該当 ○ジストニアの疾病素因が本件事故を契機に発症したものと認められることから、20%を素因減額した。

判例番号	障害の内容・級	傷害	裁判所・判決年月日・出典	事故年月日
9	高次脳機能障害（精神的不安定・自己コントロール力欠如・対人関係調整能力の低下及び欠落、短期記憶障害、見当識障害、2級1号）	頭部外傷、急性硬膜下血腫、脳腫脹等	大阪地判 H22.5.25 交民 43-3-665	H15.6.26
10	脳脊髄液減少症を基本疾患として、胸郭出口症候群を合併し、ほぼ終日臥床（1級相当）	頸椎捻挫、腰椎捻挫	岡山地判 H22.7.1 交民 43-4-821	H15.11.28
11	高次脳機能障害（5級2号）、右足関節の可動域制限(8級7号)、外貌醜状（12級13号）、左耳の耳鳴り（12級）、嗅覚減退（14級）、併合3級	脳挫傷、急性硬膜下血腫、右足関節脱臼骨折、左肘関節脱臼、右下腿挫傷等	東京地判 H21.7.23 交民 42-4-915	H12.6.28
12	右片マヒ、左膝関節の可動域制限、高次脳機能障害（2級3号）	頭蓋骨骨折、外傷性くも膜下出血、脳挫傷、急性硬膜下出血、左腓骨遠位端骨折等	東京地判 H21.8.26 交民 42-4-1060	H17.4.15
13	脳挫傷、脳内血腫、頭蓋骨骨折、左硬膜下水腫、左前頭葉挫傷、左頭頂葉挫創による意識障害（仮眠状態）、右側頭骨骨折による内耳障害（1級1号）	頭部打撲、呼吸不全、脳挫傷、脳内出血、頭蓋骨折、硬膜下血腫	東京地判 H22.11.16 交民 43-6-1443	H17.12.9
14	高次脳機能障害、右不全片麻痺、左眼光覚なし、脾臓摘出、右前額部の5センチメートル以上の線状瘢痕等（1級1号該当）	頭部外傷、広汎脳挫傷、視神経損傷、頭蓋底骨折、眼窩底骨折、脾破裂、水のう胞、外傷性水頭症、高次脳機能障害、視機能障害、顔面瘢痕等	東京地判 H22.11.24 交民 43-6-1467	H17.7.8
15	記憶障害、遂行機能障害、自発力低下（2級1号）	脳挫傷、びまん性能挫傷、外傷性くも膜下出血、水頭症	東京地判 H22.11.30 交民 43-6-1546	H16.12.11
16	頭部外傷及び事故受傷後の低酸素脳症・外傷性くも膜下出血・低酸素脳症に伴うくも膜下出血・脳浮腫・脳室拡大・全脳萎縮による意思伝達不能、四肢・体幹の痙性麻痺による常時臥床等（1級1号）、右下肺葉の部分切除による胸腹部臓器の障害（11級1号）	交通外傷（肺挫傷、右血気胸、出血性ショック、心肺停止、肝損傷、骨盤骨折）、蘇生後脳症（低酸素血症）、脳挫傷（外傷性くも膜下出血）	仙台地判 H21.11.17 交民 42-6-1498	H16.1.21
17	遷延性意識障害（1級）	脳挫傷等	横浜地判 H21.5.14 自保ジャーナル 1802-3	H16.12.2
18	高次脳機能障害1級1号、視力・視野障害9級相当	脳挫傷、顔面骨骨折、肺挫傷	千葉地判 H20.7.31 交民 41-4-966	H15.12.20

性別・年齢（症状固定時年齢）・職業	労働能力喪失率・期間	標準喪失率	備　考
男・26歳（27歳）・会社員	100%・40年	100%	○ H16年男性労働者・全年齢平均賃金額（年額542万7,000円）を基礎 ○ 2,840万円（一括）
女・36歳（38歳）・給与所得者	100%・29年	100%	○平均賃金（274万6,260円）を基礎 ○ 3,160万円（一括） ○心因的要素等を考慮し、8割減責
男・34歳（39歳）・会社員（イラン人）	100%・28年（～67歳）	100%	○事故前の収入（年額469万3,000円）（婚姻により永住資格を得て勤務していたことを考慮し認定） ○本人：1,700万円（後遺障害）、妻：300万円
男・59歳（60歳）・露天商	100%・11年（平均余命の2分の1）	100%	○事故前の収入を基礎（間接事実より認定、年400万円） ○ 2,400万円（後遺障害）
男・93歳（94歳）・年金受給者	0%・0年	100%	○本人2,500万円、同居の子200万円、同居していない子100万円 ○損害保険料率算定機構認定：1級1号 ○年金受給者のため、事故による減収はなく、また、症状固定後4ヶ月後に死亡したが、事故と死亡の間に因果関係がないことに争いなく、本件事故により年金収入を逸失したともいえないとして逸失利益を認めなかった。
男・21歳（23歳）・大学生	100%・44年（23～67歳）	100%	○ H19賃セ・男性大卒全年齢平均（680万7,600円）を基礎 ○本人3,000万円、父母に各300万円 ○損害保険料率算定機構認定：1級1号
女・不明（66歳）・主婦	100%・11年（平均余命の2分の1）	100%	○平成16年賃金センサス女性労働者学歴計・65歳以上（306万8,600円/年）を基礎 ○本人2,220万円、夫100万円、子3名各50万円（後遺障害）
男・14歳（16歳）・中学生	100%・51年（～67歳）	100%	○平成17年賃金センサス（男性労働者・学歴計・全年齢平均、552万3,000円）を基礎 ○本人：3,000万円、両親：各400万円
男・44歳（45歳）・会社員	100%・22年	100%	○実収入（562万0,531円/年）を基礎 ○ 2,800万円（後遺障害）
男・不明（24歳）・会社員	100%・43年	100%	○入社後5ヶ月しか経っていないことを考慮し、H15賃金センサス男性労働者学歴計の平賃547万8100円を基礎年収とした。 ○ 3,000万円（傷害・後遺障害慰謝料） ○近親者2名に固有の慰謝料各100万円 ○成年後見人申立費用を損害と認定した。

判例番号	障害の内容・級	傷　害	裁判所・判決年月日・出典	事故年月日
19	高次脳機能障害等により別表第一1級1号	脳挫傷、急性硬膜下血腫、頭蓋骨骨折	大阪地判 H23.4.25 交民 44-2-556	H17.3.2
20	高次脳機能障害等による神経系統の機能または精神の障害2級1号	脳挫傷、外傷性くも膜下出血、左脛骨骨折	神戸地判 H23.5.16 交民 44-3-588	H18.11.20
21	高次脳機能障害7級4号、右下肢の欠損障害4級5号、左大腿部醜状障害12級相当等により、併合2級	脳挫傷、右大腿骨開放性骨折、骨盤骨折、左下腿コンパートメント症候群	横浜地判 H23.5.27 交民 44-3-645	H17.10.4
22	高次脳機能障害、左片麻痺等で別表第一1級1号、右股関節の機能障害12級7号	脳挫傷、外傷性くも膜下出血、右大腿骨骨折等	大阪地判 H23.7.20 交民 44-4-945	H17.7.1
23	高次脳機能障害により、2級3号	脳挫傷等	大阪地判 H23.7.26 交民 44-4-1017	H21.4.5
24	四肢運動不能等により、別表第一1級1号	脳挫傷、気脳症、右血気胸、右多発肋骨骨折	神戸地判 H23.8.29 交民 44-4-1103	H19.11.5
25	頸部外傷後遺症（四肢麻痺、高次脳機能障害、神経因性膀胱）（1級1号）	急性硬膜下血腫、急性硬膜外血腫、脳挫傷、頭蓋骨骨折、症候性てんかん、外傷性水頭症	名古屋地判 H22.12.7 交民 43-6-1608	H15.10.31
26	頸髄損傷による四肢麻痺1級1号	頸髄損傷、第4・5頸椎脱臼	横浜地判 H23.5.27 交民 44-3-663	H18.7.22
27	胸髄損傷による対麻痺等につき1級1号	胸髄損傷、第8頸椎脱臼骨折、右腕神経叢損傷	大阪地判 H20.12.15 交民 41-6-1624	H14.8.5

性別・年齢（症状固定時年齢）・職業	労働能力喪失率・期間	標準喪失率	備　考
女・不明（71歳）・主婦	100%・8年（平均余命の1/2）	100%	○ H19賃金センサス女性労働者学歴計65歳以上の平賃274万4,400円を基礎年収とした。 ○ 2,800万円（後遺障害慰謝料） ○ 5,698万9,800円（後遺症の内容や程度から、将来の治療費を損害として認めるべき）
女・79歳（81歳）・専業主婦	100%・5年（平均余命の1/2）	100%	○ H18賃金センサス女性労働者・学歴計・65歳以上の平賃の6割相当167万1,480円を基礎年収とした。 ○ 2,370万円（後遺障害慰謝料） ○多発性脳梗塞の既往につき、30%の素因減額を適用した。
女・27歳・会社員	100%・35年（40年のライプニッツ係数−5年のライプニッツ係数）	100%	○実収入に基づき、499万2,082円を基礎年収とした。ただし、復職後、事故前とほどんど変わらない収入をえていることから、喪失期間につき、当初の5年を除くこととした。 ○ 2,500万円（後遺障害慰謝料） ○労災保険の福祉施設給付金および労災援護給付金、障害者自立支援法に基づく補装具費の給付はいずれも損益相殺の対象とならないと判示した。
男・不明（17歳）・高校生	100%・49年（50年のライプニッツ係数−1年のライプニッツ係数）	100%	○ H17賃金センサス男性・全年齢平均552万3,000円を基礎年収とした。 ○ 2,460万円（後遺障害慰謝料） ○父親に固有の慰謝料150万円、介護を行なっている母親に固有の慰謝料250万円を認定した。
男・77歳（78歳）・無職	算定なし	100%	○ 2,400万円（後遺障害慰謝料） ○逸失利益は認めないものの、将来費用として2,316万5,100円(25万円×12ヶ月×10年(平均余命）のライプニッツ係数）を認定。
男・68歳（69歳）・シルバー人材センター登録者	100%・6年（平均余命の1/2）	100%	○事故前年のシルバー人材センターからの給与73万5,525円を基礎年収とした。 ○ 2,800万円（後遺障害慰謝料）、350万円（妻固有の慰謝料） ○症状固定日までの治療費について、悪化の可能性を踏まえて既往の糖尿病・高血圧に対する治療費を含み、因果関係のある損害として認定した。成年後見申立費用、植木剪定作業の外注費用も相当因果関係のある損害として認定した。
男・不明（27歳）・ホテルアルバイト	100%・40年	100%	○平成17年賃金センサス高専・短大卒男子全年齢平均（493万9,500円/年）を基礎 ○本人2,800万円、母親300万円（後遺障害）
男・不明（38歳）・会社員	100%・29年	100%	○実収入に基づき、562万円を基礎年収とした。 ○ 2,800万円（後遺障害慰謝料）
男・16歳（19歳）・事故時高校生	100%・48年	100%	○原告主張に基づき、H15賃金センサス男性全年齢平賃547万8,100円を基礎年収とした。 ○ 2,800万円（後遺障害慰謝料） ○両親固有の慰謝料各200万円

判例番号	障害の内容・級	傷　害	裁判所・判決年月日・出典	事故年月日
28	胸髄損傷による対麻痺２級	第５・６胸椎破裂骨折、外傷性くも膜下出血等	名古屋地判 H23.5.27 交民 44-3-679	H18.9.8
29	四肢麻痺、排泄障害等（１級１号）	不明	名古屋地判 H20.12.2 自保ジャーナル 1782-14	H16.7.3
30	胸髄損傷による完全対麻痺１級１号	胸髄損傷（第３、４胸椎破裂骨折）	東京地判 H20.5.8 交民 41-3-561	H16.1.31
31	両目とも右半分の視野が失われ、右動眼神経麻痺による右瞳拘縮不全により羞明が生じ（８級相当）、健忘症候群と情動のコントロール障害（５級：高次脳機能障害）、併合３級	外傷性クモ膜下出血、尿道損傷、上顎骨骨折、下口唇裂創、外傷性硬膜下水腫、高次脳機能障害、右同名半盲等	大阪地判 H22.4.19 交民 43-2-522	H16.4.15
32	遷延性意識障害で寝たきりの状態にあり、生活全般について介助が必要、いわゆる植物状態（１級１号）	外傷性窒息、頭部挫創、背部熱傷、右肩・顔面・左下腿擦過傷	大阪地判 H21.1.28 交民 42-1-69	H16.10.14
33	両下肢運動不能・知覚脱失（１級１号）	肺挫傷、肺血気胸、第６胸椎骨折による胸髄損傷、神経因性膀胱等	大阪地判 H22.3.8 交民 43-2-306	H18.3.14
34	遷延性意識障害及び四肢体幹運動障害（１級１号）	急性硬膜下血腫、脳挫傷、頭蓋骨骨折、外傷性くも膜下出血、脳血管攣縮・脳梗塞等	大阪地判 H22.3.15 交民 43-2-346	H18.7.22
35	失語症、右片麻痺、理解力・判断力・協調性・意欲の低下、性格変化等を主体とする重度の高次脳機能障害（１級１号）	脳挫傷、急性硬膜下血腫、外傷性くも膜下出血等	大阪地判 H21.6.19 交民 42-3-744	H16.2.2
36	高度四肢麻痺、尿閉、歯牙障害等（１級１号）	頸髄損傷、第六、第七頸椎骨折、歯槽骨骨折、肺挫傷、下顎挫創、歯牙損傷及び膀胱損傷等	神戸地判 H21.8.3 交民 42-4-964	H18.7.9
37	生命維持に必要な身のまわりの処理の動作について随時他人の介護を要する（２級１号）	急性硬下血腫、外傷性くも膜下出血、脳挫傷等	大阪高判 H22.9.15 交民 43-5-1129 （１審） 神戸地姫路支判 H22.3.23	H16.5.16

性別・年齢（症状固定時年齢）・職業	労働能力喪失率・期間	標準喪失率	備　考
男・不明（23歳）・大学院生	95%・44年	100%	○自賠責では1級1号と判断されていた。 ○H20賃金センサス男子・大卒・大学院卒平賃668万6,800円を基礎年収とした。 ○2,500万円（後遺障害慰謝料） ○父親に固有の慰謝料200万円、母親に固有の慰謝料300万円
女・28歳（29歳）・主婦	100%・38年	100%	○平成16年賃金センサス学歴計女性全年齢平均（350万2,200円/年）を基礎 ○本人3,200万円、父母各200万円、長女100万円（後遺障害慰謝料）
男・29歳（30歳）・契約社員	100%・37年	100%	○事故前までの収入等から、H15賃金センサス男子産業計高卒30歳−34歳の平賃443万8,500円を基礎年収とした。 ○2,800万円（後遺障害慰謝料） ○妻固有の慰謝料100万円、長女固有の慰謝料50万円
男・27歳（29歳）・飲食店従業員	79%・38年（29〜67歳）	100%	○H16賃セ・産計・企計・男・高卒・全年齢（490万円）を基礎 ○2,000万円 ○損害保険料率算出機構認定：併合3級
男・2歳（3歳）・幼児	100%・49年（18〜67歳）	100%	○H16賃セ・産計・企計・男・学計・全年齢（542万7,000円）を基礎 ○本人：2,800万円 両親：各250万円（計500万円） ○損害保険料率算出機構：1級1号
男・24歳（25歳）・事務職員	100%・42年（25〜67歳）	100%	○賃セ・男・全年齢（554万7,260円）を基礎 ○2,800万円　母、姉に各150万円 ○損害保険料率算出機構認定：1級1号 ○既往症：脳性麻痺による既存障害はあったものの労働能力にほとんど影響を与えるものではない、尚、既存障害の加重障害として認定
女・23歳（24歳）・パチンコ店勤務	100%・43年（24〜67歳）	100%	○H19賃セ・産計・企計・女・高卒・全年齢（300万5,200円）を基礎 ○2,800万円　両親に各200万円 ○損害保険料率算出機構認定：1級1号
女・23歳（25歳）・検査技師	100%・42年	100%	○H17産業計・企業規模計・学歴計女性労働者全年齢平均賃金343万4,400円を基礎年収とした（H15の実年収は273万3,000円） ○3000万円（後遺障害）
男・62歳（63歳）・飲食店勤務	100%・10年（平均余命の2分の1）	100%	○事故前の実収入（月額33万円）を基礎 ○本人：2,800万円（後遺障害） 妻：400万円、子：100万円
女・79歳・無職	不明	100%	○事故により重傷を負い進行性の意識障害を生じたものの、緊急開頭減圧術が成功し意識障害も次第に回復した被害者の長男がなした示談契約につき、示談は有効かつ適法に成立したものと認めた。

判例番号	障害の内容・級	傷　害	裁判所・判決年月日・出典	事故年月日
38	両下肢完全麻痺、膀胱直腸障害（1級1号）	胸椎脱臼骨折、胸髄損傷、頭皮挫創、右股関節脱臼骨折、両股関節外傷性骨化性筋炎、右鎖骨骨折、排尿障害等	さいたま地判 H22.9.27 交民 43-5-1232	H16.12.5
39	両下肢足趾完全麻痺、知覚麻痺、膀胱直腸障害（1級1号）	第十二胸椎破裂骨折、脊髄損傷等	東京地判 H22.9.30 交民 43-5-1265	H18.8.7
40	四肢の不随意運動、構語障害（3級）	心肺停止蘇生後低酸素脳症、誤嚥性肺炎等	大阪地判 H22.10.20 交民 43-5-1313	H16.7.25
41	四肢麻痺、四肢筋力低下、関節拘縮、排尿障害（1級1号）	外傷性頸髄損傷	東京地判 H21.12.4 交民 42-6-1576	H16.11.4
42	脊髄不全損傷による対麻痺3級3号	第6・7頸椎棘突起骨折、第1胸椎破裂骨折	大阪地判 H20.7.31 交民 41-4-981	H13.5.25
43	右片麻痺、右感覚障害、高次脳機能障害（脱抑制、記憶障害、失語、遂行機能障害、集中力低下、若年性認知症状態）尿失禁（1級1号）	脳挫傷	東京地判 H22.10.27 交民 43-5-1336	H19.10.12
44	高次脳機能障害（3級3号）、右足関節機能障害（10級1号）、右下腿皮膚欠損による右下肢の醜状傷害（12級）、頭部右側の開頭術後の醜状痕（14級11号）、併合2級	頭部外傷、右急性硬膜外血腫、脳挫傷、右下腿骨開放骨折、皮膚欠損及び左腓骨骨折	東京地判 H21.12.24 交民 42-6-1678	H16.1.15
45	頸髄損傷による四肢麻痺1級1号	外傷性頸髄損傷、第5・6頸椎椎体脱臼	名古屋地判 H20.12.2 交民 41-6-1540	H16.7.3
46	第三頸椎レベル以下の知覚・運動・呼吸の完全麻痺（1級1号）	上位頸髄損傷、脊髄損傷	大阪地判 H21.6.30 交民 42-3-856	H16.2.28
47	高次脳機能障害を前提とする精神・神経系統に関する後遺障害（2級相当）、左肘関節拘縮・可動域制限（10級相当）、外斜位視の残存（10級相当）	びまん性軸索損傷、脾臓損傷、左肘粉砕脱臼骨折、右鎖骨骨折等	東京地判 H23.1.20 交民 44-1-32	H17.11.3

性別・年齢（症状固定時年齢）・職業	労働能力喪失率・期間	標準喪失率	備　考
男・不明（32歳）・無職	100％・35年（32歳から67歳まで就労可能）	100％	○賃セ・1巻1表・産計・企計・年計・高卒男子労働者の平均年収を基礎（502万7,100円） ○3,328万円（一括）
男・不明（19歳）・予備校生	100％・48年	100％	○H19年賃セ・男・大卒・大学院卒全年齢平均（680万7,600円）を基礎 ○3,150万円（一括）
男・不明（25歳）・建設作業アルバイト	95％・42年	100％	○H17産業計・企規計・中卒男性労働者全年齢平均賃金（438万2,000円）を基礎 ○2,184万円（一括）
男・不明（60歳）・自営業（やきそば店経営）兼給与所得者（居酒屋勤務）	100％・11年（平均余命の2分の1）	100％	○事故前の収入（671万8,190円）を基礎 ○3,100万円
男・不明（63歳）・会社員	100％・9年（平均余命の1/2）	100％	○第1胸椎破裂骨折に伴う遅発性麻痺と事故との因果関係が争われたもの。 ○実収入に基づき、324万4,850円を基礎年収とした。 ○1,900万円（後遺障害慰謝料） ○被害者の妻に固有の慰謝料100万円
男・不明（46歳）・タクシー運転手	100％・21年	100％	○事故前年の現実収入（649万7,635円）を基礎 ○3,370万円（一括）
男・34歳（36歳）・個人事業主（プログラム開発等）	100％・31年	100％	○基礎年収額につき、事故前3年間の青色申告特別控除前の所得金額の平均金額に自宅家賃の半額を加算した額を認めた。 ○2,370万円（後遺障害）
女・不明（29歳）・会社員・主婦	100％・38年	100％	○実収入、児童扶養手当等の受給状況に鑑み、H16賃金センサス女子全年齢平賃350万2,200円を基礎年収とした。 ○3,200万円（傷害慰謝料・後遺障害慰謝料の合算） ○両親に固有の慰謝料各200万円、子供に固有の慰謝料100万円
男・不明（58歳）・職業不詳	100％・9年	100％	○症状固定年齢58歳から定年（60歳）までの基礎収入額は年額859万4,000円（実額）、定年後は年額430万4,400円（H18賃金センサス・男性労働者・年齢別平均賃金額）とした。 ○2,800万円（後遺障害慰謝料）
男・39歳（40歳）・会社員	100％・27年	100％	○事故当時の収入（510万1,451円）を基礎 ○本人2,600万円、妻・子供各100万円、両親各50万円 ○損害保険料率算出機構認定：高次脳機能障害について2級1号、複視について10級2号自賠責保険・共済紛争処理機構認定：高次脳機能障害について1級1号、左肘の可動域制限について10級10号、複視について10級2号

判例番号	障害の内容・級	傷　害	裁判所・判決年月日・出典	事故年月日
48	失語や記銘力障害等の高次脳機能障害、複視、味覚の減退（併合２級相当）	外傷性脳血腫等	大阪地判 H23.1.26 交民 44-1-93	H18.8.24

② 高次脳機能障害（神経系統の機能又は精神の障害）

判例番号	障害の内容・級	傷　害	裁判所・判決年月日・出典	事故年月日
49	高次脳機能障害（9級10号）	脳挫傷、左下腿挫滅創、びまん性軸索損傷	大阪地判 H21.1.13 交民 42-1-19	H18.4.17
50	健忘、見当識障害（5級2号）	前頭葉脳挫傷、器質性人格障害等	東京地判 H21.1.26 交民 42-1-52	H17.8.10
51	高次脳機能障害「神経系統の機能又は精神の障害」「問題解決能力などに障害が残り、作業効率や作業持続力などに問題がある」（9級10号）	脳挫傷等	千葉地判 H22.1.29 交民 43-1-81	H15.7.11
52	高次脳機能障害（5級2号）	頭蓋骨骨折、脳挫傷、外傷性くも膜下出血等	東京地判 H22.2.9 交民 43-1-123	H15.6.14
53	高次脳機能障害（7級4号：記銘力低下、注意・集中力の低下、知的能力の低下、状況判断能力、類推能力、想像力及び論理的思考などの思考力全般の低下）、左右上下視の複視（13級2号）、併合6級	脳挫傷、びまん性軸索損傷、肋骨多発骨折、左肺血気胸等	名古屋地判 H22.3.19 交民 43-2-435	H17.3.14

性別・年齢（症状固定時年齢）・職業	労働能力喪失率・期間	標準喪失率	備　考
男・不明（58 歳）・清掃員	100%・11 年	100%	○ H17 の実収入（221 万 1,044 円 / 年）を基礎 ○ 2,400 万円 ○損害保険料率算出機構認定：併合 2 級 ○人身傷害補償保険金の遅延損害金の起算日につき、単に料率機構の障害認定を受けたのみではなく、保険金の内容を具体的に明らかにして請求したときを起算点とする旨を判示した。 ○支払を受けた自賠責保険金等の金額は損害額元本から控除すべきと判示した。

性別・年齢（症状固定時年齢）・職業	労働能力喪失率・期間	標準喪失率	備　考
女・23 歳・公立小学校事務主事	30%・44 年（23 ～ 67 歳）	35%	○ H18 賃セ・産計・企計・女・学計・全年齢（343 万 2,500 円）を基礎 ○ 900 万（一括） ○損害保険料率算出機構認定：9 級 10 号
男・53 歳・無職	79%・13 年（54 ～ 67 歳）	79%	○事故前年の 1 か月の平均給与（20 万 3,471 円）及び H17 賃セ・1 巻 1 表・産計・企計・男・中卒・50 ～ 54（495 万 7,400 円）の 50%を基礎 ○ 1,400 万 ○損害保険料率算出機構認定：5 級 2 号
男・40 歳（43 歳）・バリスタ（事故当時は会社員？）	27%・24 年（43 ～ 67 歳）	35%	○事故当時の実収入（600 万 / 年） ○損害保険料率算出機構認定 9 級 10 号 ○ 550 万円 ○事故後の増収に関して、原告の多年にわたる業績、評価、人間関係、修練技術が形成されており、原告が人並み外れた本人の努力により、障害を克服して、これを収入に結びつけており、また、原告の障害に対応した部下の有形無形の配慮の功績が大きい。したがって、増収の事実はあっても、なお、原告の潜在的な労働能力の喪失を観念することはできると考えられる。
女・67 歳（69 歳）・無職	79%・9 年（女性平均余命の 2 分の 1）	79%	○ H17 賃セ・女・学計・65 歳以上（284 万 3,300 円）の 70%を基礎（症状固定時において長男家族と同居し、その家事を分担する等の就労の可能性があり、労働の意欲及び能力は有していたと考えられる） ○ 1,400 万円
男・35 歳？（35 歳）・中国人大学教授	90%・32 年（35 ～ 67 歳）	67%	○平均収入年額（378 万 8,400 円 / 年）基礎 ○ 800 万円（日本と上海の経済的事情の相違等を考慮して基準額 1,180 万円の約 70%） ○損害保険料率算出機構認定：併合 6 級 ○後遺障害等級 7 級 4 号の高次脳機能障害は原告が従事していた研究活動において致命的な障害になると考えられ、今後軽易な労務を上海でして得られる収入を考慮し労働能力喪失率を 90%と認めた。

判例番号	障害の内容・級	傷　害	裁判所・判決年月日・出典	事故年月日
54	記憶力・注意力の障害、易怒性、無気力等を内容とする高次脳機能障害（9級相当）	外傷性くも膜下出血、脳挫傷、急性硬膜外血腫、急性硬膜下血腫、頭蓋骨骨折、左膝内障、腰部挫傷、左膝関節挫傷、左大腿膝蓋関節障害	名古屋地判 H21.3.27 交民 42-2-458	H16.1.16
55	高次脳機能障害（5級2号）及び嗅覚脱失（12級相当）、併合4級	頭部外傷、脳挫傷、外傷性脳出血等	東京地判 H20.3.19 交民 41-2-383	H13.2.25
56	高次脳機能障害（9級10号相当）	外傷性クモ膜下出血、肺挫傷	岡山地判 H21.4.30 交民 42-2-596	H17.1.12
57	高次脳機能障害（5級2号）、複視（10級2号）、併合4級	脳挫傷、外傷性脳出血、外傷性クモ膜下出血、左血気胸、全身打撲	佐賀地判 H21.8.7 交民 42-4-1010	H17.5.15
58	高次脳機能障害等（7級相当）	意識障害を伴う頭部の傷害、肺挫傷、左膝の開放性骨折等	大阪地判 H22.8.27 交民 43-4-1081	H18.5.2
59	高次脳機能障害（手に力が入らない、歩きにくい、ペットボトルの蓋が開けられない、排尿回数が多い、臭いがわからない、道に迷うことがある。）（9級10号）	脳幹部損傷	東京高判 H22.9.9 交民 43-5-1109	H15.10.19
60	脳外傷に起因する高次脳機能障害（7級4号該当）、眼球障害（9級相当）、外貌醜状（9級相当）、併合6級	右眼動眼神経麻痺、眼瞼下垂、外傷性視神経症、外傷性散瞳、窩上壁骨折、外斜視、上下斜視、脳挫傷、頭蓋陥没骨折、右外傷性動眼神経麻痺、右橈尺骨骨折等	名古屋地判 H22.11.15 交民 43-6-1436	H19.2.19
61	頭部外傷後遺症（精神症状）（9級）	左橈骨遠位端骨折、頸部挫傷、下顎骨骨折、頭部外傷による健忘障害	名古屋地判 H22.11.26 交民 43-6-1538	H14.11.27
62	高次脳機能障害（5級2号）	びまん性軸索損傷、外傷性脳内出血、右肺挫傷、右腎損傷、肝損傷等	札幌地判 H19.5.18 自保ジャーナル 1771号	H15.1.11

性別・年齢（症状固定時年齢）・職業	労働能力喪失率・期間	標準喪失率	備　考
女・35歳（37歳）・主婦（家事専従）	35%・30年（37～67歳）	35%	○H16賃セ・1巻1表・産計・企計・女・学計・全年齢（350万2,200円）を基礎 ○本人：760万円夫や子：被害者の生命を害された場合と比肩すべきほどのものとまで解しがたいとして否定 ○高次脳機能障害の症状につき、原告及び原告側医師の主張である5級と、被告側医師の意見である12級のいずれをも採用せず、9級相当とした。
男・30歳？（32歳）・会社員	78%・3年（32～35歳）当初の3年間につき12級の既存障害（労働能力喪失率14％）を差し引いて算出92%・32年(32～67歳)	92%	○H13予定所得収入（425万7,876円）を基礎 ○後遺障害慰謝料：1,600万円 ○損害保険料率算出機構：高次脳機能障害・失語症・記憶力がない等の精神・神経の障害につき5級2号、嗅覚障害につき12級相当、併合第4級、既存障害第9級10号の加重障害
男・32歳（33歳）・会社員	35%・34年（33～67歳）	35%	○事故前3か月の収入(合計59万円、年:240万円)を基礎 ○690万円 ○損害保険料率算出機構認定：MRI検査所見での脳の器質的病変の存在が明らかでないとして非該当
男・34歳（36歳）・陶芸家	92%・31年（～67歳）	92%	○平成19年度賃金センサス（高専・短大卒・35～39歳、477万0,720円）の90% ○1,700万円（後遺障害）
男・23歳（25歳）・ラーメン店勤務	56%・42年	56%	○症状固定時から5年間は、H20年賃セ産計・企計・男・高卒・25～29歳の平均収入（304万6,100円)の82%を基礎、それ以降の37年間は、H20年賃セ産計・企計・男・全年齢(487万7,200円）を基礎 ○1,280万円（一括）
男・31歳（32歳）・プロゴルファーのキャディー	35%・35年	35%	○本件事故時の年収（300万円）を基礎 ○785万円（一括） ○素因減額：30%
男・8歳（9歳）・小学生	67%・58年（9～67歳）なお、9～18歳は除く	67%	○H20男子学歴計全年齢平均賃金（550万3,900円）を基礎 ○1,180万円 ○損害保険料率算定機構認定：併合6級
男・不明（55歳）・会社員	35%・13年	35%	○実収入（266万6,620円/年）を基礎 ○650万円（後遺障害） ○61歳以降は年金の一部の支給が可能であることを考慮し実収入の6割を基礎収入とした。
男・30歳（30歳）・短大卒アルバイト	79%・37年（30～67歳）	79%	○賃セH15第1巻・第1表・産計・企計・学計・男・30～34歳（488万9,900円）を基礎 ○後遺症慰謝料1,400万円

判例番号	障害の内容・級	傷　害	裁判所・判決年月日・出典	事故年月日
63	びまん性軸索損傷に起因する高次脳機能障害、胸椎圧迫骨折による頸椎の奇形、左下肢の短縮障害（4級）	外傷性くも膜下出血、左大腿骨骨幹部骨折、両側橈骨遠位端骨折、骨盤骨折、左上腕骨頸部骨折等	大阪高判 H21.9.11 自保ジャーナル 1801-2	H15.11.26
64	尿失禁、見当識障害（5級2号）	脳挫傷、器質性人格障害	東京地判 H21.1.26 自保ジャーナル 1785-10	H17.8.10
65	高次脳機能障害（9級）	見当識障害	大阪高判 H21.3.26 自保ジャーナル 1780-2	H14.5.25
66	高次脳機能障害3級3号、聴力障害10級4号により、併合2級	右側頭部脳挫傷、びまん性軸索損傷、頭部外傷後高次脳機能障害等	大阪地判 H20.4.28 交民 41-2-534	H14.2.6
67	高次脳機能障害7級4号、右膝関節の機能障害12級7号、そしゃく障害12級相当、外貌の醜状障害12級14号により、併合6級	脳外傷、両膝靭帯損傷、下顎骨骨折等	東京地判 H20.5.12 交民 41-3-576	H13.3.30
68	高次脳機能障害5級2号等により、併合4級（詳細不詳）	脳挫傷、下顎骨骨折等	大阪地判 H20.5.29 交民 41-3-664	H16.11.10
69	高次脳機能障害7級4号、嗅覚脱失12級相当により、併合6級	外傷性脳挫傷、硬膜下血腫、肺挫傷等	東京地判 H20.6.17 交民 41-3-730	H14.6.2
70	高次脳機能障害5級2号	外傷性くも膜下出血、脳挫傷	岡山地判 H20.10.27 交民 41-5-1362	H15.8.17
71	高次脳機能障害7級4号、外貌醜状7級12号、下肢醜状14級5号により、併合5級	脳挫傷、外傷性くも膜下出血、右足関節外果開放骨折、顔面裂創	大阪地判 H23.3.11 交民 44-2-335	H18.7.9

性別・年齢（症状固定時年齢）・職業	労働能力喪失率・期間	標準喪失率	備考
女・62歳（64歳）・主婦・パート従業員	79%・12年（平均余命の2分の1）	79%	○平成17年賃金センサス産業計・企業規模計・女性労働者・学歴計（284万3,300円/年）を基礎 ○2,300万円（後遺障害）
男・53歳（53歳）・警備員	79%・13年	79%	○平成17年賃金センサス産業計・企業規模計・男性労働者・中卒・50歳から54歳（495万7,400円/年）の半額244万1,652円）を認定 ○1,400万円
男・51歳（53歳）・建築請負業	35%・14年	35%	○平成14年賃金センサス産業計・企業規模計・男性・大卒・全年齢平均（674万4,700円/年）の60%（404万6,820円）を認定 ○710万円（後遺障害）
男・25歳（26歳）・会社員	100%・41年	100%	○自賠責では併合1級との原告主張あり。ADLが一応確立しており、一定の範囲で一人で外出できることから3級と判示。 ○H15賃金センサス男子大卒全年齢平賃658万7,500円を基礎年収とした。 ○2,400万円（後遺障害慰謝料） ○近親者固有の慰謝料は死亡したと比肩しうる状態にないとして認めなかったが、自宅看護の必要があるので将来の介護費用7,146万5,289円を認定した。
女・32歳（37歳）・会社員	67%・30年	67%	○事故前までの収入、中途採用内定の事実等から、432万円を基礎年収とした。 ○1,300万円（後遺障害慰謝料：顔面部の醜状を考慮） ○自賠責保険から受領した金額につき、自賠責保険金は賠償責任を前提とするものであるから、過失相殺後に控除されるべきであること、また、支払基準は保険会社以外の者を拘束するものではないことから、原告が遅延損害金から充当することを主張する本件では遅延損害金から充当するのが妥当と判示した。
男・不明（45歳）・大学講師	92%・22年	92%	○実収入に基づき、487万3,600円を基礎年収とした。 ○1,700万円（後遺障害慰謝料） ○高次脳機能障害により、日常生活を行うためには一定の範囲で看視・声掛けを要するとして、1日2,000円の将来の介護費用を認定した。
男・62歳（64歳）・定年退職後アルバイト	56%・9年	56%	○再就職予定先の年収の7割にあたる294万円を基礎年収とした。 ○1,180万円（後遺障害慰謝料）
男・25歳（26歳）・アルバイト	79%・41年	79%	○性同一性障害によりホルモン療法等を継続していたことや職歴等を踏まえ、H16賃金センサス男性労働者高卒全年齢平賃の8割392万1,040円を基礎年収とした。 ○1,700万円（後遺障害慰謝料）
女・31歳（33歳）・兼業主婦（経理事務）	60%・34年	79%	○H18賃金センサス女性全年齢平均賃金343万2,500円を基礎年収とした。 ○1,600万円（後遺障害慰謝料　抱いていた子供（生後8ヶ月）の死亡、高次脳機能障害および外貌醜状を考慮）

判例番号	障害の内容・級	傷　害	裁判所・判決年月日・出典	事故年月日
72	高次脳機能障害7級4号	頭蓋骨骨折、急性硬膜外血腫	東京地判 H23.6.22 交民44-3-795	H14.4.1
73	高次脳機能障害5級2号、聴力障害11級6号、顔面神経麻痺12級15号により、併合4級	右急性硬膜外血腫、脳挫傷、頭蓋骨折	千葉地判 H23.8.17 交民44-4-1053	H13.7.9
74	神経系統の機能又は精神に障害を残し、服することが出来る労務が相当な程度に制限される状態（9級）	頭部外傷II型（脳震盪型）、頭部挫創、顔面挫創、両足関節挫傷、両足関節擦過傷、腰部挫傷	大阪高判 H21.3.26 交民42-2-305 （1審） 大阪地判 H19.10.31 交民40-5-1436	H14.5.2
75	神経・精神症状（9級10号）	頭部外傷等	大阪高判 H21.4.30 自保ジャーナル1789-2	H10.7.4
76	神経系統の機能に著しい障害を残し、特に軽易な労務以外の労務に服することができないもの（5級2号）	不明	大阪地判 H20.8.28 自保ジャーナル1784-2	H16.9.9
77	外傷性の器質性人格変化（5級2号）	顔面切創、全身打撲、左頬骨骨折、左肩打撲、歯牙脱臼、歯牙破折、歯槽骨骨折、歯髄炎等	名古屋地判 H22.7.30 交民43-4-958	H16.3.19
78	右同名半盲の視野障害（9級3号）、右顔面部の醜状障害（12級13号）並びに脳外傷による体幹機能障害、失調症、巧緻性低下等の身体機能障害及び記銘力障害や気分障害等の高次脳機能障害（7級4号）により併合6級相当	頭部外傷、左橈骨遠位端骨折等	東京地判 H22.5.13 交民43-3-591	H14.2.7

③　ジストニア・転換性障害

判例番号	障害の内容・級	傷　害	裁判所・判決年月日・出典	事故年月日
79	上肢の不随意運動につき5級相当	外傷性頸部症候群、頸椎捻挫	名古屋地判 H20.8.22 交民41-4-990	H13.3.28

性別・年齢（症状固定時年齢）・職業	労働能力喪失率・期間	標準喪失率	備　考
女・5歳（11歳）・児童	56%・49年 (56年のライプニッツ係数−7年のライプニッツ係数)	56%	○ H20賃金センサス男女計全年齢平賃486万600円を基礎年収とした。 ○ 1,000万円（後遺障害慰謝料）
女・不明（27歳）・パブスナック等アルバイト	92%・40年	92%	○損害保険料率算出機構の認定は併合8級（高次脳機能障害9級、聴力障害11級、顔面神経麻痺12級）であったが、自賠責保険の基本的な考え方に沿って検討され、知能検査の結果や日常生活における人格変化などから、高次脳機能障害を5級と認定した。 ○月収35万円を得ていたこと等から、H16賃金センサス・女子学歴計全年齢平賃337万3,700円を基礎年収とした。 ○ 1,670万円（後遺障害慰謝料）
男・52歳（53歳）・建築請負業	35%・14年 (53～67歳)	35%	○ H14賃セ・産計・企計・男・大卒・全年齢（674万4,700円）の60%を基礎 ○ 710万円 ○損害保険料率算出機構認定：右前額上部の線状痕、左頬部の陥没ひきつれ及び左顔面創部のひきつり感につき14級11号、頸部挫傷後の頸部痛、違和感などにつき14級10号、併合14級
女・30歳・美容院アシスタント	35%・10年	35%	○平成10年賃金センサス女性労働者学歴計30歳から34歳（384万4,600円/年）の9割を認定 ○ 280万円（後遺障害）
男・42歳（43歳）・母経営会社の会社員	79%・24年	79%	○実収入（382万円/年）を基礎 ○ 1,700万円（後遺障害）（加害者の酒気帯びを増額事由として考慮）
男・不明（41歳）・会社員	79%・22年	79%	○事故直前の年収（368万0,965円）を基礎 ○ 1,554万円（一括）
男・49歳（50歳）・職業不明	67%・17年	67%	○事故前の収入（468万3,315円）を基礎 ○ 1,330万円（一括）

性別・年齢（症状固定時年齢）・職業	労働能力喪失率・期間	標準喪失率	備　考
女・不明（34歳）・主婦兼美容師	79%・33年	79%	○ミオクローヌス様ないしジストニア様の不随意運動と事故との因果関係が争われたもの。料率機構は不随意運動等の症状の裏づけとなる客観的所見に乏しいこと等を理由に非該当としていたが、鑑定結果に基づき、ミオクローヌスないしはジストニアによる不随意運動として因果関係を肯定した。 ○ H14賃金センサス女子全年齢平賃351万8,200円を基礎年収とした。 ○ 1,400万円（後遺障害慰謝料） ○被告からの心因的素因による減額の主張は斥けられた。

判例番号	障害の内容・級	傷害	裁判所・判決年月日・出典	事故年月日
80	発作性硬直、脱力症状、歩行障害という転換性障害（14級）	頸髄中心性損傷、外傷性頸部症候群、頭部打撲、四肢不全麻痺、全身打撲擦過傷、歯髄損傷	京都地判 H21.4.23 交民 42-2-549	H14.1.24
81	転換性障害による右下肢麻痺5級相当	頭部打撲、腰椎捻挫、頸椎捻挫、右膝打撲、右足関節打撲、転換性障害	大阪地判 H23.3.29 交民 44-2-487	H20.4.21
82	右下肢不全麻痺7級相当	右大腿部・右足関節部挫傷、右下肢不全麻痺	東京地判 H20.6.30 交民 41-3-796	H13.9.7
83	左下肢不全麻痺につき5級	左下肢不全麻痺	東京地判 H20.12.1 交民 41-6-1521	H15.5.19

④ 非器質性精神障害（神経系統の機能又は精神の障害）

判例番号	障害の内容・級	傷害	裁判所・判決年月日・出典	事故年月日
84	既往症のパニック障害悪化（予期不安・突発的不安感による一人での外出不能、留守番の困難）が影響する頸部痛（14級）	頸椎捻挫、右手CM関節捻挫	京都地判 H22.8.12 交民 43-4-978	H19.3.30
85	脳に器質的損傷を伴わない精神障害（非器質性精神障害）につき、12級13号、外傷性頸部症候群につき14級9号	外傷性頸部症候群、非器質性精神障害	大阪地判 H22.8.25 交民 43-4-1030	H16.7.18
86	脊柱障害（11級7号）、PTSD等の精神障害（9級10号）、併合8級	第九、十一胸椎圧迫骨折、頸椎捻挫、右肋骨骨折、胸骨骨折、外傷後ストレス障害（PTSD）等	さいたま地判 H22.9.24 交民 43-5-1212	H14.12.15

性別・年齢（症状固定時年齢）・職業	労働能力喪失率・期間	標準喪失率	備　考
女・30歳（31歳）・スナック店アルバイト	5%・5年		○H15賃セ・産計・企計・女・学計・全年齢（349万0,300円）を基礎 ○75万円 ○本件事故が引き金となって転換性障害に罹患したとしても、本件事故以前から原告が抱えていた心因的要因がこれに大きな影響を与えたというべきであること等から、50%を減額した。
女・不明（66歳）・専業主婦	79%・11年	79%	○H20賃金センサス女性全年齢平均賃金349万9,900円を基礎年収とした。 ○1,450万円（後遺障害慰謝料） ○転換性障害は心因性のものであり、素因減額4割
男・不明（39歳）・無職	56%・10年	56%	○自賠責では14級10号と判断された。 ○H13賃金センサス男性・高卒35–39歳平賃の5割に相当する262万9,450円を基礎年収とした。 ○1,000万円（後遺障害慰謝料） ○右下肢麻痺は転換性障害によるものであり、麻痺は改善していくことが考えられるから労働能力喪失期間を10年、うつ病の発症増悪原因として被害者の不貞等があったことから25%の素因減額とした。 ○自殺につき事故後の時間的経過等から因果関係が否定された。
女・37歳（44歳）・職業不明（父親の会社で勤務）	79%・23年	79%	○事故後における勤務先の破産宣告、既往症（解離性障害等）などにより、事故前実収入の8割に相当する257万2,800円を基礎年収とした。 ○1,400万円（後遺障害慰謝料） ○左下肢不全麻痺は器質的損傷によるものではなく、心因的要因に発症したものといわざるをえず、既往症として左下肢しびれ等の解離性障害が認められていることから、6割の素因減額を適用した。

性別・年齢（症状固定時年齢）・職業	労働能力喪失率・期間	標準喪失率	備　考
男・73歳・無職	5%		○340万円（一括） ○今後、収入が得られる見込みが乏しいとして逸失利益の発生を否定 ○既往症（パニック障害）に基づく素因減額につき、損害の35%を控除
女・不明（35歳）・家事労働者	14%・15年	14%	○H19年賃セ産計・企計・学歴計・女・全年齢（346万8,800円）を基礎 ○510万円（一括） ○心因的要因等による素因減額4割
女・27歳（31歳）・看護師	脊柱障害と精神障害を併せ考えると、31歳から12年は45%（8級）その後67歳までは20%（11級）	45%（併合8級）	○本件事故前の収入（516万1,860円）を基礎 ○1,150万円（一括） ○精神障害についての後遺障害による労働能力喪失期間は12年間と認定

判例番号	障害の内容・級	傷　害	裁判所・判決年月日・出典	事故年月日
87	記憶力低下、集中力の低下、遂行機能障害、コミュニケーション能力の低下等の精神障害（14級）	頸椎捻挫、胸背部打撲	大阪地判 H22.12.3 交民 43-6-1570	H16.9.11
88	うつ病による神経系統の機能または精神の障害9級10号、聴力障害14級3号により、併合9級	頸椎捻挫、腰椎捻挫、頸髄損傷、外傷性神経症	千葉地判 H20.9.29 交民 41-5-1304	H17.7.13
89	精神障害（不眠、回避、フラッシュバック等）（14級9号）	左頬部・肘関節・大腿打撲傷、両足部・膝関節挫創	京都地判 H21.10.22 交民 42-5-1337	H18.7.25
90	非器質性精神障害12級相当	左大腿骨内顆骨折、頸椎・腰部・右足関節捻挫、外傷後ストレス障害（PTSD）、広場恐怖を伴うパニック障害	大阪地判 H20.5.30 交民 41-3-675	H13.10.6
91	頸椎捻挫及びその後の持続性身体表現性疼痛障害（災害神経症）に起因する四肢筋力の低下、歩行障害、腰痛、頸部痛、背部痛（14級）	頸髄損傷等	京都地判 H21.3.25 自保ジャーナル1806-2	H12.12.28

⑤ 脊髄損傷

判例番号	障害の内容・級	傷　害	裁判所・判決年月日・出典	事故年月日
92	痙性歩行、両下肢のつっぱり感やしびれ、手内在筋力低下による両手指変形など、併合6級	第6、7頸椎骨折、頸髄損傷、第4胸椎骨折、左鎖骨骨折、左橈骨骨折、肺挫傷等	松山地判 H21.9.24 自保ジャーナル1812号	H18.2.18
93	左下肢不全麻痺（5級）	胸髄損傷等	東京地判 H20.12.1 自保ジャーナル1777-8	H15.5.19

性別・年齢（症状固定時年齢）・職業	労働能力喪失率・期間	標準喪失率	備　考
男・不明（30 歳）・個人事業主	5%・10 年	5%	○平成 17 年賃金センサス高卒男性労働者全年齢平均賃金（490 万 3,400 円 / 年）の 6 割を認定 ○ 110 万円（後遺障害）
男・不明（50 歳）・輸入販売およびアルバイト等	35%・5 年 5%・12 年	35%	○料率機構の認定では、左耳難聴・耳鳴 14 級 3 号、頸部・腰部の症状は施行令 2 条 2 項の「加重」にあたらず非該当（うつ病に関しては評価なし）。 ○収入立証資料の提出はないものの生活実態から、H17 賃金センサス男子労働者 50 歳～ 54 歳の平賃の 6 割 406 万 6,740 円を基礎年収とした。 ○ 400 万円（後遺障害慰謝料） ○心因的要素により、素因減額を 8 割とした。
女・52 歳（53 歳）・パート兼主婦	5%・14 年 （～ 67 歳）	5%	○平成 19 年賃金センサス（女性労働者全年齢平均、346 万 8,800 円） ○ 110 万円（後遺障害）
男・不明（26 歳）・会社員	14%・5 年	14%	○自賠責保険では外傷性神経症として 14 級 10 号の認定であった。PTSD による 7 級の原告主張に対し、PTSD は否定的であるものの、非器質性精神障害に罹患したことは認められるとし、2 年半後頃には車の運転や買い物・祭り等への外出も可能となっていたことから、12 級と認定した。 ○実収入に基づき、417 万 6,000 円を基礎年収とした。 ○ 260 万円（後遺障害慰謝料） ○心理的脆弱さ、強迫的傾向の素因により、10% 減額を適用した。
女・36 歳（36 歳）・不明	5%・30 年	5%	○実収入（126 万 7,655 円 / 年）を基礎 ○ 100 万円（後遺障害）

性別・年齢（症状固定時年齢）・職業	労働能力喪失率・期間	標準喪失率	備　考
男・21 歳（22 歳）・アルバイト	67%・45 年 （22 ～ 67 歳）	67%	○ H18 賃セ・男・高卒・全年齢（492 万 6,500 円）を基礎 ○後遺障害慰謝料 1,200 万円 ○損害保険料率算出機構認定：神経系統の機能又は精神に障害を残し、軽易な労務以外の労務に服することができないもの（7 級 4 号）、脊柱に変形を残すもの（11 級 7 号）、併合 6 級
女・42 歳（44 歳）・同族会社役員	79%・23 年	–	○実収入(26 万 8,000 円 / 月)の 8 割(21 万 4,400 円 / 月）を認定 ○ 1,400 万円（後遺障害）

判例番号	障害の内容・級	傷　害	裁判所・判決年月日・出典	事故年月日
94	頸髄損傷による四肢麻痺５級２号	頸髄損傷	大阪地判 H20.8.28 交民 41-4-1072	H16.9.9
95	中心性脊髄損傷による脊髄症状９級10号、頸部痛14級10号、非外傷性精神障害14級10号、併合９級	頸椎捻挫、腰椎捻挫、中心性脊髄損傷、PTSD	京都地判 H23.6.10 交民 44-3-765	H14.12.15
96	左上下肢の麻痺等12級12号、神経因性膀胱11級11号により、いずれも脊髄損傷によるもので全体としては11級相当	頸髄不全損傷、神経因性膀胱等	大阪地判 H20.6.30 交民 41-3-811	H13.2.8
97	X1：外傷性頸部症候群に伴う頸部痛、項部痛（14級10号） X2：四肢不全麻痺、四肢感覚障害（手・肘・肩・股・手指・膝の関節可動域制限を含む。）（3級３号）	X1：外傷性頸部症候群（バレ・リュウ症候群）、腰椎椎間板障害、右膝打撲等 X2：頸髄損傷等	東京地判 H21.11.12 交民 42-6-1516	H15.1.26
98	巧緻運動を呈する著しい機能障害、下肢につき歩行困難の障害（7級４号該当）	両下腿挫傷、頸部挫傷、頭部挫傷、頭蓋内出血の疑い、両腓背筋部分断裂、脊髄障害	名古屋地判 H22.4.23 交民 43-2-544	H16.8.4
99	歩行障害、左上肢筋力低下、両手の痺れ、項部痛等の後遺障害（3級）	頸椎捻挫及び癒着性くも膜炎悪化	京都地判 H22.1.21 交民 43-1-16	H17.6.25
100	左掌の痺れ、左肩の鈍さ、左手指の巧緻運動障害、左下肢の脱力、左手握力低下等（9級10号）	脊髄損傷、右肘軟骨損傷、左上腕打撲及び左大腿挫傷	大阪地判 H21.8.25 交民 42-4-1051	H16.2.18

性別・年齢（症状固定時年齢）・職業	労働能力喪失率・期間	標準喪失率	備　考
男・不明（43歳）・給与所得者	79%・24年	79%	○実収入に基づき382万円を基礎年収とした。 ○ 1,700万円（後遺障害慰謝料：加害者の酒気帯び等） ○ S58.6.19事故により頸部痛等で12級の認定を受けていたが、すでに症状は消失していた等として前回事故の後遺障害は残存していないと判示した。一方、事故前に行われた第3・4頸椎の前方固定術により、第5・6頸椎間の不安定性があったことに基づき、10%の素因減額を適用した。
男・不明（48歳）・無職	35%・19年	35%	○損害保険料率算出機構では、頸部痛・左上肢しびれ、腰部痛・左下肢しびれに併合14級と判断されていた。 ○ H18賃金センサス男・全年齢平賃の約6割相当の350万円を基礎年収とした。 ○ 670万円（後遺障害慰謝料） ○ PTSDの診断に対し、DSM−IVの診断基準により、PTSDとはいえないものの、非外傷性の精神障害として14級を認めた。左下肢の症状は事故と関係のない腰部脊柱管狭窄症によるものであり、6割の素因減額を適用した。
男・40歳（40歳）・会社代表取締役	20%・27年	20%	○自賠責では頸部症状12級12号、腰部症状12級12号により併合11級と判断された。 ○基礎年収および休業損害の算定にあたり、会社と原告の経済的一体性が認められることから、会社の利益も含めて検討することとし、605万4,799円を基礎年収とした。 ○ 470万円（後遺障害慰謝料）
X1：男・34歳（35歳）・そば店開業準備中 X2：女・30歳（31歳）・休職中（その後兼業主婦の予定）	X1：5%・5年 X2：100%・36年（～67歳）	X1：5% X2：100%	X1 ○平成16年賃金センサス（男性労働者学歴計）の7割である400万8,830円を基礎。 ○ 110万円 X2 ○平成15年度賃金センサス（女性労働者・学歴計・学歴計年齢別平均賃金、371万6,800円） ○ 1,990万円
男・不明（41歳）・会社役員	50%・26年（41～67歳）	56%	○ H16賃セ・企計・男・学計・40～44歳（629万1,600円）を基礎 ○ 1,000万円 ○損害保険料率算出機構認定：14級9号 ○心因素因減額：15%（適応障害） ○原告が他で就労して収入があることから喪失率を50%と認定
男・63歳（64歳）・不明	不明		○ 2,000万円 ○損害保険料率算出機構認定：14級 ○素因減額：50%（事故前から症状のあった癒着性くも膜炎が増悪
男・56歳（57歳）・会社員（内線電気調査員）	35%・12年（平均余命の2分の1）	35%	○平成15年度賃金センサス（男性労働者・学歴計・57歳、634万4,100円） ○ 700万円（後遺障害）

判例番号	障害の内容・級	傷　害	裁判所・判決年月日・出典	事故年月日
101	右上下肢シビレ・脱力感・歩行障害等につき５級２号、嚥下障害につき10級（併合４級）	頸椎捻挫、外傷性頸椎椎間板症、バレ・リュー症候群等	京都地判 H22.12.9 交民43-6-1637	H17.9.18

⑥ CRPS

判例番号	障害の内容・級	傷　害	裁判所・判決年月日・出典	事故年月日
102	右肩関節及び左手関節の拘縮による反射性交感神経性ジストロフィーと複合性局所疼痛症候群（10級10号）	左膝打撲、頸椎捻挫、右手関節捻挫、右上腕擦過傷	東京地判 H20.3.18 交民41-2-355	H17.7.17
103	CRPS（反射性交感神経性ジストロフィー・RSD）（10級）	頸部捻挫（頸椎捻挫）、左肩・左手打撲、腰部打撲・肋骨骨折（疑）、左側胸部打撲、左肩・手指関節拘縮、複合局所疼痛症候群（CRPS）・反射性交感神経性ジストロフィー（RSD）等	神戸地判 H22.12.7 交民43-6-1587	H17.4.7
104	外傷性腰髄損傷及び下肢反射性交感神経性ジストロフィー（RSD）（7級4号）	外傷性腰髄損傷及びRSD	大阪地判 H21.7.30 交民42-4-955	H12.5.6
105	右上肢RSDによる疼痛、可動域制限につき、9級10号	右拇指捻挫、RSD（反射性交感神経性ジストロフィー）	東京地判 H20.5.21 交民41-3-630	H15.2.19

⑦ 局部の神経症状

判例番号	障害の内容・級	傷　害	裁判所・判決年月日・出典	事故年月日
106	頸部捻挫、外傷性頸部症候群（14級9号）	頸部損傷、両上肢不全麻痺	神戸地判 H21.9.28 交民42-5-1239	H18.6.22
107	1頸部痛、腰部痛、左半身のしびれ等の他覚的所見を伴わない神経症状、21時間から2時間に1回程度（ひどいときには30分に1回程度）の頻度でトイレに行くという頻尿の症状及び排尿力低下により排尿の時間がかかるという症状等をないようとする排尿障害（14級）	頸椎・腰部・左股関節挫傷、外傷性四肢末梢神経障害、外傷性頸肩腕症候群等	名古屋地判 H21.3.11 交民42-2-390	H15.8.12

性別・年齢（症状固定時年齢）・職業	労働能力喪失率・期間	標準喪失率	備　考
男・不明（44歳）・警察官	57%（92%（併合4級）-35%（既存障害等級9級））・23年	92%	○症状固定時から定年（60歳）までの16年間について事故前年の年収額（824万0,936円）を基礎、定年から労働可能年限（67歳）までの7年間については男性労働者大卒の60歳ないし64歳の年齢別平均賃金（637万9,400円）を基礎 ○ 1,260万円（一括） ○従前の事故による神経系統の機能又は精神の後遺障害について障害等級9級10号該当とされているので、これを既存障害とする加重障害適用を認めた。

性別・年齢（症状固定時年齢）・職業	労働能力喪失率・期間	標準喪失率	備　考
女・42歳（43歳）・有職主婦（中華料理店経営）	27%・24年（43～67歳）	27%	○ H18賃セ・産計・企計・女・学計・全年齢（343万2,500円）を基礎 ○後遺症慰謝料550万円 ○損害保険料率算出機構認定：局部に頑固な神経症状を残すものとして12級13号
女・26歳（29歳）・主婦・パート・アルバイト職員	27%・38年	27%	○平成17年賃金センサス女性労働者・産業計・企業規模計・学歴計（343万4,400円/年）を基礎 ○ 530万円（後遺障害）
女・20歳・幼稚園教諭（公務員）	不明		○事故後も賃金センサスを上回る給与の支払いを受けており症状固定後も減収がないことから、後遺障害逸失利益は認めず、将来の終了継続への不安等は後遺障害の慰謝料の算定に当たって斟酌した事案。 ○ 2,500万円
男・不明（54歳）・技術アジャスター	35%・13年	35%	○実収入に基づき、872万3,522円を基礎年収とした。 ○ 690万円（後遺障害慰謝料）

性別・年齢（症状固定時年齢）・職　業	労働能力喪失率・期間	標準喪失率	備　考
女・50歳（52歳）・主婦兼小中学校の臨時教員	5%・15年（～67歳）	5%	○事故当時の実収入（434万7,837円）を基礎 ○ 110万円（後遺障害）
男・27歳（28歳）・亡父経営の会社役員	9%・10年		○亡父の経営者としての地位を引き継いでいることから、亡父の事故前年の年収(490万5,800円)を基礎 ○ 180万円 ○損害保険料率算出機構認定：頸部痛、左半身のしびれ感等につき14級10号、腰部、左半身のしびれ感等につき14級10号、排尿障害につき非該当、併合して14級 ○本件事故と排尿障害につき相当因果関係を認めた。

判例番号	障害の内容・級	傷　害	裁判所・判決年月日・出典	事故年月日
108	頸部痛、左上肢の筋力低下等（14級9号該当）、腰部痛（14級9号該当）、併合14級	頸腰椎捻挫・両肩肘打撲・左手関節捻挫・腰椎椎間板ヘルニア	大阪地判 H22.11.17 交民 43-6-1455	H20.4.9
109	頸部痛、上肢のしびれ（14級9号）	頸椎捻挫	神戸地判 H21.11.11 交民 42-6-1469	H18.9.1
110	頸部痛、右上肢のしびれ、筋力低下等（12級13号）	頸椎捻挫、背部・腰臀部捻挫及び頸髄損傷	大阪高判 H20.11.5 神戸地判 H20.2.22 自保ジャーナル1770号	H17.5.1
111	低髄液圧症候群（14級10号）	頸椎捻挫、腰背部打撲	横浜地判 H21.5.15 自保ジャーナル1795号	H16.6.25
112	外傷性頸部症候群（14級）	頸椎捻挫、頸部外傷、左肩捻挫、腰部打撲傷	神戸地判 H20.11.6 自保ジャーナル1774-2	H15.3.9
113	頸椎捻挫後の手足のしびれ、頸部痛等につき12級12号	頭部外傷、頸椎捻挫、低髄液圧症候群	さいたま地判 H20.6.4 交民 41-3-687	H13.8.7
114	頸部痛、右手のしびれ、腰痛等により14級相当	頸部、腰部挫傷等	名古屋地判 H20.6.27 交民 41-3-788	H17.6.13
115	頸部痛等14級10号	頸部捻挫等	東京地八王子支判 H20.7.18 交民 41-4-926	H14.5.17
116	項頸部痛14級10号	腰部打撲傷、外傷性頸部症候群、低髄液圧症候群	神戸地判 H20.11.6 交民 41-6-1414	H15.3.9

性別・年齢（症状固定時年齢）・職業	労働能力喪失率・期間	標準喪失率	備　考
女・54歳（55歳）・パート勤務主婦	5％・5年（55～60歳）	5%	○H20賃セ・産計・企計・学計・女性全年齢平均（349万9,900円）を基礎 ○110万円 ○損害保険料率算定機構認定：併合14級
女・38歳・主婦兼瓦製造業手伝い	5%・5年	5%	○平成19年賃金センサス（産業計・企業規模計・学歴計・女性労働者、346万8,800円）を基礎 ○110万円
男・29歳・派遣社員	14%・5年	14%	○賃セH17第1巻第1表企計・産計・中卒・25～29歳（351万9,800円）を基礎 ○後遺障害慰謝料290万円 ○脊柱管の狭窄や第5第6頸椎椎間板の膨隆又は突出から、1割を素因減額
男・不明・タクシー運転手	5%・8年	5%	○H17賃セ・学計・男（552万3,000円）を基礎 ○後遺症慰謝料110万円 ○自賠責：加重障害として捉えることは困難、自賠責保険上の後遺障害には該当しないと判断
男・不明・大学受験生	5%・5年	5%	○平成15年度賃金センサス産業計・企業規模計・男性・学歴計（314万3,700円/年）を基礎 ○110万円（後遺障害）
男・51歳（52歳）・給与所得者	14%・10年	14%	○低髄液圧症候群については、約半年間は起立性頭痛が認められなかったこと、ブラッドパッチによっても効果はなかったこと、画像等の客観的根拠も明らかではなく、いまだ不明な病態であって確固たる診断基準がないことから、合理的な疑いがあるとし、これに基づく評価はしなかった。 ○実収入に基づき、203万7,828円を基礎年収とした。 ○290万円（後遺障害慰謝料）
女・不明（27歳）・管理栄養士	5%・5年	5%	○実収入に基づき、306万3,230円を基礎年収とした。 ○110万円（後遺障害慰謝料）
女・55歳（56歳）・イラスト、脚本家	5%・12年	5%	○1ヶ月後に発症した裂孔原性網膜剥離につき、顔面外傷がないことや、事故の態様、網膜剥離は加齢によっても生じうることから、事故との因果関係が否定された。 ○整体等の東洋医学に基づく施術費を交通事故に基づく損害として請求するためには、原則として、施術を受けることにつき医師の指示を受けることが必要であり、医師の指示の有無を問わず、施術の必要性・有効性、施術内容の合理性、施術期間の相当性及び施術費用の相当性の各要件が必要であるとし、整体の施術費等を損害計上しなかった。 ○事故前収入156万円を基礎年収とした。 ○150万円（後遺障害慰謝料）
男・20歳・浪人生	5%・5年	5%	○アルバイトでの実収入に鑑み、H15賃金センサス産業計・企業規模計・男性・学歴計・年齢別平賃（20歳-24歳）314万3,700円を基礎年収とした。 ○110万円（後遺障害慰謝料） ○低髄液圧症候群を日本神経外傷学会および国際頭痛分類の診断基準に沿って否定した。

判例番号	障害の内容・級	傷害	裁判所・判決年月日・出典	事故年月日
117	頸部痛、右手のしびれ 14 級 10 号、右足関節痛 14 級 10 号	胸部、右足関節捻挫、頸椎捻挫	松山地今治支判 H20.12.25 交民 41-6-1615	H14.6.13
118	頸部痛、右手しびれ感 14 級 9 号	頸椎椎間板ヘルニア、頸椎捻挫	大阪地判 H23.3.16 交民 44-2-397	H17.7.16
119	頸部痛、目まい、目のかすみ、右上肢のしびれ及び右肩の疼痛 14 級 9 号	外傷性頸部症候群	京都地判 H23.7.1 交民 44-4-872	H18.4.12
120	頸部痛、左上肢知覚障害 12 級 13 号	中心性頸髄損傷	名古屋地判 H23.7.15 交民 44-4-932	H18.7.17
121	頸部痛、右上肢しびれ 12 級 13 号	頸椎捻挫、外傷性頸椎椎間板ヘルニア	横浜地判 H23.7.20 交民 44-4-968	H20.5.28
122	頸部・背部痛・腰痛・下肢のしびれ等（14 級程度）	頸部挫傷、頸椎捻挫	東京地判 H22.4.12 交民 43-2-507	H15.6.5
123	頸椎捻挫後の頸部緊張感、右手掌部・手背部全体のしびれ、右上肢全体のしびれ並びに頸椎捻挫後の腰部痛、腰のだるさ、両下肢牽引痛及び両下肢のしびれの症状（14 級 9 号）	頸椎捻挫、腰椎捻挫、右肩打撲傷	大阪地判 H23.2.18 交民 44-1-216	H19.1.21
124	左下肢の脱力感、疼痛（14 級）	頸椎捻挫、左肩打撲捻挫	神戸地判 H20.8.26 交民 41-4-1044 自保ジャーナル 1794 号	H14.12.27

性別・年齢（症状固定時年齢）・職業	労働能力喪失率・期間	標準喪失率	備　考
男・不明（64歳）・職業不明	5%・3年	5%	○駐車場内の軽微事故につき、障害発生に与えた影響は、既往の変形性足関節症や頸椎部の癒合椎などの身体的素因および心理的要因が大きいとして、70%の素因減額としつつ、過失相殺（30%）を含み、75%の減額を適用するとした。 ○収入立証資料はなく、弁論の全趣旨から、100万円を基礎年収とした。 ○ 80万円（後遺障害慰謝料）
男・59歳・会社代表	5%・5年	5%	○労働の対価としての収入を420万円と認定し、これを基礎年収とした。 ○他覚所見のない14級9号として労働能力喪失期間を5年とした。 ○ 110万円（後遺障害慰謝料） ○人身傷害保険の保険代位による損害賠償請求の範囲として、弁護士費用の支払を求めることはできないとした。
女・不明・給与所得者	5%・3年	5%	○事故前3ヶ月の実収入に基づき、595万0,960円を基礎年収とした。 ○ 110万円（後遺障害慰謝料）
男・48歳（49歳）・会社役員	14%・17年	14%	○事故年度の実収入（役員報酬）480万円を基礎年収とした。 ○ 290万円（後遺障害慰謝料） ○事故後も役員報酬は減額なく支払われているところ、休業損害に相当する金額を会社が負担しているため、症状固定日までの期間の休業損害（実収入の20%）を会社の損害として認定した。
男・不明・医師	9%・10年	14%	○損害保険料率算出機構認定：14級9号 ○事故前年度の実収入に基づき、2,835万1,030円を基礎年収とした。 ○事故翌年度の収入が事故前年度を上回っていることから、労働能力喪失率を9%とした。 ○ 290万円（後遺障害慰謝料）
女・47歳（47歳）・生活保護を受給しながらヒプノセラピストとして生計を立てていた。	5%・5年	5%	○事故当時の高卒女性（45～49歳）の平均賃金（327万7,200円/年）を基礎 ○ 110万円 ○損害保険料率算出機構認定：併合14級
女・42歳（44歳）・主婦兼不動産業	5%・5年	5%	○ H18賃セ・産計・企計・女性労働者学歴計（343万2,500円・日額9,404円）を基礎 ○ 110万円 ○損害保険料率算出機構認定：14級 ○素因減額：20%（外傷性髄液漏れ、腰椎椎間板狭小症並びに平成18年事故及び平成19年事故による受傷による影響）
女・39歳（41歳）・生保外務員	5%・26年（41～67歳）	5%	○事故前年の年収（463万7,562円）を基礎 ○後遺障害慰謝料110万円 ○損害保険料率算出機構：非該当

判例番号	障害の内容・級	傷　害	裁判所・判決年月日・出典	事故年月日
125	右膝の疼痛（12級13号）、遷延性抑うつ反応（14級9号）、併合12級	右膝後十字靭帯損傷、右肩鎖関節挫傷、インピンジメント症候群、遷延性抑うつ反応、両肘部右膝部肥厚性瘢痕	東京地判 H22.2.17 交民43-1-210	H18.6.6
126	右足関節痛、右足底の痛みの訴え、左足底・左足外側の痛み（併合11級）	右足関節・左足背骨折	神戸地判 H22.5.11 交民43-3-555	H18.1.31
127	左膝の疼痛・不安定性（12級13号）、左肘から左手指にかけての疼痛等（12級）（併合11級）	左膝内半月板損傷、左膝後十字靭帯損傷等	東京地判 H22.10.28 交民43-5-1349	H15.8.11
128	左膝打撲後の左下腿外側痛等14級10号	左膝打撲、左足関節外側靭帯損傷、左下肢外傷後反射性交感神経性萎縮症	東京地判 H20.3.25 交民41-2-440	H12.8.7
129	右膝痛（14級10号）	外傷性外側半月板損傷（右膝）、第4・5胸椎棘突起骨折、頸部・腰部・両肩・胸部・両膝・右手関節・右肘関節挫傷	名古屋地判 H20.4.4 交民41-2-497	H13.12.22
130	頭痛、頸部痛等の神経症状（14級相当）	頸椎捻挫ないしは外傷性頸部症候群	神戸地判 H23.1.24 交民44-1-75	H16.1.14
131	頸部の傷害に起因する局部に頑固な神経症状を残すもの（12級13号）	頸椎捻挫、腰椎捻挫、頸椎椎間板ヘルニア、バレ・リュー症候群	京都地判 H23.2.1 交民44-1-187	H21.4.29
132	頭部痛（14級9号）、左肩痛（12級13号）、併合12級相当	左肘関節打撲、頸部捻挫	神戸地判 H21.4.27 交民42-2-583	H16.9.12
133	頭痛、右手の握力低下等（14級10号）	頭痛、頸椎捻挫、左膝関節捻挫、両膝関節打撲傷、腰部胸部打撲傷、右手の握力低下、不眠症、PTSD、低髄液圧症候群	千葉地判 H21.12.17 交民42-6-1657	H15.11.27
134	頭痛、頸部違和感、耳鳴り、腰部の張る感じ（14級10号）	頸椎捻挫、腰部挫傷	千葉地判 H21.7.16 自保ジャーナル1800号	H14.3.12

性別・年齢（症状固定時年齢）・職業	労働能力喪失率・期間	標準喪失率	備　考
女·33 歳（34 歳？）·宮大工見習	14%・33 年（34 ～ 67 歳）	14%	○H19 賃セ·女·大学·院卒·全年齢（446 万 1,200 円）の 95%を基礎 ○損害保険料率算出機構認定：12 級 13 号 ○370 万円 ○事故当時は宮大工見習いとして年 180 万円の収入を得ていたが、事故後、転職し、H20 には 386 万 7,000 円、H21 には 414 万 0,080 円の収入を得ていた。
男・不明・会社員	20%・30 年	20%	○事故前年度の収入（362 万 1,895 円）を基礎 ○630 万円（一括）
男・30 歳（32 歳）・会社員	17%・35 年	20%	○事故当時の収入（年額 359 万 9,488 円）を基礎 ○650 万円（一括）
男・不明・会社員	5%・5 年	5%	○事故前の実収入に基づき、376 万 6,435 円を基礎年収とした。 ○110 万円（後遺障害慰謝料） ○事故後 7 か月後に診断された左足関節外側靭帯損傷、および、反射性交感神経性萎縮症との因果関係が否定された事例。
女・36 歳（36 歳）・主婦	5%・31 年	5%	○H13 賃金センサス女子学歴計・全年齢平均 352 万円 2,400 円を基礎年収とした。 ○110 万円（後遺障害慰謝料）
女・不明（70 歳）・飲食店手伝い？	5%・3 年	5%	○H19 賃セ·女·産計·企計·学歴計（346 万 8,800 円）の 70%を基礎 ○110 万円 ○損害保険料率算出機構認定：不明
男・36 歳（37 歳）・病院事務職	10%・15 年	14%	○事故前の実収入（既存障害残存下での実収入・593 万 8,316 円）を基礎 ○180 万円 ○損害保険料率算出機構認定：非該当 ○治療費、薬剤費、装具代、通院慰謝料につき 70%の既往症減額 ○本件事故の前に 2 件の事故に遭い、14 級 9 号と認定されていた。
男・72 歳・損害保険代理店代表取締役	14%・6 年（平均余命の 2 分の 1 を超えない 6 年間）	14%	○事故当時の実収入（180 万 5,000 円）を基礎 ○280 万円 ○損害保険料率算出機構：非該当
男・32 歳（33 歳）・調理師	8%・15 年	5%	○実収入相当額（354 万 6,183 円）を基礎年収額とした。 ○130 万円（後遺障害） ○12 級 12 号を主張（自賠責の後遺障害等級認定は 14 級 10 号）
男·62 歳？（62 歳）·タクシー運転手	5%・2 年	5%	○原告の事故前年の年収（282 万 1,998 円）を基礎 ○後遺障害慰謝料 30 万円 ○脊柱管狭窄症に罹患していることから、25%の素因減額

判例番号	障害の内容・級	傷 害	裁判所・判決年月日・出典	事故年月日
135	頭痛、めまい等について14級9号	左足関節骨端線損傷、PTSD、脳脊髄液減少症（低髄液圧症候群）、成長障害、高次脳機能障害	東京地判 H23.3.3 交民 44-2-307	H16.6.5
136	左下肢の疼痛、脱力感14級10号	外傷性頸部症候群、外傷性低髄液圧症候群、線維筋痛症	神戸地判 H20.8.26 交民 41-4-1044	H14.12.27
137	右頸部痛、右上肢のしびれ等の右上肢の神経症状、右上肢の筋力低下や温痛覚麻痺（12級12号）	中心性頸髄損傷、左下腿打撲等	東京地判 H22.3.17 交民 43-2-372	H16.5.4
138	不明 事故当時に通院治療を受けていた頸椎後縦靭帯骨化症の神経症状の悪化	頸椎捻挫、右肩打撲等	東京地判 H22.10.13 交民 43-5-1300	H20.2.28
139	頸部由来の神経症状（14級9号）	頸椎捻挫、椎間板ヘルニア	大阪地判 H21.9.29 交民 42-5-1260	H19.2.16
140	第四、五、六頸椎神経根症（12級）	頸椎捻挫、腰部打撲傷	東京地判 H21.11.4 交民 42-6-1456	H14.6.10
141	背部の疼痛等（14級9号）	頸椎捻挫、左耳孔内異物等	広島高松江支判 H21.11.4 自保ジャーナル 1810-2	H14.9.28
142	腰痛（14級9号）	外傷性頸部捻挫、右股関節打撲、腰部打撲及び頭部打撲	大阪地判 H20.3.11 交民 41-2-283	H18.6.22
143	腰痛、右下肢の疼痛（14級10号）	頸椎捻挫、外傷性頸部症候群、腰椎打撲、腰椎椎間関節捻挫	東京地判 H22.10.28 交民 43-5-1377	H12.2.19
144	腰痛、左臀部痛、左大腿後部（付け根付近）の痛みという神経症状（14級）	腰椎・頸椎挫傷、両膝挫傷	名古屋地判 H21.1.23 交民 42-1-38 自保ジャーナル 1796号	H15.10.19

性別・年齢（症状固定時年齢）・職業	労働能力喪失率・期間	標準喪失率	備　考
男・8歳（9歳）・小学生	5%・49年（58年のライプニッツ係数−9年のライプニッツ係数）	5%	○H17賃金センサス男性・全年齢平均552万円3,000円を基礎年収とした。 ○110万円（後遺障害慰謝料） ○脳脊髄液減少症を国際頭痛分類第二版（ICHD-II）、日本神経外傷学会の診断基準に沿って否定した。PTSDは受傷態様、高次脳機能障害は画像所見、出現時期等、成長障害は身長・体重の推移等から、後遺障害を否定した。
女・不明（41歳）・生保外交員	5%・26年	5%	○自賠責保険では非該当と判断されていた。 ○実収入に基づき、463万7,562円を基礎年収とした。 ○110万円（後遺障害慰謝料） ○低髄液圧症候群につき、現時点では脳神経学会の脳脊髄液減少症ガイドライン2007の基準で判断するには躊躇するとし、国際頭痛分類第二版の診断基準に基づいて否定された。線維筋痛症については、原因がそもそも不明であり、2年4か月以上経過して出現したという経過からも因果関係を否定された。一方で、左下肢症状には一貫性があるとして14級10号が認定された。
男・43歳（44歳）・会社員	14%・23年（44～67歳）	14%	○実収入（事故前5日間平均1万2,840円/日）を基礎 ○290万円 ○損害保険料率算出機構認定：12級12号 ○素因減額：40%（従前から頸部脊柱管狭窄症の既往あり）
男・66歳・無職			○110万円 ○事故当時に通院治療を受けていた頸椎後縦靭帯骨化症について、事故後、神経症状が悪化し生活等への支障も生じたとして、神経症状悪化をもって後遺障害として認定。
男・65歳（66歳）・会社代表取締役	5%・2年（～67歳）	5%	○事故前の実収入（480万円） ○110万円（後遺障害）
男・32歳（37歳）・会社員	14%・30年（～67歳）	14%	○賃金センサス（産業計・企業規模計、学歴計、男子労働者、35～39歳、571万0,500円）を基礎 ○290万円
男・33歳（34歳）・会社員	5%・33年	5%	○実収入（19万4,166円/月）を基礎 ○260万円（傷害・後遺障害共通）
男・53歳・建設業者	5%・5年	5%	○H18賃セ・産計・企計・男・学計・50～54歳（687万5,000円）を基礎 ○後遺障害慰謝料110万円 ○自賠責保険：14級9号
女・不明（38歳）・大学院生	5%・5年	5%	○博士号を有しない大学同期生の年収相当額（1,500万円）を基礎 ○290万円（一括）
男・不明（38歳）・外科医	5%・10年	5%	○H14～H15の収入額の平均値（1,660万5,707円）を基礎 ○後遺障害慰謝料180万円

判例番号	障害の内容・級	傷　害	裁判所・判決年月日・出典	事故年月日
145	腰痛14級9号、頸部痛等14級9号により、併合14級	頸部挫傷、腰部挫傷、外傷性廃用症候群	名古屋地判 H20.12.10 交民41-6-1601	H14.9.10
146	左上肢の筋力低下、知覚異常、頭痛、頸部痛、自律神経症状（12級13号）	頸部挫傷、胸部・腰背部挫傷	名古屋地判 H22.3.19 交民43-2-419	H12.8.29
147	右上肢の知覚障害（12級13号）	頸部・踵部・背部挫傷、頭部打撲、右膝・左膝・左右足部打撲、左肩・左肘部打撲	東京地判 H21.11.25 交民42-6-1549	H15.12.26
148	腰部、左臀部、左大腿部の各局部における神経症状（14級）	腰椎・頸椎挫傷、両膝挫傷	名古屋地判 H21.1.23 交民42-1-38	H15.10.19
149	頸部から右上肢にかけてと、腰部から右下肢にかけて、それぞれ局部に神経症状を残すもの（併合14級）	頸椎捻挫、腰椎捻挫	東京地判 H23.2.3 交民44-1-197	H19.9.9
150	左手足のしびれや背部痛、胸部痛等の神経症状（14級10号）	頸椎捻挫、腰臀部打撲	東京地判 H22.3.4 交民43-2-279	H15.7.31
151	局部に神経症状を残すもの（14級相当）	頸椎捻挫、腰椎捻挫、右前腕打撲、右手尺骨神経知覚枝損傷	大阪地判 H21.3.24 交民42-2-418	H18.6.17
152	局部に神経症状を残すもの（14級）	頸椎捻挫、腰椎捻挫	東京地判 H21.3.30 交民42-2-491	H14.10.16
153	左下肢の痛み（局部に神経症状を残すもの）、14級10号	左下腿打撲、左膝挫傷、右側腹部挫傷	大阪地判 H21.4.9 交民42-2-534	H15.9.24

性別・年齢（症状固定時年齢）・職業	労働能力喪失率・期間	標準喪失率	備考
男・不明（41歳）・会社役員	5%・26年	5%	○損害保険料率算出機構の認定では、腰痛14級10号、頸部痛等は昭和58年に14級の認定歴があるため、自賠法施行令第2条2項の加重に至らず非該当とされていたが、昭和58年の症状が平成14年まで残存しているとは認められず、頸部痛等につき14級が認定されたもの。 ○航空測量を業とする会社代表ではあるが、航空測量の技術者は原告のみという実情から、役員報酬390万円全部を労働の対価として捉え、基礎年収とした。 ○100万円（後遺障害慰謝料）
男・37歳（38歳）・会社員	14%・29年（38～67歳）	14%	○H11の実収入（355万1,543円/年）を基礎 ○290万円 ○損害保険料率算定機構：非該当 ○素因減額：0%（後遺障害に関しては心因的要素の影響は乏しいと考えられること、椎間孔狭窄という素因は通常の経年的な変化によって生じるものであり、特別な素因とまではいえない）
男・58歳（58歳）・左官見習い	14%・11年（平均余命の2分の1）	14%	○事故前の収入（年額290万6,676円）を基礎 ○290万円
男・38歳・外科医師	5%・10年	5%	○事故前年と事故当時の年収の平均値（1,660万5,707円）を基礎 ○180万円
女・30歳（31歳）・求職中	5%・5年	5%	○H11賃セ・産計・企計・女子労働者・学歴計・全年齢（345万3,500円）を基礎 ○110万円 ○損害保険料率算出機構認定：14級10号（現行14級9号？）
男・63歳（64歳）・個人タクシー運転手	5%・5年	5%	○事故前年の売上額（256万3,800円）を基礎 ○240万円（一括）
男・38歳（39歳）・職業不明	5%・5年	5%	○事故前年の年収（563万0,081円）を基礎 ○110万円 ○損害保険料率算出機構認定：前回事故による後遺障害等級14級（局部に神経症状を残すもの）との認定歴を有し自賠法施行令上の「加重障害」の要件を充足しないとして、非該当 ○自賠法施行令上の「加重障害」の要件を充足しなければ逸失利益が認められないというわけではなく、本件事故当時は前回事故による既存障害は治癒していたと認定するのが相当であるとして、既存障害による減額ないし労働能力喪失率の低減をしなかった。
男・不明・パイロット	5%・10年	5%	○事故前年の実収入（1,876万0,172円）を基礎 ○180万円 ○損害保険料率算出機構認定：14級10号
女・25歳・派遣会社スタッフ	5%・15年	5%	○H16賃セ・産計・企計・女・学計・全年齢（350万2,200円）を基礎 ○130万円 ○損害保険料率算出機構認定：14級

判例番号	障害の内容・級	傷　害	裁判所・判決年月日・出典	事故年月日
154	局部神経症状（14級10号）	全身打撲、頸椎捻挫、左股関節捻挫（左股関節痛）、腰部挫傷	東京地判 H22.6.3 交民43-3-729	H13.11.6
155	左上下肢の神経症状（14級10号）	外傷性頸部症候群等	神戸地判 H21.6.24 交民42-3-774	H15.12.23
156	左手関節部外側前腕皮神経障害による左手関節部の疼痛(14級)	左橈骨遠位端関節内骨折、左頭骨下端骨折、左肘打撲、左手関節部橈骨神経浅枝癒着、左手関節周囲炎、頸椎捻挫	東京地判 H21.7.21 交民42-4-910	H13.4.28
157	安静時の腰痛、両下肢外側のしびれ感、両足首より先のしびれ感（14級9号相当）	外傷性坐骨神経痛、神経因性疼痛、根性腰痛症	大阪地判 H22.8.25 交民43-4-1010	H17.3.9
158	【被害者1】神経症状(14級9号) 【被害者2】神経症状(14級9号)	【被害者1】 頸椎捻挫、左股関節捻挫、腰椎捻挫、右肩打撲 【被害者2】 右肩打撲、右胸部打撲、右肋軟骨損傷	大阪地判 H22.8.26 交民43-4-1042	H18.11.7
159	上肢や下肢の頑固な痛み等の神経症（12級12号）	左鎖骨骨折、脳震盪、頭部打撲、全身打撲、両手足擦過症、両膝挫傷、むち打ち損傷	東京地判 H21.9.10 交民42-5-1163	H12.7.22
160	局部に神経症状を残すもの（14級9号）	頸椎捻挫（第七頸椎骨折）	大阪地判 H22.11.17 交民43-6-1401	H20.5.29
161	他覚的所見を伴う「頑固な神経症状を残すもの」(12級該当)	皮膚変化等	大阪地判 H22.11.25 交民43-6-1512	H19.3.29
162	右手関節痛、自動痛(14級10号)	右手首捻挫、打撲傷、右橈骨遠位端骨折疑い	東京地判 H21.8.24 交民42-4-1044	H16.6.14
163	右手指しびれ14級9号（右肩関節の機能障害は非該当）	頸椎捻挫、右腕神経不全損傷	名古屋地判 H23.8.19 交民44-4-1086	H18.9.14
164	右母指の痛み等（12級）	左眼窩内側壁骨折、慢性副鼻腔炎、アレルギー性鼻炎、頬部知覚異常、外傷性左顔面痛、顔面打撲症、外傷性左上顎神経痛、右母指末節骨基部裂離骨折、右母指外傷性拘縮症、左膝外側半月板損傷等	佐賀地判 H22.2.25 交民43-1-258	H16.11.4

性別・年齢（症状固定時年齢）・職業	労働能力喪失率・期間	標準喪失率	備　考
男・24歳（27歳）・美容師見習い	5%・40年	5%	○平成16年男性労働者平均賃金（542万7,000円）を基礎 ○ 360万円（一括）
女・39歳？（41歳）・ピアノ講師兼主婦	5%・5年	5%	○ H17賃金センサス産業計・企業規模計・学歴計・女性全年齢平均343万4,400円 ○ 110万円（後遺障害） ○被害者は低髄液圧症候群及び高次脳機能障害の残存を主張
男・不明・会社員	5%・5年	不明	○事故前の収入（年額524万3,329円）を基礎 ○ 110万円（後遺障害） ○判決文中に等級に言及はないが、認定内容から14級を前提としていると思われる。
男・不明（41歳）・会社員	5%・15年	5%	○事故当時の実収入（422万7,230円）を基礎 ○ 397万円（一括）
【被害者1】 女・不明（43歳）・保険外交員兼主婦 【被害者2】 女・不明（65歳）・専業主婦	【被害者1】 5%・5年 【被害者2】 5%・5年	5%	【被害者1】 ○平成19年の女性労働者・年齢対応平均賃金額（389万7,800円）を基礎 ○ 210万円（一括） 【被害者2】 ○平成19年の女性労働者・年齢対応平均賃金額（274万4,400円）を基礎 ○ 210万円（一括）
男・29歳（31歳）・大学院生	14%・36年	14%	○ H14賃金センサス男子大卒全年齢平均674万4,700円を基礎年収とした ○ 290万円（後遺障害慰謝料）
女・35歳（35歳）・ダンサー	5%・5年 （35〜40歳）	5%	○ H20賃セ・産計・企計・学歴計・女性35〜39歳平均賃金（385万1,400円）を基礎 ○ 1100万円 ○損害保険料率算出機構認定：14級 ○公的な所得証明等がなかったことを理由に基礎収入を実収入でなく賃金センサスで判断した。
女・22歳？（23歳）・専業主婦	14%・44年 （23〜67歳）	14%	○ H20女性労働者・学歴計・全年齢平均賃金（349万9,900円）を基礎 ○ 400万円 ○損害保険料率算出機構認定：不明
男・34歳（36歳）・国家公務員	5%・3年	5%	○事故当時の年収（564万8,838円） ○ 110万円（後遺障害）
男・38歳（38歳）・航空機組立等の期間従業員	5%・29年	5%	○損害保険料率算出機構認定：非該当。 ○事故当時の年収に照らし、350万円を基礎年収とした。 ○ 110万円（後遺障害慰謝料）
女・60歳（62歳）・主婦	14%・10年	14%	○ H17賃セ・女・学計・60〜64歳（281万1,200円）を基礎 ○ 290万円 ○損害保険料率算出機構認定：12級13号

判例番号	障害の内容・級	傷　害	裁判所・判決年月日・出典	事故年月日
165	頭痛、頸部痛、両肩痛、易疲労等の症状（14級相当）	頭部・全身打撲、頸椎捻挫及び腰椎捻挫	東京地判 H22.1.27 交民 43-1-31	H15.4.28
166	頸部及びその周辺に痛み痺れなどの神経症状（14級相当）	頸部捻挫、腰部捻挫等	京都地判 H22.8.19 交民 43-4-1003	H18.1.27
167	頸部・両肩・両下肢局部に神経症状を残すもの（併合14級）	頸部痛、両足のしびれ、腰痛	大阪地判 H22.9.24 交民 43-5-1222	H19.8.8
168	左膝の動揺性12級7号、左眼窩の線状痕12級14号、左頬のしびれ14級9号により、併合11級	左頬骨骨折、左膝複合靭帯損傷	名古屋地判 H23.7.2 交民 44-4-975	H16.8.29
169	ふらつき等12級13号、そしゃく障害12級相当、耳鳴り14級相当により、併合11級	急性硬膜外血腫、脳挫傷、頭蓋底骨折、髄液耳漏、右下腿骨折、肺挫傷	岡山地判 H23.3.2 交民 44-2-297	H17.5.26

⑧ 眼・耳・鼻・口

判例番号	障害の内容・級	傷　害	裁判所・判決年月日・出典	事故年月日
170	耳鳴り等の聴覚障害（12級）、項部痛、頭痛（14級）、併合12級	頸部捻挫（項部痛、頭痛、耳鳴り、右聴力低下）、右側顎関節症	岡山地判 H21.8.27 交民 42-4-1112	H17.2.2
171	右耳小骨離断との受傷に起因する症状と捉えられる難聴及び耳鳴り（14級相当）	右橈骨遠位端粉砕骨折、右尺骨茎状突起骨折、両下腿挫創、頭蓋底骨折、脳挫傷、両肺挫傷、右耳小骨離断	東京地判 H22.1.18 交民 43-1-1	H15.8.30
172	事故前の障害等級11級程度の難聴が事故後9級に増悪	不明	名古屋地判 H22.5.14 交民 43-3-608	H18.10.1
173	難聴（11級）	頸椎捻挫、右上肢不全麻痺、混合難聴、耳鳴り症	岡山地判 H21.5.28 交民 42-3-692	H17.2.19

性別・年齢（症状固定時年齢）・職業	労働能力喪失率・期間	標準喪失率	備　考
男・32歳（37歳）・営業職会社員	5%・5年	5%	○事故当時の年収（349万0,761円）を基礎 ○損害保険料率算出機構認定：14級10号 ○110万円 ○素因減額：50%（父親との葛藤を契機に発症した神経症性うつという原告の既往症が寄与）
男・不明（69歳）・給与所得者	3%・3年	5%	○事故当時の年収（278万円）を基礎 ○175万円（一括）
女・39歳・風俗業経営	5%・5年	5%	○H19賃セ・35歳～39歳女性労働者平均賃金382万7,800円を基礎（無店舗型性風俗特殊営業を経営し、事故の起こった年まで一度も確定申告をしていなかった） ○220万円（一括）
男・不明（26歳）・会社員	19%・18年 14%・23年 （41年のライプニッツ係数−18年のライプニッツ係数）	20%	○線状痕は労働能力に影響は与えないため慰謝料で斟酌すること、左頬のしびれは神経症状であるため18年後には影響しないことを前提として、左記の労働能力喪失率・喪失期間とした。 ○事故前3ヶ月の実収入に基づき、428万8,112円を基礎年収とした。 ○500万円（後遺障害慰謝料）
男・28歳（30歳）・医師	20%・37年	20%	○実収入相当額（1,603万4,052円）を基礎年収額とした。 ○500万円（後遺障害慰謝料　内科医であることを考慮）

性別・年齢（症状固定時年齢）・職　業	労働能力喪失率・期間	標準喪失率	備　考
女・40歳（41歳）・会社員（パートタイム勤務）	14%・25年（～67歳）	14%	○症状固定時の実収入（年額340万円）を基礎（事故後、症状固定時までに正社員となったため） ○290万円（後遺障害）
男・21歳（25歳）・就労を開始したばかりの調理師	5%・42年（25～67歳）	5%	○H19賃セ・男・全年齢（554万7,200円）を基礎 ○110万円 ○損害保険料率算出機構認定：14級相当
男・不明（45歳）・給与所得者	35%から既存の喪失率20%を減じた15%・22年	35%	○既存障害の状態で得ていた事故当時年収240万円を0.8で除した300万円を基礎 ○432万円（一括） ○事故前の素因に本件事故による外傷・ストレスが誘因となって高度の難聴が発症したが、慰謝料算定には既往症が存在することを前提に重くなった部分を考慮して算定しているとして素因減額を認めなかった。
男・28歳？（28歳）・航空機の燃料補給業	20%・39年	20%	○事故前の収入（年295万5,442円）を基礎収入とした。 ○420万円（後遺障害） ○脳脊髄液減少症を国際頭痛分類第二版（ICHD-II）、日本神経外傷学会の診断基準に沿って否定した。頸部症状をケベック分類グレードIIIに該当するとして12級とした。

判例番号	障害の内容・級	傷　害	裁判所・判決年月日・出典	事故年月日
174	右目網膜中心静脈閉塞症の発症とその後の右目失明(10級相当)	眼底出血、右目網膜静脈分岐閉塞症、右目網膜中心静脈閉塞症	岡山地判 H22.3.30 交民 43-2-497	H17.3.27
175	左目の障害（眼球摘出による失明）及び右目の視力低下（7級1号)、左目瞼の障害(11級3号)、脳挫傷（12級12号)、左頬部知覚障害（12級12号)、外貌の瘢痕（14級10号)、併合6級	外傷性くも膜下出血、左眼球破裂、左頬骨骨折、頸椎椎体骨折、脳挫傷	東京地判 H21.12.10 交民 42-6-1600	H7.3.7

⑨ 形状障害（脊柱の変形、四肢・体幹変形、下肢短縮等）

判例番号	障害の内容・級	傷　害	裁判所・判決年月日・出典	事故年月日
176	脊柱の変形障害11級7号、左手しびれ12級13号により、併合10級	頸椎亜脱臼、第7頸椎骨折	東京地判 H20.12.4 交民 41-6-1566	H16.11.8
177	脊柱の変形障害11級7号、外傷性頸部症候群12級、精神障害14級等により、併合10級	第12胸椎圧迫骨折、外傷性頸部症候群（頭痛、肩背部痛、右手しびれ)、脳脊髄液減少症、強迫性障害	福岡地判 H20.9.11 交民 41-5-1274	H13.6.23
178	脊柱の奇形障害（11級7号)、派生的な症状として、腰痛などが残存	第12胸椎圧迫骨折	名古屋地判 H22.7.2 交民 43-4-835	H18.11.8
179	脊柱の変形障害11級7号	第3腰椎圧迫骨折等	大阪地判 H23.7.13 交民 44-4-908	H17.12.8
180	脊柱変形（7級）	多発脊椎骨折、胸骨圧迫骨折等	横浜地判 H20.8.14 自保ジャーナル1773号	H17.3.9
181	脊柱変形（11級)、1指用廃（12級)、併合10級	頭蓋骨骨折等	横浜地判 H21.6.10 自保ジャーナル1811号	H16.8.17

性別・年齢（症状固定時年齢）・職業	労働能力喪失率・期間	標準喪失率	備　考
男・73歳（74歳）・不動産仲介業会社代表者、宅地建物取引主任者資格	28％・5年（平均余命の2分の1）	27％	○ H17賃セ・男・65歳以上（352万7,200円の2分の1である176万3,600円）を基礎 ○ 500万円 ○損害保険料率算出機構認定：非該当 ○素因減額：40％（糖尿病及び高血圧症の既往症、右目網膜中心静脈閉塞症の発症については、高血圧、血液等の循環器の異常と深く関連しているところ、失明は、既往症が原因となって発生したといえる場合があるので民法722条2項を類推適用。）
男・不明（43歳）・旧公団勤務	～定年60歳：25%、 60～67歳：60%・34年	67％	○～定年（60歳）までは症状固定時の前年の収入（年額1,033万6,634円）、それ以降は平成15年賃金センサス（男子労働者・全学歴・全年齢平均、547万8,100円）を基礎 ○ 1,200万円

性別・年齢（症状固定時年齢）・職　業	労働能力喪失率・期間	標準喪失率	備　考
男・不明（24歳）・大学中退（アルバイト）	27％・43年	27％	○実収入、事故後の専門学校への通学等より、H17賃金センサス全年齢平賃487万4,800円を基礎年収とした。 ○ 550万円（後遺障害慰謝料）
男・不明（35歳）・家事手伝い兼ラーメン店勤務	27％・32年	27％	○本人の経歴や事故前の就労状況を踏まえH16賃金センサス男子学歴計全年齢平賃542万7,000円を基礎年収とした。 ○ 600万円（後遺障害慰謝料） ○脳脊髄液減少症を国際頭痛分類第二版（ICHD-II）、日本神経外傷学会の診断基準に沿って否定した。頸部症状をケベック分類グレードIIIに該当するとして12級とした。
男・30歳（31歳）・国税調査官	14％・36年	20％	○税務職の国家公務員の推計年間給与額（739万6,999円）を基礎 ○ 512万円（一括）
男・不明（34歳）・競輪選手	35％・1年 20％・32年	20％	○実収入に基づき、445万8,100円を基礎年収とした。 ○症状固定日以降1年間：競輪選手の特殊性、事故後の出走状況等を踏まえ、35％の労働能力喪失率とした。 ○症状固定日後2年目以降：競輪選手として活動するわけではないことを前提に、20％の労働能力喪失率とした。 ○ 550万円（後遺障害慰謝料）
男・33歳（34歳）・会社員	45％・33年（34～67歳）	56％	○本件事故発生時の年収（494万2,337円）を基礎 ○後遺障害慰謝料1,500万円 ○自賠責：7級
男・20歳（22歳）・大学生	14％・45年（22～67歳）	27％	○ H16賃セ・男・大卒者（657万4,800円）を基礎 ○後遺障害慰謝料550万円

判例番号	障害の内容・級	傷害	裁判所・判決年月日・出典	事故年月日
182	脊柱の変形（11級7号）、臀部・仙尾骨痛及び臀部違和感（14級10号）、併合11級	第1・3腰椎圧迫骨折、仙尾骨骨挫傷、臀部打撲等	東京高判 H20.10.29 横浜地判 H19.2.22 自保ジャーナル1767号	H15.8.16
183	脊柱の変形障害11級7号、右肩関節の機能障害10級10号等により、併合9級	第8胸椎破裂骨折、右肋骨多発骨折、第7頸椎椎弓骨折、右肩甲骨骨折	名古屋地判 H23.6.24 交民44-3-809	H18.9.23
184	脊柱に運動障害を残すもの（8級2号）	頸椎骨折	名古屋地判 H22.11.10 交民43-6-1432	H20.5.23
185	左下肢が1センチメートル以上短縮（13級8号に相当）、骨盤骨折に起因して、左足の股関節部分や左大腿部に常時疼痛を有しており、局部に頑固な神経症状を残しているもの（12級13号相当）、これらを総合すると併合11級相当	骨盤（寛骨臼）骨折、左足関節内顆骨折、頭部外傷及び左下腿挫傷等	大阪地判 H22.1.27 交民43-1-64	H18.7.30
186	右下腿の変形12級8号、右下肢の醜状14級5号により、併合12級	右下腿開放骨折、全身打撲	東京地判 H23.6.29 交民44-3-841	H19.12.11
187	頸椎前方固定術による脊柱の変形障害11級7号、手術のための腸骨骨採取による骨盤骨の変形障害12級5号、しびれ等14級10号、併合10級	頸椎椎間板ヘルニア	東京地判 H20.7.25 交民41-4-945	H15.1.3
188	脊柱の変形障害11級7号	第12胸椎圧迫骨折、頸部挫傷等	東京地判 H20.9.4 交民41-5-1202	H18.7.20

性別・年齢（症状固定時年齢）・職業	労働能力喪失率・期間	標準喪失率	備考
男・61歳？（62歳）・板金業	10%・5年（62～67歳）	20%	○事故前年と事故当年の年収を基本としつつもH12～H18までの所得金額の変遷の状況をも参酌した上で算定した520万円を基礎 ○後遺障害慰謝料210万円
男・60歳（62歳）・トラック運転者	35%・10年	35%	○損害保険料率算出機構の認定では、右肩関節の機能障害の評価はなく、右肩甲骨の変形障害12級5号と脊柱の変形障害により、併合10級となっていた。労災保険の資料により、右肩関節の機能障害が評価された。 ○休業損害資料に信憑性がなく、申告所得額をもとに実収入相当額（206万6,038円）を基礎年収額とした。 ○690万円（後遺障害慰謝料）
男・61歳？（62歳）・無職	50%・10年	45%	○H20賃セ・産計・企計・学歴計・60ないし64歳の年齢別男子賃金（435万3,400円）の5割を基礎収入として平均余命の半分の10年間を逸失利益とした。 ○810万円 ○損害保険料率算出機構認定：8級2号 ○定年退職後に事故にあった被害者について、直ちに就労の蓋然性があったと認めることは難しいものの、将来就労することはありうることとした。
女・23歳（25歳）・飲食店勤務	14%・30年	20%	○事故前3か月の平均収入を基に年額（256万2,156円）を基礎 ○ワーキングホリデー中の事故であり、症状固定時は就労ビザで滞在しているものの、今後近いうちに母国に帰国を予定しており、今後の就労や収入等の予定は不明であり、逸失利益は、計算上の逸失利益の7割とするのが相当である。 ○400万円 ○今後少なくとも2回は人工股関節置換手術が必要であると考えられ、1回あたり200万円として将来の治療費を132万4,400円認めた（ライプニッツ方式により中間利息を控除して算定）。
女・6歳（8歳）・小学生	14%・49年（59年のライプニッツ係数−10年のライプニッツ係数）	14%	○H21賃金センサス男女労働者平均賃金470万5,700円を基礎年収とした。 ○350万円（後遺障害慰謝料　女子の下肢の醜状を考慮）
男・不明（35歳）・会社員	20%・31年（32年のライプニッツ係数−1年のライプニッツ係数：1年間服役のため）	27%	○骨採取による骨盤骨の変形障害は労働能力の喪失はないとして、11級分の労働能力喪失率とされた。 ○実収入に基づき、278万7,269円を基礎年収とした。 ○550万円（後遺障害慰謝料）
男・不明（52歳）・タクシー運転手	20%・15年	20%	○事故前の実収入に基づき、405万5,944円を基礎年収とした。 ○620万円（傷害慰謝料、後遺障害慰謝料を合算） ○加害者側が飲酒運転による事故であり、加害車の同乗者にも損害賠償責任を認めた事例。

判例番号	障害の内容・級	傷　害	裁判所・判決年月日・出典	事故年月日
189	腰痛、左下腿しびれ（12級）、腸骨からの採骨（12級）、併合11級	頸椎捻挫、背部・腰部打撲、右膝打撲、腰椎分離症	京都地判 H21.12.16 交民 42-6-1648	H15.11.11
190	下肢の動揺関節変形（10級10号）、腸骨採取後の骨盤骨の変形（12級5号）、併合9級	右大腿骨近位端粉砕骨折等	神戸地判 H21.7.27 交民 42-4-929	H11.1.19
191	右腕神経叢損傷による右上肢の機能障害につき、右肩関節や肘関節の可動域、前腕の神経症状を含み8級相当、右鎖骨の変形障害12級5号	右鎖骨骨折、右腕神経叢損傷等	大阪地判 H20.12.24 交民 41-6-1664	H14.7.24
192	併合9級（右股関節の機能障害12級7号、右膝痛につき14級9号、歯牙障害につき10級4号、外貌醜状につき14級10号（なお、歯牙障害及び外貌醜状については併合12級））	右膝蓋骨骨折、左大腿骨転子下骨折、顔面多発骨折、口唇裂傷、外傷性脱臼等	東京地判 H22.10.13 交民 43-5-1287	H16.10.26
193	右鎖骨の変形（12級5号）、右肩関節可動域制限2分の1以下（10級10号）、併合9級	右鎖骨骨折、右肩甲骨骨折、右多発肋骨骨折、右肩腱板損傷、右膝挫創、右腸骨部挫傷、腰椎捻挫等	京都地判 H22.11.25 交民 43-6-1527	H18.8.12
194	右足関節（用廃）・膝関節（著障）・足指（全廃）の機能障害6級相当、骨盤骨の変形障害12級5号等により、併合5級	右下腿開放骨折、右足関節外果骨折、コンパートメント症候群	大阪地判 H20.9.8 交民 41-5-1210	H12.2.13

性別・年齢（症状固定時年齢）・職業	労働能力喪失率・期間	標準喪失率	備　考
男・不明（25歳）・飲食店勤務（調理師）	14%・15年	14%	○平成18年賃金センサス（男性労働者高卒25～29歳、375万0,500円） ○ 400万円
不明・不明（38歳）・会社員	27%・29年（～67歳）	35%	○平成10年賃金センサス（産業計・企業規模計・高卒、405万1,800円） ○ 640万円 ○骨盤骨変形は労働能力の喪失に直接結びつかないと判断し10級の労働能力喪失率を採用。
女・不明（29歳）・高校事務職員	45%・38年	56%	○自賠責では、右上肢の機能障害につき、右肩関節の機能障害10級10号を認定するにとどまったが、訴訟上の判断として、自賠責保険の認定基準の適用日（労災保険の基準改定日）による制約を受けないとして、左記の認定を行った。 ○鎖骨の変形障害は右上肢の機能障害の労働能力喪失率に包含されること、外貌の醜状障害は労働能力の喪失を伴わないことから、45%の労働能力喪失率とされた。 ○ H16賃金センサス女子全年齢平賃350万2,200円を基礎年収とした。 ○ 900万円（後遺障害慰謝料） ○通院交通費等の損害項目について、追加的に増額し、請求の拡張を行ったことにつき、消滅時効の抗弁がなされたのに対し、裁判上の請求による時効中断の効力は、一部請求であることが明示されたときはその範囲にのみ及ぶが、明示がない場合は債権の同一性の範囲内でその全部に及ぶから、増加額分においても時効中断の効力が及ぶと判示した。
男・不明（35歳）・大学生（外国人）	14%・32年	35%	○年額230万円（大学院卒以上の初任給と管理職の給与との平均値）を基礎（中国の日系企業における現地社員の給与を参考） ○ 930万円（一括）
女・61歳？（62歳）・給与所得者	30%・12年（62～標準労働可能年数12年）	35%（9級）27%（10級）	○源泉徴収票による事故前年の収入（231万5,228円）を基礎 ○ 670万円 ○損害保険料率算出機構認定：併合9級（右鎖骨の変形12級5号、右肩関節可動域制限2分の1以下10級10号） ○手術を断ったことを素因減額の根拠としなかった。
男・34歳（37歳）・会社員（大学生）	52%・30年	79%	○事故前の実収入に基づき、776万6327円を基礎年収とした。 ○ 1,400万円（後遺障害慰謝料） ○腸骨骨採取による骨盤骨の変形は労働能力喪失を伴わないこと、事故後の年収も増加していることから、労働能力喪失率を52%とした。 ○事故当時通学していた短大の学費キャンセル料を損害として認定した。

判例番号	障害の内容・級	傷害	裁判所・判決年月日・出典	事故年月日
195	右膝の関節が用を廃したもの（8級7号）、右下肢が1cm短縮したもの（13級8号）、併合7級	右膝複雑骨折等	大阪地判 H20.10.14 自保ジャーナル1793号	H15.3.1

⑩ 醜状障害（瘢痕・手術痕等）

判例番号	障害の内容・級	傷害	裁判所・判決年月日・出典	事故年月日
196	顔面外貌醜状等（7級12号）、右下肢の線状痕等	頭蓋骨骨折、頸椎捻挫、頭部挫傷、顔面外傷後瘢痕拘縮等	名古屋地判 H22.12.8 交民43-6-1634	H19.7.1
197	外貌醜状（14級11号）、左下肢の神経症状（12級12号）	不明	東京地判 H21.4.22 自保ジャーナル1805-16	H13.10.1
198	外貌の醜状障害7級12号	頭部挫創	東京地判 H20.7.22 交民41-4-935	H18.6.29
199	外貌の醜状障害7級12号、下肢の醜状障害12級相当、歯牙障害14級2号より、併合6級	上顎骨折、頬骨骨折、顔面挫傷、顔面神経損傷、顔面皮膚欠損等	大阪地判 H20.10.28 交民41-5-1369	H16.12.8
200	顔面外傷性瘢痕（7級12号）	右肩関節脱臼、顔面の外傷性瘢痕及び外傷性歯牙破損	名古屋地判 H21.8.28 交民42-4-1118	H16.2.12
201	右頬部と左白唇部の線状痕及びオトガイ部の瘢痕（12級14号）	右肺挫傷、右血気胸、右第六肋骨骨折、顔面多発挫傷、右肘打撲等	京都地判 H22.10.14 交民43-5-1306	H18.3.21

性別・年齢（症状固定時年齢）・職業	労働能力喪失率・期間	標準喪失率	備　考
女・67歳（72歳）・組合事務員	45%・7年（症状固定時点における原告の年齢72歳の平均余命（15年）の約2分の1）72～79歳）	56%	○事故当時の年収額（172万7,500円）を基礎 ○後遺障害慰謝料1,030万円

性別・年齢（症状固定時年齢）・職業	労働能力喪失率・期間	標準喪失率	備　考
女・不明（20歳）・大学生	67歳まで20%	56%	○H20女子大卒全年齢平均賃金(438万4,300円)を基礎 ○1,100万円（一括）
男・51歳（54歳）・有限会社肉店代表	14%・13年	14%	○実収入（690万9,000円/年）を基礎 ○110万円（後遺障害）
女・不明（27歳）・旅行会社添乗員	10%・10年	56%	○H18賃金センサス大卒女性労働者平賃440万1,100円を基礎年収とした。 ○1,250万円（後遺障害慰謝料：加害者の酒気帯び、ひき逃げ、被害者の年齢、就職までの経緯等を考慮）
女・不明（25歳）・父経営の中華料理店勤務	記載なし	67%	○瘢痕の程度からすると、精神的負担や仕事に対する萎縮的効果は過小評価することはできないものの、原告主張の56%の逸失利益は認められないとして、予備的主張の696万円（人身傷害補償条項61に基づき、自賠責保険金額1,296万円から後遺障害慰謝料として請求する600万円を控除した金額）を逸失利益とした。 ○600万円（後遺障害慰謝料） ○原告は自己が保有する車両の同乗者で、当該車両には運転者家族限定特約が付されていたところ、無免許の同居人が運転中に事故が発生したもの。「内縁の配偶者」にあたるかどうかが争点となったが、同居期間は1ヶ月であったものの、婚姻意思は明確であり、共同生活の実態から内縁関係が肯定された。また、被保険者が無免許中に生じた事故であるから免責事由にあたるかが争点となったが、「人身傷害補償条項の規定は、それぞれ被保険者ごとに個別に適用します」とされていることから、同乗者の被保険者に免責事由がない以上、免責は認められなかった。
女・不明（22歳）・ホステス	13年（22歳～35歳）：56%、その後32年：25%	56%	○13年：事故当時の年収（477万1,280円）、その後32年：平成17年度賃金センサス（女性労働者全年齢（343万4,400円）を基礎 ○940万円（後遺障害）
男・不明（45歳）・トラック運転手	不明	14%	○730万円（一括）

判例番号	障害の内容・級	傷　害	裁判所・判決年月日・出典	事故年月日
202	左頬骨の変形、顔面の醜状痕（12級）、顔面局部の頑固な神経症状（12級12号）	頭部外傷、左眼窩骨折、左頬骨骨折、左下顎骨骨折、右上中切歯の失活歯、左上臼歯インプラントのアパッチメントのネジの破折、左下第二小臼歯折等	神戸地判 H21.3.25 交民 42-2-426	H16.1.27
203	右足デグロービング損傷、右第一趾骨折に伴う右足第一ないし四指の機能障害（11級9号）、左右両下肢の醜状障害（14級5号及び12級、併合10級	右足デグロービング損傷	岡山地判 H21.7.16 交民 42-4-898	H18.6.30
204	右膝関節及び右足関節の各機能障害（12級）、右下肢の瘢痕、右大腿ないし下腿後面の傷み、右下肢知覚障害（12級）、併合10級	右下肢デグロービング損傷、右腓骨骨折、右下腿筋挫傷等	東京地判 H21.11.16 交民 42-6-1487	H15.5.15
205	左足関節の機能障害（10級11号）、左下腿骨の変形癒合（12級8号）、左下肢の醜状障害（12級）、右大腿の採皮痕（14級5号）、併合9級	上顎骨骨折、左下腿骨開放粉砕骨折等	名古屋地判 H21.3.6 交民 42-2-347	H15.1.7
206	（男：10級）（女：7級）	不明	名古屋地判 H22.9.8 交民 43-5-1168	H19.11.20

⑪　四肢の関節機能障害

判例番号	障害の内容・級	傷　害	裁判所・判決年月日・出典	事故年月日
207	右下腿部疼痛、しびれ（12級12号）、右足関節可動域制限（10級11号）、併合9級	右下腿骨開放骨折	東京地判 H20.3.11 交民 41-2-271	H11.5.18
208	左肩の安静時痛、運動時痛及び可動域制限（10級相当）	左肩、腰等の打撲、左肩の腱板断裂	名古屋地判 H20.3.21 交民 41-2-430	H14.12.11

性別・年齢（症状固定時年齢）・職業	労働能力喪失率・期間	標準喪失率	備　考
女・54歳（56歳）・主婦（家事従事）	14%・10年	14%	○H18賃セ・産計・企計・女・学計・全年齢（343万2,500円）を基礎 ○400万円 ○家事労働に従事していたことから、顔面部の醜状痕は労働能力に影響を及ぼさないとした。
男・12歳・中学生	20%・？ （係数は13.557であるが、詳細は不明）	27%	○賃金センサス（男性全年齢平均、552万3,000円） ○控除方式は不明。原告の主張する係数である13.557を採用したが、詳細は不明。 ○550万円（後遺障害） ○労働能力に影響するのは11級9号の障害であるとして、左記の労働能力喪失率を採用。
女・35歳（39歳）・会社員	24%・28年 （～67歳）	27%	○事故前の収入（352万1,155円）を基礎 ○600万円 ○右下肢の醜状障害は労働能力に影響を与えないとして、10級（27%）と11級（20%）の喪失率を参考に、左記の労働能力喪失率を採用。
男・34歳（37歳）・会社員	27%・30年 （37～67歳）	35%	○事故前年の年収（537万3,950円）を基礎 ○700万円 ○損害保険料率算出機構認定：左足関節の機能障害につき10級11号、左下腿骨の変形癒合につき12級8号、左下肢の醜状障害につき12級、右大腿の採皮痕につき14級5号、併合9級
男・不明（66歳）・職業不明 女・不明・職業不明	男：27%・8年 女：0%（後遺症（顔面醜状）が家事労働に与える影響なし）	男：27% 女：56%	○男：H18年当時236万6,740円の年収を基礎 ○ホフマン式 ○男：200万円、女：500万円

性別・年齢（症状固定時年齢）・職業	労働能力喪失率・期間	標準喪失率	備　考
男・37歳（40歳）・信用金庫営業係長	35%・10年 （40～49歳） 27%・17年 （50～67歳）	35%	○症状固定から60歳に達するまでは、事故前年の給与収入（549万0,153円）を基礎とし、60歳から65歳に達するまでは、H14賃セ・産計・企計・男・学計・60～64歳（451万2,400円）を基礎とし、65歳から67歳に達するまでは、H14賃セ・産計・企計・男・学計・65歳以上（404万9,700円）を基礎 ○後遺障害慰謝料690万円 ○損害保険料率算出機構認定：右下腿部の疼痛、しびれにつき12級12号、右足関節可動域制限につき10級11号、併合9級
女・50歳？（52歳）・主婦兼自営業	27%・15年 （52～67歳）	27%	○H16賃セ・産計・企計・女・学計・全年齢（350万2,200円）を基礎 ○後遺障害慰謝料550万円 ○損害保険料率算出機構：非該当 ○本件事故前からの既往歴（頸椎症性脊髄症や頸腰部脊柱管狭窄等による左上下の痺れと痛み等）により40%の寄与度減額

判例番号	障害の内容・級	傷　害	裁判所・判決年月日・出典	事故年月日
209	左上肢麻痺につき6級相当	左腕神経叢損傷	東京地判 H23.3.9 交民 44-2-326	H19.1.4
210	左手前腕挫滅切断（5級）	左手前腕挫滅切断等	神戸地判 H20.9.30 自保ジャーナル 1797号	H15.6.17
211	右手第一指約1センチメートル短縮、中手指節関節（MP）及び指節間関節（IP）の可動域制限（10級7号）	右第一指不全切断	東京地判 H21.6.24 交民 42-3-794	H16.10.25
212	右膝関節・右足関節の機能障害11級相当、右足指の機能障害9級15号、右股関節痛14級9号より、併合8級	右股関節脱臼骨折、右膝後十字靭帯断裂、右足根骨多発骨折、右母趾末節骨骨折	名古屋地判 H23.8.19 交民 44-4-1066	H18.1.7
213	左股関節・膝関節の機能障害11級相当、左下肢の醜状障害12級相当により、併合10級	左足（大腿）デグロービング損傷、左腓骨神経麻痺、左大腿異所性化骨、骨化性筋炎	大阪地判 H23.4.13 交民 44-2-535	H18.1.20
214	右足関節の可動域制限、右足の第一指・第二指の可動域制限、左鎖骨の変形障害、右下肢の醜状障害等（併合8級）	右下腿開放骨折、左肩鎖関節脱臼、右足関節拘縮等	大阪地判 H22.10.26 交民 43-5-1324	H18.6.17
215	右膝関節の機能障害12級7号、骨盤骨の変形障害12級5号により、併合11級	右大腿骨顆上骨折、骨盤骨折、左橈骨遠位端骨折	京都地判 H23.7.1 交民 44-4-880	H17.12.13

性別・年齢（症状固定時年齢）・職業	労働能力喪失率・期間	標準喪失率	備　考
女・45歳（45歳）・主婦	67%・2年	67%	○ H19賃金センサス女性全年齢平均賃金346万8,800円を基礎年収とした。 ○ 1,180万円（後遺障害慰謝料） ○ H20.12.27左乳癌、転移性脳腫瘍、転移性骨腫瘍で死亡。腕神経叢損傷の原因は転移癌の可能性も否定できないが、事故の関与も否定できないとして因果関係を肯定。告知等はなかったが、転移癌の治療歴より、本件事故当時において近い将来における死亡が客観的に予測されていたものと認め、労働能力喪失期間を2年とした。
男・31歳（34歳）・会社員	62%・33年（34～67歳）	79%	○ H17賃セ・企計・学計・全年齢・男（552万3,000円）を基礎 ○後遺障害慰謝料1,440万円
男・54歳（56歳）・古物卸商等	27%・11年	27%	○事故前の確定申告の内容に従って基礎年収を算定 ○ 550万円（後遺障害）
男・不明（35歳）・会社員	45%・32年	45%	○損害保険料率算出機構の認定は併合11級（右膝関節・右足関節の機能障害11級相当、右股関節痛14級9号、右足指の機能障害　非該当）であったが、右足指は足根骨骨折に伴う神経麻痺および軟部組織損傷による弛緩性麻痺として自動値を採用し、9級15号と認定した。 ○事故3年前の収入、事故3年後の収入等を踏まえ、H19賃金センサス男性大卒全年齢平賃の8割に相当する544万6,080円を基礎年収とした。 ○ 830万円（後遺障害慰謝料）
男・19歳（22歳）・事故時大学生	27%・45年	27%	○ H21賃金センサス男性労働者大卒平均賃金654万4,800円を基礎年収とした。 ○ 600万円（後遺障害慰謝料）
男・不明（39歳）・郵便事業会社職員	30%・28年	45%	○症状固定時H20年の実収入額(616万4,939円)を基礎 ○ 1,140万円（一括）
女・78歳（80歳）・家事専従者	20%・5年	20%	○損害保険料率算出機構の認定では、右股関節の機能障害10級11号の既存障害があり、現存障害：併合8級、既存障害：10級11号の加重障害とされていたが、既存障害を考慮せずに本件事故による後遺障害だけで後遺障害の程度を検討した方が有利な場合はそれを採用するのが合理的として左記の等級となった。 ○ H18賃金センサス女子全年齢平賃の6割相当額205万9,500円を基礎年収とした。 ○ 400万円（後遺障害慰謝料）

判例番号	障害の内容・級	傷　害	裁判所・判決年月日・出典	事故年月日
216	左膝関節の機能障害(8級7号)、左股関節の機能障害（12級7号)、左下腿骨骨折に伴う短縮障害（13級9号)、脊椎の変形障害（11級7号)、骨盤骨の著しい奇形（変形)（12級5号)、右大腿部痛（14級10号)、併合7級	第四腰椎圧迫骨折	さいたま地判 H21.6.24 交民 42-3-818	H4.3.26
217	右股関節の機能障害10級11号	右大腿骨頸部骨折	東京地判 H20.12.2 交民 41-6-1530	H15.4.14
218	右足関節の可動域制限等（12級7号)、右足母指及び第二指の可動域制限等（11級10号)、併合10級	右腓骨遠位端骨折、右胸部打撲、右足脱臼骨折、右第一中足骨脱臼、右第二〜四趾中足骨骨折、右足関節外果骨折等	大阪地判 H20.3.14 交民 41-2-327	H15.12.15
219	右手関節の運動機能障害（10級10号)	右月状骨骨折、右手関節捻挫	大阪地判 H20.3.14 交民 41-2-340	H15.11.29
220	右手関節の機能障害12級6号	右手三角骨骨折	京都地判 H23.6.7 交民 44-3-757	H21.7.26
221	右母指の機能障害10級7号	右母指末節骨開放骨折	東京地判 H23.3.15 交民 44-2-363	H21.1.29
222	左手指の機能障害9級13号、左肩関節の可動域制限9級10号より、8級相当	外傷性頸肩腕症候群、反射性交感神経性ジストロフィー	神戸地判 H20.11.11 交民 41-6-1432	H17.11.8

性別・年齢（症状固定時年齢）・職業	労働能力喪失率・期間	標準喪失率	備　考
男・46歳（59歳）・職業不明	29%［56%（7級）−27%（10級）］・10年	56%	○損害保険料率算出機構は当初10級と認定したが、左膝人工膝関節置換術の施行による左膝関節の機能障害につき12級7号から8級7号に変更し、併合7級と認定した ○H16男性労働者産業計学歴計全年齢平均（552万3,000円）を基礎収入額とした。 ○450万円(10級として示談していることを前提)
女・不明（56歳）・会社員	20%・11年	20%	○自賠責の認定では人工骨頭置換術後の右股関節の機能障害8級7号の認定であったが、労災基準改定後の訴訟上の判断として10級11号が認定された。 ○事故前の実収入に基づき433万9,100円を基礎年収とした。 ○550万円（後遺障害慰謝料） ○心因的要素により、素因減額を8割とした。
男・33歳（34歳）・地方公務員	14%・25年（34～59歳） 27%・7年（60～67歳）	27%	○症状固定から60歳に達するまでは、実収入(585万3,240円）を基礎とし、60歳から65歳に達するまでは、H16賃セ・産計・企計・男・高卒・61～64歳（392万8,900円）を基礎とし、65歳から67歳に達するまでは、H16賃セ・産計・企計・男・高卒・65歳以上（322万0,800円）を基礎年収とした。 ○後遺障害慰謝料530万円 ○損害保険料算出機構認定：併合10級
男・35歳？（37歳）・派遣ミキサー車運転手、鉄道保全軌道工	27%・30年（37～67歳）	27%	○生コンミキサー車の運転手としての実収入（1万0,014円/日）及び軌道工としての直前3カ月の実収入の8割（6,698円/日）を基礎 ○後遺障害慰謝料530万 ○損害保険料率算出機構認定：一上肢の三大関節中の一関節の機能に障害を残すものとして併合12級6号 ○本件事故前から存在したキーンベック病及び右遠位尺関節症の影響により50%を素因減額した。
男・20歳（21歳）・調理師	14%・46年	14%	○H22賃金センサス男子学歴計20歳−24歳平賃305万7,400円を基礎年収とした。 ○280万円（後遺障害慰謝料）
女・不明（39歳）・会社員	27%・28年	27%	○事故前2年の平均年収407万9,824円を基礎年収とした。 ○550万円（後遺障害慰謝料）
女・不明（42歳）・主婦	30%・25年	45%	○H17賃金センサス全女性労働者の平賃343万4,400円の8割を基礎年収とした。 ○自動車の運転や炊事を行っていることから、喪失率を30%とした。 ○500万円（後遺障害慰謝料） ○H9事故、H17事故による傷害、後遺障害が寄与していることから、既往症により5割の寄与度減額を行った。

判例番号	障害の内容・級	傷　害	裁判所・判決年月日・出典	事故年月日
223	左手関節の機能障害 12 級 6 号	左橈骨遠位端骨折、左尺骨茎状突起骨折等	大阪地判 H20.6.26 交民 41-3-781	H17.12.6
224	右手関節の可動域制限、握力低下、右示指しびれ等（12 級）	右示指中手骨骨頭骨折、右手関節挫傷、右舟状骨骨挫傷、右尺骨茎状突起骨折等	神戸地判 H22.9.9 交民 43-5-1174	H19.10.13
225	右大腿骨偽関節 8 級 9 号、左肩関節の機能障害 12 級 6 号、左足関節の機能障害 12 級 7 号、左腓骨の変形障害 12 級 8 号より、併合 7 級	左肩関節脱臼骨折、右大腿骨骨幹部骨折、左足関節脱臼開放骨折	京都地判 H23.8.9 交民 44-4-1025	H20.11.19
226	右肩関節の機能障害 10 級 10 号	右肩腱板不全断裂	京都地判 H23.5.10 交民 44-3-577	H19.4.6
227	右下肢の機能障害（全廃）5 級 7 号、右下肢の短縮障害 10 級 8 号より、4 級相当	右股関節脱臼骨折、右脛骨近位端骨折、右下肢末梢神経障害	東京地判 H20.11.12 交民 41-6-1448	H14.3.20
228	左肩関節機能障害 10 級 10 号	左鎖骨遠位端骨折、左肩鎖靭帯損傷、頸椎捻挫、腰背部打撲	千葉地判 H23.4.12 交民 44-2-522	H18.12.27

性別・年齢（症状固定時年齢）・職業	労働能力喪失率・期間	標準喪失率	備　考
男・不明（48歳）・給与所得者	14%・19年	14%	○定年退職までの12年は実収入793万7,228円を基礎年収とし、定年退職後の7年はH18賃金センサス男性学歴計60歳–64歳の平賃430万4,400円を基礎年収とした。 ○ 280万円（後遺障害慰謝料）
男・不明（44歳）・消防隊員	症状固定時から60歳定年（16年）までは10%。60歳～67歳までの7年・14%	14%	○症状固定時から原告が定年を迎える60歳までの16年間は本件事故時の年収(926万4820円)を基礎、60歳から就労可能な67歳までの7年間はH18賃セ・企規計・学計・男子労働者60歳の平均年収430万4400円を基礎 ○ 396万円（一括）
男・48歳（49歳）・クラッシックカー修理業	56%・18年	56%	○事故前年度に独立して開業しており、開業後から事故当時までの収入立証資料がないことから、開業前の給与収入に照らし、H20賃金センサス男・学歴計・45歳から49歳の平賃の7割に相当する482万5,730円を基礎年収とした。 ○ 1,030万円（後遺障害慰謝料）
男・不明（47歳）・無職	27%・20年	27%	○事故前後でうつ病の入院治療中で生活保護を受給していたが、うつ病は軽快傾向にあることを踏まえ、H20賃金センサス男性・大学・大学院卒・全年齢平賃の7割相当468万0,760円を基礎年収とした。 ○ 530万円（後遺障害慰謝料） ○医師の指示を受けていない整骨院治療につき、運動療法等が実施されており、医学的必要性は否定できないこと、また、一定の治療効果が認められることから、施術料の8割の限度で必要性・相当性を認めた。
男・不明（42歳）・会社員	92%・25年	92%	○自賠責の事前認定では、序列調整により、5級相当（4級の「膝関節以上で欠損したもの」より、障害程度が軽いため、直近下位の等級を認定）と判断されていたが、通常の下肢全廃よりも障害程度は重いとして4級相当と認定された。H14男子労働者の全年齢平賃555万4,600円を基礎年収とした。 ○ 1,670万円（後遺障害慰謝料）
男・不明（53歳）・会社員	20%・7年、27%・7年	27%	○定年（60歳）までの期間は実収入に基づき、1,357万8,638円を基礎年収とし、実際の減収額を考慮して労働能力喪失率を20%とした。定年後の7年間は、定年後に同程度の収入を得ることは難しいことから、H20賃金センサス大卒男子60歳～64歳平賃637万9,400円を基礎年収とし、労働能力喪失率を27%とした。 ○ 550万円（後遺障害慰謝料）

判例番号	障害の内容・級	傷　害	裁判所・判決年月日・出典	事故年月日
229	右股関節の機能障害、疼痛につき、12級7号	右大腿骨頸部骨折、右股関節痛	千葉地判 H20.6.23 交民41-3-740	H15.7.19
230	左足第一指ないし五指の機能障害(9級1号)、左足部の瘢痕(14級5号)、併合9級	左足部挫滅創、左第一ないし四中足骨開放骨折、左母趾伸筋腱断裂、左足背部デグロービング損傷、左足背皮膚欠損	京都地判 H23.1.21 交民44-1-64	H20.7.1
231	右上肢の機能障害（全廃）5級6号	右鎖骨粉砕骨折、右腕神経叢損傷	大阪地判 H20.11.26 交民41-6-1471	H15.2.17
232	左足関節の機能障害10級10号	左下腿骨（脛骨）内顆骨折、腓骨遠位端（外顆）骨折	大阪地判 H23.3.28 交民44-2-450	H15.7.10
233	右上肢に生じた疼痛による可動域制限（14級）	頸椎捻挫等	東京地判 H21.9.18 自保ジャーナル1809-2	H13.9.18
234	右肩関節の機能障害、右肘関節の可動域の軽度制限（屈曲力の低下)、右前腕の回内及び回外の筋力低下、右上腕（外側）から及び右手首（拇指、支指）にかけての近く低下、右鎖骨骨折後の変形障害（8級相当)	右鎖骨骨折、右肩甲骨骨折、右第一、第三肋骨骨折、肺挫傷、右外傷性肺気胸、右腕神経叢損傷、右下腿挫創、全身打撲、頭部打撲、頸椎捻挫等	大阪地判 H20.12.24 交民41-6-1664 自保ジャーナル1781号	H14.7.24
235	右肩関節の機能障害(12級6号)、右鎖骨の変形障害（12級5号)、右手関節神経障害（14級9号)、手話能力低下（12級)、併合11級	右肋骨骨折、右鎖骨骨折、左橈骨遠位端骨折	名古屋地判 H21.11.25 交民42-6-1562	H16.7.29
236	右肩関節の可動域制限（10級10号)、右中指痛（14級9号)、併合10級	右肩鎖関節脱臼、右鎖骨遠位端骨折、頭部外傷、右大腿打撲、右肩・右手・両下肢打撲	大阪地判 H21.3.3 交民42-2-335	H18.4.26

性別・年齢（症状固定時年齢）・職業	労働能力喪失率・期間	標準喪失率	備　考
女・不明（58 歳）・有職の主婦	14%・9 年	14%	○右股関節痛につき 12 級 12 号に該当するが、通常派生する関係にある障害として、原告の後遺障害は 12 級にとどまると判示した。 ○ H17 賃金センサス女性労働者学歴計全年齢平賃 343 万 4,400 円を基礎年収とした。 ○ 550 万円（後遺障害慰謝料：可動域が 10 級に近い内容であること、将来人工骨頭置換術を余儀なくされる可能性を考慮）
男・27 歳（28 歳）・会社員	35%・32 年	35%	○ H20 賃セ・産計・企計・男性労働者全年齢平均の 7 割（385 万 2,730 円）を基礎 ○ 3,853 万 2,502 円 ○損害保険料率算出機構認定：併合 9 級
男・不明（27 歳）・嘱託社員	79%・40 年	79%	○自賠責では 5 級 6 号の認定であったが、労災保険ではこれに加えて頸部の運動障害につき神経症状として 12 級を認定し、第 4 級相当とされていた。 ○実収入に鑑み、当初の 13 年間は H15 賃金センサス男性全年齢平賃の 75%に相当する 410 万 8,575 円、その後の 27 年間は同平賃 547 万 8,100 円を基礎年収とした。 ○ 1,440 万円（後遺障害慰謝料） ○心因的要因とリハビリに対する治療態度等が障害に影響しているとして、20%の素因減額を適用した。
男・30 歳（31 歳）・派遣社員	27%・36 年	27%	○事故前 3 ヶ月間の実収入に基づき、300 万 4,000 円を基礎年収とした。 ○ 530 万円（後遺障害慰謝料）
女・50 歳（53 歳）・食料品会社代表	14%・17 年	14%	○実収入（360 万円 / 年）を基礎 ○ 290 万円（後遺障害）
女・27 歳（29 歳）・短大卒学校事務員	45%・38 年（29 ～ 67 歳）	35%	○ H16 賃セ・産計・企計・女の平均賃金（350 万 2,200 円）を基礎 ○醜状障害については非該当 ○後遺障害慰謝料 900 万円 ○自賠責保険：右鎖骨骨折に伴う右鎖骨の変形につき 12 級 5 号、右腕神経叢損傷による右肩関節の可動域制限につき 10 級 10 号、右頸部の手術創につき 12 級 14 号、併合 9 級
女・58 歳（60 歳）・専業主婦	20%・11 年	20%	○平成 18 年賃金センサス（女子学歴計、286 万 1,400 円）を基礎 ○ 420 万円
女・52 歳（53 歳）・主婦	20%・16 年（平均余命の 2 分の 1）	27%	○基礎年収額につき、53 歳から 60 歳までは症状固定年賃金センサス女性労働者・学歴計・全年齢平均賃金、60 歳から 65 歳まで、65 歳から 69 歳までは、それぞれ同センサス・年齢別平均賃金を基礎とした。 ○ 530 万円（後遺障害）

判例番号	障害の内容・級	傷害	裁判所・判決年月日・出典	事故年月日
237	左足関節の不安定性、左第1趾の機能障害、左第2・3趾痛等について併合9級	左足関節不安定症、左足趾挫創、左足趾多発骨折	東京地判 H20.4.8 交民 41-2-504	H16.4.16
238	左足関節・足指の機能障害、左膝関節痛等により、併合7級	左足関節内果骨折、左膝内側靭帯断裂	神戸地判 H20.8.29 交民 41-4-1079	H17.11.3

⑫ 胸腹部臓器

判例番号	障害の内容・級	傷害	裁判所・判決年月日・出典	事故年月日
239	大腸部分切除（複数箇所）後、回腸人工肛門造設術後、直腸狭窄にて多量の小腸液が人工肛門より排出するため、頻回のパウチ内小腸液の処理を必要としており、脱水傾向になりやすいため多量の水分摂取が必要となった（7級5号）	腹部多発性交通外傷、腸壁創し開等	大阪地判 H22.5.12 交民 43-3-573	H15.1.9

⑬ その他

判例番号	障害の内容・級	傷害	裁判所・判決年月日・出典	事故年月日
240	外貌の醜状12級13号、左混合性難聴・耳鳴12級相当、視野障害13級2号により、併合11級	下顎部打撲挫創、頸椎捻挫等	東京高判 H23.8.4 交民 44-4-851	H14.7.9
241	(併合9級)	右上顎骨骨折、外傷性視神経症等	名古屋地判 H22.9.10 交民 43-5-1188	H19.12.17

性別・年齢（症状固定時年齢）・職業	労働能力喪失率・期間	標準喪失率	備　考
女・53歳（55歳）・主婦兼料理教室経営	35%・14年	35%	○H16賃金センサス女子学歴計・全年齢平均350万円2,200円を基礎年収とした。 ○690万円（後遺障害慰謝料）
男・不明（60歳）・職人	56%・10年	56%	○実収入に基づき、393万5,430円を基礎年収とした。 ○1,000万円（後遺障害慰謝料）

性別・年齢（症状固定時年齢）・職業	労働能力喪失率・期間	標準喪失率	備　考
男・35歳（40歳）・会社員	56%・27年	56%	○事故前々年と前年の年間賃金の平均（555万2,520円）を基礎 ○自賠責保険認定：9級労災保険：7級5号 ○1,420万円（一括）

性別・年齢（症状固定時年齢）・職　業	労働能力喪失率・期間	標準喪失率	備　考
男・40歳（42歳）・不明	14%・2年（当初の症状固定から視野障害の症状固定日まで）、20%・8年、19%・10年、16%・5年	20%	○併合11級（外貌の醜状、左耳鳴）を前提とする示談後、視野障害が症状固定したとして訴訟に至ったもの。 ○自賠社が被害者に対して法16条1項に基づく損害賠償額支払債務がないことの確認を求めた反訴につき、確認の利益があるとはいえないとして棄却された（一審（東京地判）でも、自賠社が自賠法16条1項の損害賠償額支払債務は存在しないことを確認する旨の反訴を行ったが、新たな障害が認定されても追加払いが必要とならないこと等から却下された） ○自賠社の債務不存在確認の訴えが不法行為であり、慰謝料を求める旨の訴えがなされたが、訴えの利益を欠くだけで、法律的根拠を欠くものではないことから不法行為に該当するとは認められないとされた。 ○労働能力喪失率は、当初の示談内容（当初10年・14%、次の10年・10%、次の5年・7%）を踏まえ、新たに13級の障害が加わったことで6～9%を加算した。 ○視野障害の症状固定日に従い、H18賃金センサス男性労働者学歴計全年齢平賃555万4,600円を基礎年収とした。
男・25歳（26歳）・会社員・中国国籍	35%・41年	35%	○実収入額（257万4,317円）を賃セ男・大卒20歳ないし24歳平均賃金（325万2,700円）で除したものに賃セ男・大卒全年齢平均賃金（680万7,600円）を乗じた額を基礎 ○770万円（一括）

判例番号	障害の内容・級	傷　害	裁判所・判決年月日・出典	事故年月日
242	本件事故による症状は前件事故による後遺障害と同様のもので、後遺障害等級には「非該当」	頚椎捻挫、腰椎捻挫	東京地判 H22.6.7 交民 43-3-760	H20.3.11
243	四肢体幹麻痺、C四以下知覚脱失、歩行不能の状態（1級1号）	頚椎脱臼骨折、頚髄損傷等	東京地判 H22.2.12 交民 43-1-165	H15.2.1
244	後遺障害の主張なし	左脛骨高原骨折（関節内骨折、脱臼骨折）	東京地判 H22.9.14 交民 43-5-1198	H20.1.26
245	後遺障害の主張なし	頚椎捻挫、背部挫傷	東京地判 H20.4.22 交民 41-2-529	H17.4.29
246	後遺障害の主張なし	頚椎捻挫、中心性頚髄損傷、腰椎捻挫、低髄液圧症候群	さいたま地判 H23.5.30 交民 44-3-696	H18.12.17
247	非該当 後遺障害は認められなかった	頚部捻挫、骨盤部・胸骨打撲、左股関節挫傷、低髄液圧症候群	名古屋地判 H23.6.28 交民 44-3-827	H19.1.31

性別・年齢（症状固定時年齢）・職業	労働能力喪失率・期間	標準喪失率	備　考
男・事故1年後症状固定・ゴルフのレッスンプロ	前件事故の労働能力喪失期間5年間、喪失率5％が本件事故により1年間延長。		○前件事故の後遺障害症状固定時期（14級）から3ヶ月弱後に生じた本件事故による後遺障害には別個独立して評価すべき後遺障害はないが、本件事故によって前件事故による後遺障害による労働能力逸失期間が更に1年延長。 ○前件事故当時の年収（508万0,320円）を基礎 ○119万円
男・23歳（25歳）・会社員	本件は症状固定後、死亡との因果関係を肯定した判例である。100％・38年（29歳～67歳）	死亡	○H17.2.1（症状固定日の翌日）～H21.4.4（死亡日）実質的には休業損害、事故前9か月間の給与収入（294万4,200円）を基礎 ○H21.4.5～（死亡後）　実質的には死亡逸失利益　H20賃セ・企計・男・大卒・全年齢（668万6,800円）を基礎 ○後遺障害慰謝料は、実質的には死亡慰謝料として評価するのが相当（2,500万円） 父200万円、母200万円 ○H21.4.4、誤嚥性肺炎により死亡（死因となった誤嚥性肺炎は脊髄損傷が原因であるとされていることが認められるところ、退院後6年間生活を続けていたことを考慮しても、誤嚥性肺炎が本件事故によって生じた脊髄損傷の後遺障害以外に原因があるとの蓋然性を肯定することができるような事情がない限り、後遺障害が誤嚥性肺炎の原因となっているということができる）
男・71歳・弁護士			○事故前半年間の所得額から算出される月額所得（月額300万円）を基礎 ○140万円（入通院慰謝料のみ認定）
男・60歳（60歳）・CDアルバム製作業者			○特別損害として、CD製作の請負契約（823万2,000円）の解除の主張がなされたが、加害者に特別事情の予見可能性がないこと、傷害の程度や症状固定までの生活状況から請負契約が解除された主原因が本件事故にあるということはできないことから、採用されなかった。
男・不明・トラック運転手等			○低髄液圧症候群の診断でブラッドパッチが施行されたが、画像上の髄液漏出所見や起立性頭痛は認められておらず、その費用は因果関係がないものとされた。 ○本件事故当時に前回事故による症状が残存しており、本件事故後の症状に対する前回事故の寄与度は30％を下回らないと判示した。
女・46歳（47歳）・主婦			○物損4万0,740円。損害保険料率算出機構では、頸部痛、左上肢しびれ、左恥骨部痛につき、非該当とされていた。 ○治療費は肯定的な判断。低髄液圧症候群は数ヶ月内に起立性頭痛等は認められず、画像上も髄液漏出の所見が認められないことから、否定された。また、経過における精神的な問題やベランダでの事故等を勘案し、現在の症状と本件事故との相当因果関係を認めなかった。

判例番号	障害の内容・級	傷　害	裁判所・判決年月日・出典	事故年月日
248	非該当	外傷性頸髄障害	名古屋地判 H22.5.28 交民 43-3-721	H16.10.6
249	14級 第2事故後遺障害の認定は不明	第1事故頸椎捻挫、腰椎捻挫、左膝関節挫傷第2事故頸椎捻挫、両膝挫傷	東京地判 H23.2.28 交民 44-1-290	第1事故 H19.7.23 第2事故 H19.8.8
250	請求却下	頸椎捻挫、バレリュー症候群	東京地判 H20.8.27 交民 41-4-1066	S61.11.29
251	判断なし（6級相当）	頸椎捻挫及び外傷性頸椎椎間板ヘルニア	大阪地判 H22.2.25 交民 43-1-242	H13.2.5
252	後遺障害につき判断しなかった	頸椎捻挫	東京地判 H21.6.24 交民 42-3-842	H9.11.21
253	左下肢の短縮障害（13級9号）、骨盤骨の変形障害（12級5号）、右母趾関節の機能障害（12級11号）、背中及び臀部の採皮痕に対し、日常露出しない部位の醜状障害（12級相当、左下肢の瘢痕に対し、下肢の醜状障害（12級相当）、右下肢の瘢痕に対し、下肢の醜状障害（12級相当）として、併合11級（以上、平成9年に自算会認定）、勃起を司る支配神経の損傷に対し、生殖器に著しい障害を残すもの（9級16号）に該当し、平成9年の後遺障害等級認定（併合11級）と併合して同併合8級（以上、平成20年に自賠責保険会社認定）	出血性ショック、左大腿骨骨幹部骨折、右大腿骨遠位骨幹部開放骨折、右頸骨腓骨遠位端骨折（開放）、恥骨結合離開、頭蓋骨骨折、脳挫傷、左膝窩同静脈損傷、左脛骨神経切断、右ソケイ部・会陰・肛門裂創、右肺挫傷、左下肢剥脱創、右鎖骨骨折、骨盤骨折	大阪地判 H22.5.17 交民 43-3-620	H6.5.16

性別・年齢（症状固定時年齢）・職業	労働能力喪失率・期間	標準喪失率	備　考
女・不明・エアロビクス指導員			○220万円（被害者が事故後離婚したことにつき事故の影響も否定できないとし、事故による痛みが残っていること等の諸事情も考慮するとした）
女・不明	5%・5年	5%	○第2事故　H18女性労働者平均賃金343万2,500円を基礎 ○第2事故　35万円 ○損害保険料率算出機構認定：第1事故・14級、第2事故・14級 ○第1事故と、その約2週間後に発生した第2事故の寄与度をそれぞれ50%とした ○第2事故の加害者が第1事故の加害者に求償した事案
			○前訴の控訴審にて頸椎部の偽関節は本件事故による後遺障害ではないと判断しており、原告主張の後遺障害は前訴口頭弁論終結前に発生していたものであるから、本件訴えは前訴の既判力に抵触するもので不適法却下となった。 ○H4.2.12頸椎前方固定術がなされ、H5.7頃自賠責で後遺障害7級の認定を受けた。その後、「頸椎固定術後一部偽関節」との診断書（H18.7.13を症状固定）により、併合5級を求めての訴えが提起された。一方、H9.1.21損害賠償請求が東京地判に提起され、H10.7.28消滅時効を理由とする請求棄却判決、東京高判にてH11.9.29に控訴棄却判決がなされていた。
不明・不明（48歳）・衣服の製造貿易業	判断なし	67%	○消滅時効が成立（H16.2.19　原告の損害に対する被告の最後の支払いがなされた。H19.5.30に原告は本件提訴） ○損害保険料率算出機構認定：併合6級
女・69歳・職業不明			○H11.11.6に症状固定あり（14級10号）と認定され、H13.3.15に債務承認による中断があるものの、H16.3.15の経過により消滅時効が完成したと判断された（被害者は、頸髄症、頸椎椎間板症、両側上肢下肢障害を負ったとしてH19.1.24が症状固定日であると主張した）
男・6歳（9歳）・不明	14%・50年	45%	○H18年賃セ産計・企計・高卒・男・全年齢（492万6,550円）を基礎 ○労働能力に影響する後遺障害としては、左下肢の短縮障害（13級9号）、骨盤骨の変形障害（12級5号）、右母趾関節の機能障害（12級11号）が中心であるとして、労働能力喪失率を14%と認定 ○1,088万円（一括） ○示談が成立しているとして請求棄却

判例番号	障害の内容・級	傷　害	裁判所・判決年月日・出典	事故年月日
254	左膝関節の運動障害（12級7号）、左膝から下の痺れ（12級12号）、左下肢の醜状障害（12級）、右下肢醜状障害（12級5号）、併合11級	左下腿骨粉砕骨折、両下肢挫創	東京地判 H22.11.9 交民 43-6-1420	H13.8.14
255	高次脳機能障害（詳細不明） 原審の資料なし	脳挫傷、頭部打撲	最判 H20.10.7 交民 41-5-1104	H14.7.7

性別・年齢（症状固定時年齢）・職業	労働能力喪失率・期間	標準喪失率	備　考
男・62歳（64歳）・給与所得者	判断なし	20%（11級の場合）	○損害保険料率算出機構認定：併合11級 ○後遺障害の程度が11級であることに前提に示談契約を締結後、その程度は5級であるとして要素の錯誤により示談契約の無効を主張したが認められなかった事例
男・12歳・中学生	100%		○被害者側が加害者に対して損害賠償請求訴訟を行い、その確定を停止条件として、加害者の契約する任意保険会社に保険請求（被害者請求）するもの。 ○被害者側が人身傷害保険契約に基づき受領した金額（以下、傷害保険金）について、原審では過失相殺後の損害額から傷害保険金を控除したが、傷害保険金は加害者の損害賠償義務の履行とは異なるし、傷害保険金にかかる契約内容にも考慮されていないことは法令の解釈適用を誤るものであり、原審の判断は違法として差し戻しとなった。

III 被害者類型索引

1 幼児等

ア 就業前

a 男

b 女

イ 小学生

a 男

b 女

ウ 中学生

a 男

2 高校生・大学生等

ア 高校生

a 男

イ 予備校生

a 男

ウ 大学生

a 男

4 給与所得者

ア 会社役員

a 男

b 女

イ 一般の給与所得者

a 男

⑴ 非正規雇用者

⑵ 正規雇用者

7　医　師

8　弁護士

9　不　明

10 高齢者

11 無 職

12 外国人

IV 級別類型索引

1級

2級

3級

4級

5級

6級

7級

8級

9級

10級

11級

12級

14級

V 喪失率・期間別類型索引

56%・27 年　239　男　35 歳（40 歳）　会社員………………………… 170
56%・18 年　225　男　48 歳（49 歳）　クラッシックカー修理業………… 166
56%・10 年　82　男　不明（39 歳）　無職………………………… 130
56%・10 年　238　男　不明（60 歳）　職人………………………… 170
56%・9 年　69　男　62 歳（64 歳）　定年退職後アルバイト…………… 126
56%・13 年　200　女　不明（22 歳）　ホステス……………………… 158
（その後 32 年：25%）
52%・30 年　194　男　34 歳（37 歳）　会社員（大学生）………………… 156
50%・26 年　98　男　不明（41 歳）　会社役員……………………… 134
50%・10 年　184　男　61 歳？（62 歳）　無職………………………… 154
45%・38 年　191　女　不明（29 歳）　高校事務職員…………………… 156
45%・38 年　234　女　27 歳（29 歳）　短大卒学校事務員……………… 168
45%・33 年　180　男　33 歳（34 歳）　会社員………………………… 152
45%・32 年　212　男　不明（35 歳）　会社員………………………… 162
45%・12 年　86　女　27 歳（31 歳）　看護師………………………… 130
（その後 67 歳まで 20%）
45%・7 年　195　女　67 歳（72 歳）　組合事務員……………………… 158
35%・41 年　241　男　25 歳（26 歳）　会社員・中国国籍………………… 170
35%・35 年　59　男　31 歳（32 歳）　プロゴルファーのキャディー……… 124
35%・34 年　56　男　32 歳（33 歳）　会社員………………………… 124
35%・32 年　230　男　27 歳（28 歳）　会社員………………………… 168
35%・30 年　54　女　35 歳（37 歳）　主婦（家事専従）………………… 124
35%・19 年　95　男　不明（48 歳）　無職………………………… 134
35%・14 年　65　男　51 歳（53 歳）　建築請負業……………………… 126
35%・14 年　74　男　52 歳（53 歳）　建築請負業……………………… 128
35%・14 年　237　女　53 歳（55 歳）　主婦兼料理教室経営……………… 170
35%・13 年　61　男　不明（55 歳）　会社員………………………… 124
35%・13 年　105　男　不明（54 歳）　技術アジャスター………………… 136
35%・12 年　100　男　56 歳（57 歳）　会社員（内線電気調査員）………… 134
35%・10 年　75　女　30 歳（不明）　美容院アシスタント……………… 128
35%・10 年　183　男　60 歳（62 歳）　トラック運転者…………………… 154
35%・10 年　207　男　37 歳（40 歳）　信用金庫営業係長………………… 160
（40 〜 49 歳）
27%・17 年（50 〜 67 歳）
35%・5 年　88　男　不明（50 歳）　輸入販売およびアルバイト等……… 132
（5%・12 年）
30%・44 年　49　女　23 歳（不明）　公立小学校事務主事……………… 122
30%・28 年　214　男　不明（39 歳）　郵便事業会社職員………………… 162
30%・25 年　222　女　不明（42 歳）　主婦………………………… 164
30%・12 年　193　女　61 歳？（62 歳）　給与所得者……………………… 156
29%・10 年　216　男　46 歳（59 歳）　職業不明……………………… 164
（56%（7 級）–27%（10 級））
28%・5 年　174　男　73 歳（74 歳）　不動産仲介業会社代表者、宅地建物取引主任者資格…………………… 152
27%・45 年　213　男　19 歳（22 歳）　事故時大学生…………………… 162

27%・43年	176	男	不明（24歳）	大学中退（アルバイト）	152
27%・38年	103	女	26歳（29歳）	主婦・パート・アルバイト職員	136
27%・36年	232	男	30歳（31歳）	派遣社員	168
27%・32年	177	男	不明（35歳）	家事手伝い兼ラーメン店勤務	152
27%・30年	205	男	34歳（37歳）	会社員	160
27%・30年	219	男	35歳？（37歳）	派遣ミキサー車運転手、鉄道保全軌道工	164
27%・29年	190	不明	不明（38歳）	会社員	156
27%・28年	221	女	不明（39歳）	会社員	164
27%・24年	51	男	40歳（43歳）	バリスタ（事故当時は会社員？）	122
27%・24年	102	女	42歳（43歳）	有職主婦（中華料理店経営）	136
27%・20年	226	男	不明（47歳）	無職	166
27%・15年	208	女	50歳？（52歳）	主婦兼自営業	160
27%・11年	211	男	54歳（56歳）	古物卸商等	162
27%・8年	206	男	不明（66歳）	不明	160
27%・7年 (20%・7年)	228	男	不明（53歳）	会社員	166
24%・28年	204	女	35歳（39歳）	会社員	160
20%・67歳まで	196	女	不明（20歳）	大学生	158
20%・39年	173	男	28（？）歳（28歳）	航空機の燃料補給業	150
20%・37年	169	男	28歳（30歳）	医師	150
20%・32年 (35%・1年)	179	男	不明（34歳）	競輪選手	152
20%・31年 (32年のライプニッツ係数−1年のライプニッツ係数：1年間服役のため)	187	男	不明（35歳）	会社員	154
20%・30年	126	男	不明	会社員	142
20%・27年	96	男	40歳（40歳）	会社代表取締役	134
20%・16年	236	女	52歳（53歳）	主婦	168
20%・15年	188	男	不明（52歳）	タクシー運転手	154
20%・11年	217	女	不明（56歳）	会社員	164
20%・11年	235	女	58歳（60歳）	専業主婦	168
20%・5年	215	女	78歳（80歳）	家事専従者	162
20%・不明 (係数は13.557)	203	男	12歳（不明）	中学生	160
19%・18年 (14%・23年)	168	男	不明（26歳）	会社員	150
17%・35年	127	男	30歳（32歳）	会社員	142
15%・22年 (35%から既存の喪失率20%を減じた)	172	男	不明（45歳）	給与所得者	150
14%・50年	253	男	6歳（9歳）	不明	174
14%・49年	186	女	6歳（8歳）	小学生	154
14%・46年	220	男	20歳（21歳）	調理師	164
14%・45年	181	男	20歳（22歳）	大学生	152
14%・44年	161	女	22歳？（23歳）	専業主婦	148
14%・36年	159	男	29歳（31歳）	大学院生	148
14%・36年	178	男	30歳（31歳）	国税調査官	152

5%・15年	106	女	50歳（52歳）	主婦兼小中学校の臨時教員	136
5%・15年	153	女	25歳（不明）	派遣会社スタッフ	146
5%・15年	157	男	不明（41歳）	会社員	148
5%・14年	89	女	52歳（53歳）	パート兼主婦	132
5%・12年	115	女	55歳（56歳）	イラスト、脚本家	138
5%・10年	87	男	不明（30歳）	個人事業主	132
5%・10年	144	男	不明（38歳）	外科医	144
5%・10年	148	男	38歳（不明）	外科医師	146
5%・10年	152	男	不明	パイロット	146
5%・8年	111	男	不明	タクシー運転手	138
5%・5年	80	女	30歳（31歳）	スナック店アルバイト	130
5%・5年	97	男	34歳（35歳）	そば店開業準備中	134
5%・5年	108	女	54歳（55歳）	パート勤務主婦	138
5%・5年	109	女	38歳（不明）	主婦兼瓦製造業手伝い	138
5%・5年	112	男	不明	大学受験生	138
5%・5年	114	女	不明（27歳）	管理栄養士	138
5%・5年	116	男	20歳（不明）	浪人生	138
5%・5年	118	男	59歳（不明）	会社代表	140
5%・5年	122	女	47歳（47歳）	生活保護を受給しながらヒプノセラピストとして生計を立てていた	140
5%・5年	123	女	42歳（44歳）	主婦兼不動産業	140
5%・5年	128	男	不明	会社員	142
5%・5年	142	男	53歳（不明）	建設業者	144
5%・5年	143	女	不明（38歳）	大学院生	144
5%・5年	149	女	30歳（31歳）	求職中	146
5%・5年	150	男	63歳（64歳）	個人タクシー運転手	146
5%・5年	151	男	38歳（39歳）	職業不明	146
5%・5年	155	女	39歳？（41歳）	ピアノ講師兼主婦	148
5%・5年	156	男	不明	会社員	148
5%・5年	158	女	不明（43歳）	保険外交員兼主婦	148
5%・5年	158	女	不明（65歳）	専業主婦	148
5%・5年	160	女	35歳（35歳）	ダンサー	148
5%・5年	165	男	32歳（37歳）	営業職会社員	150
5%・5年	167	女	39歳（不明）	風俗業経営	150
5%・5年	249	女	不明	不明	174
5%・3年	117	男	不明（64歳）	職業不明	140
5%・3年	119	女	不明	給与所得者	140
5%・3年	130	女	不明（70歳）	飲食店手伝い？	142
5%・3年	162	男	34歳（36歳）	国家公務員	148
5%・2年	134	男	62歳？（62歳）	タクシー運転手	142
5%・2年	139	男	65歳（66歳）	会社代表取締役	144
5%	242	男	不明	ゴルフのレッスンプロ	172
（前件事故の労働能力喪失期間、喪失率が本件事故により1年間延長）					
5%	84	男	73歳（不明）	無職	130
3%・3年	166	男	不明（69歳）	給与所得者	150

Ⅵ　級・率・期間対照表

分類	級	判例番号	率（%）	年齢（歳）（事故時）	期間
①　重度(1～3級)障害	1	1	100	19歳	48年
	1	2	100	49歳	18年
	1	4	100	21歳	45年
	1	7	100	69歳	7年
	1	10	100	38歳	29年
	1	13	0	94歳	0年
	1	14	100	23歳	44年
	1	16	100	16歳	51年
	1	17	100	45歳	22年
	1	18	100	24歳	43年
	1	19	100	71歳	8年
	1	22	100	17歳	49年
	1	24	100	69歳	6年
	1	25	100	27歳	40年
	1	26	100	38歳	29年
	1	27	100	19歳	48年
	1	29	100	29歳	38年
	1	30	100	30歳	37年
	1	32	100	3歳	49年
	1	33	100	25歳	42年
	1	34	100	24歳	43年
	1	35	100	25歳	42年
	1	36	100	63歳	10年
	1	38	100	32歳	35年
	1	39	100	19歳	48年
	1	41	100	60歳	11年
	1	43	100	46歳	21年
	1	45	100	29歳	38年
	1	46	100	58歳	9年
	2	3	100	64歳	9年
	2	6	100	66歳	8年
	2	8	100	31歳	36年
	2	9	100	27歳	40年
	2	12	100	60歳	11年
	2	15	100	66歳	11年
	2	20	100	81歳	5年
	2	21	100	(27歳)	35年
	2	23	算定なし	78歳	算定なし
	2	28	95	23歳	44年

分類	級	判例番号	率（%）	年齢（歳）（事故時）	期間
	2	37	不明	(79 歳)	不明
	2	44	100	36 歳	31 年
	2	47	100	40 歳	27 年
	2	48	100	58 歳	11 年
	3	11	100	39 歳	28 年
	3	31	79	29 歳	38 年
	3	40	95	25 歳	42 年
	3	42	100	63 歳	9 年
	1	5	100	7 歳	49 年
②高次脳機能障害（神経系統の機能又は精神の障害）	2	66	100	26 歳	41 年
	4	55	(78) 92	32 歳	(3 年) 32 年
	4	57	92	36 歳	31 年
	4	63	79	64 歳	12 年
	4	68	92	45 歳	22 年
	4	73	92	27 歳	40 年
	5	50	79	(53 歳)	13 年
	5	52	79	69 歳	9 年
	5	62	79	30 歳	37 年
	5	64	79	53 歳	13 年
	5	70	79	26 歳	41 年
	5	71	60	33 歳	34 年
	5	76	79	43 歳	24 年
	5	77	79	41 歳	22 年
	6	53	90	35 歳	32 年
	6	60	67	9 歳	58 年
	6	67	67	37 歳	30 年
	6	69	56	64 歳	9 年
	6	78	67	50 歳	17 年
	7	58	56	25 歳	42 年
	7	72	56	11 歳	49 年
	9	49	30	(23 歳)	44 年
	9	51	27	43 歳	24 年
	9	54	35	37 歳	30 年
	9	56	35	33 歳	34 年
	9	59	35	32 歳	35 年
	9	61	35	55 歳	13 年
	9	65	35	53 歳	14 年
	9	74	35	53 歳	14 年
	9	75	35	(30 歳)	10 年
③ジストニア・転換性障害	5	79	79	34 歳	33 年
	5	81	79	66 歳	11 年
	5	83	79	44 歳	23 年
	7	82	56	39 歳？	10 年

分類	級	判例番号	率（%）	年齢（歳）（事故時）	期間
	14	80	5	31歳	5年
④非器質性精神障害（神経系統の機能又は精神の障害）	8	86	45（その後67歳までは20）	31歳	12年
	9	88	35（5）	50歳	5年（12年）
	12	85	14	35歳	15年
	12	90	14	26歳	5年
	14	84	5	（73歳）	不明
	14	87	5	30歳	10年
	14	89	5	53歳	14年
	14	91	5	36歳	30年
⑤脊髄損傷	3	97	100	31歳	36年
	3	99	不明	64歳	不明
	4	101	57（92（併合4級）－35（既存障害等級9級））	44歳	23年
	5	93	79	44歳	23年
	5	94	79	43歳	24年
	6	92	67	22歳	45年
	7	98	50	41歳	26年
	9	95	35	48歳	19年
	9	100	35	57歳	12年
	11	96	20	40歳	27年
⑥ CRPS	7	104	不明	（20歳）	不明
	9	105	35	54歳	13年
	10	102	27	43歳	24年
	10	103	27	29歳	38年
⑦局部の神経症状	11	126	20	不明	30年
	11	127	17	32歳	35年
	11	168	19・18年 14・23年 （41年のライプニッツ係数－18年のライプニッツ係数）	26歳	18年（14%・23年）
	11	169	20	30歳	37年
	12	110	14	（29歳）	5年
	12	113	14	52歳	10年
	12	120	14	49歳	17年
	12	121	9	不明	10年
	12	125	14	34歳？	33年
	12	131	10	37歳	15年
	12	132	14	（72歳）	6年
	12	137	14	44歳	23年

分類	級	判例番号	率（%）	年齢（歳）（事故時）	期間
	12	140	14	37 歳	30 年
	12	146	14	38 歳	29 年
	12	147	14	58 歳	11 年
	12	159	14	31 歳	36 年
	12	161	14	23 歳	44 年
	12	164	14	62 歳	10 年
	14	97	5	34 歳	5 年
	14	106	5	52 歳	15 年
	14	107	9	28 歳	10 年
	14	108	5	55 歳	5 年
	14	109	5	(38 歳)	5 年
	14	111	5	不明	8 年
	14	112	5	不明	5 年
	14	114	5	27 歳	5 年
	14	115	5	56 歳	12 年
	14	116	5	(20 歳)	5 年
	14	117	5	64 歳	3 年
	14	118	5	(59 歳)	5 年
	14	119	5	不明	3 年
	14	122	5	47 歳	5 年
	14	123	5	44 歳	5 年
	14	124	5	41 歳	26 年
	14	128	5	不明	5 年
	14	129	5	36 歳	31 年
	14	130	5	70 歳	3 年
	14	133	8	33 歳	15 年
	14	134	5	62 歳	2 年
	14	135	5	9 歳	49 年
	14	136	5	41 歳	26 年
	14	139	5	66 歳	2 年
	14	141	5	34 歳	33 年
	14	142	5	(53 歳)	5 年
	14	143	5	38 歳	5 年
	14	144	5	38 歳	10 年
	14	145	5	41 歳	26 年
	14	148	5	(38 歳)	10 年
	14	149	5	31 歳	5 年
	14	150	5	64 歳	5 年
	14	151	5	39 歳	5 年
	14	152	5	不明	10 年
	14	153	5	(25 歳)	15 年
	14	154	5	27 歳	40 年
	14	155	5	41 歳	5 年

分類	級	判例番号	率（%）	年齢（歳）（事故時）	期間
	14	156	5	不明	5年
	14	157	5	41歳	15年
	14	158	【被害者1】 5 【被害者2】 5	【被害者1】 43歳 【被害者2】 65歳	【被害者1】 5年 【被害者2】 5年
	14	160	5	35歳	5年
	14	162	5	36歳	3年
	14	163	5	38歳	29年
	14	165	5	37歳	5年
	14	166	3	69歳	3年
	14	167	5	(39歳)	5年
	不明	138	不明	(66歳)	不明
⑧ 眼・耳・鼻・口	6	175	～定年60歳：25、60～67歳：60	43歳	34年
	9	172	15（35から既存の喪失率20を減じた）	45歳	22年
	10	174	28	74歳	5年
	11	173	20	28歳	39年
	12	170	14	41歳	25年
	14	171	5	25歳	42年
⑨ 形状障害（脊柱の変形、四肢・体幹変形、下肢短縮等）	5	194	52	37歳	30年
	7	180	45	34歳	33年
	7	195	45	72歳	7年
	8	184	50	62歳	10年
	9	183	35	62歳	10年
	9	190	27	38歳	29年
	9	192	14	35歳	32年
	9	193	30	62歳	12年
	10	176	27	24歳	43年
	10	177	27	35歳	32年
	10	181	14	22歳	45年
	10	187	20	35歳	31年（32年のライプニッツ係数－1年のライプニッツ係数：1年間服役のため）
	11	178	14	31歳	36年
	11	179	20（35・1年）	34歳	32年
	11	182	10	62歳	5年
	11	185	14	25歳	30年
	11	188	20	52歳	15年
	11	189	14	25歳	15年
	12	186	14	8歳	49年

分類	級	判例番号	率（%）	年齢（歳）（事故時）	期間
	12	191	45	29歳	38年
⑩ 醜状障害（瘢痕・手術痕等）	6	199	不明	25歳	不明
	7	196	20	20歳	67歳まで
	7	198	10	27歳	10年
	7	200	56・13年 (その後32年：25)	22歳	13年 （その後32年：25%）
	7	206	0	不明	不明
	9	205	27	37歳	30年
	10	203	20	（12歳）	不明 （係数は13.557）
	10	204	24	39歳	28年
	12	201	不明	45歳	不明
	12	202	14	56歳	10年
	14	197	14	54歳	13年
⑪四肢の関節機能障害	4	227	92	42歳	25年
	5	210	62	34歳	33年
	5	231	79	27歳	40年
	6	209	67	45歳	2年
	7	216	29	59歳	10年
	7	225	56	49歳	18年
	7	238	56	60歳	10年
	8	212	45	35歳	32年
	8	214	30	39歳	28年
	8	222	30	42歳	25年
	8	234	45	29歳	38年
	9	207	35 27	40歳	10年 （40～49歳） 17年 （50～67歳）
	9	230	35	28歳	32年
	9	237	35	55歳	14年
	10	208	27	52歳	15年
	10	211	27	56歳	11年
	10	213	27	22歳	45年
	10	217	20	56歳	11年
	10	218	14 27	34歳	25年 （34～59歳） 7年 （60～67歳）
	10	219	27	37歳	30年
	10	221	27	39歳	28年
	10	226	27	47歳	20年
	10	228	27	53歳	7年 （20%・7年）

分類	級	判例番号	率（%）	年齢（歳）（事故時）	期間
	10	232	27	31歳	36年
	10	236	20	53歳	16年
	11	215	20	80歳	5年
	11	235	20	60歳	11年
	12	220	14	21歳	46年
	12	223	14	48歳	19年
	12	224	10	44歳	16年（60歳～67歳：7年・14%）
	12	229	14	58歳	9年
	14	233	14	53歳	17年
⑫ 胸腹部臓器	7	239	56	40歳	27年
⑬ その他	1	243	100	25歳	38年
	8	253	14	9歳	50年
	9	241	35	26歳	41年
	11	240	14	42歳	2年（20%・8年：19%・10年：16%・5年）
	11	254	判断なし	64歳	判断なし

Ⅶ 等級・慰謝料類型索引

後遺症慰謝料 後遺障害等級	障害の内容	近親者慰謝料	備考	判例番号
3,370 万円				
1 級 1 号	右片麻痺、右感覚障害、高次脳機能障害（脱抑制、記憶障害、失語、遂行機能障害、集中力低下、若年性認知症状態）尿失禁		一括	43
3,328 万円				
1 級 1 号	両下肢完全麻痺、膀胱直腸障害		一括	38
3,200 万円				
1 級 1 号	四肢麻痺、排泄障害等	父母各 200 万円、長女 100 万円		29
1 級 1 号	頸髄損傷による四肢麻痺	両親に固有の慰謝料各 200 万円、子供に固有の慰謝料 100 万円	一括	45
3,160 万円				
1 級相当	脳脊髄液減少症を基本疾患として、胸郭出口症候群を合併し、ほぼ終日臥床		一括	10
3,150 万円				
1 級 1 号	両下肢足趾完全麻痺、知覚麻痺、膀胱直腸障害		一括	39
3,100 万円				
1 級 1 号	四肢麻痺、四肢筋力低下、関節拘縮、排尿障害			41
3,000 万円				
1 級 1 号該当	高次脳機能障害、右不全片麻痺、左眼光覚なし、脾臓摘出、右前額部の 5 センチメートル以上の線状瘢痕等	父母に各 300 万円		14
1 級 1 号 11 級 1 号	・頭部外傷及び事故受傷後の低酸素脳症・外傷性くも膜下出血・低酸素脳症に伴うくも膜下出血・脳浮腫・脳室拡大・全脳萎縮による意思伝達不能、四肢・体幹の痙性麻痺による常時臥床等 ・右下肺葉の部分切除による胸腹部臓器の障害	両親：各 400 万円		16
3,000 万円				
1 級 1 号 9 級相当	高次脳機能障害 視力・視野障害	近親者 2 名に固有の慰謝料各 100 万円	一括	18
3000 万円				
1 級 1 号	失語症、右片麻痺、理解力・判断力・協調性・意欲の低下、性格変化等を主体とする重度の高次脳機能障害			35
2,840 万円				
2 級 1 号	高次脳機能障害（精神的不安定・自己コントロール力欠如・対人関係調整能力の低下及び欠落、短期記憶障害、見当識障害		一括	9

後遺症慰謝料 後遺障害等級	障害の内容	近親者慰謝料	備考	判例番号
2,800 万円				
1 級相当	両下肢完全麻痺、尿閉			1
1 級 1 号	高度の痴呆			2
別表第 1 第 1 級 1 号	脳全体にわたる脳挫傷後の脳梗塞	母固有分 500 万円		4
1 級	重度高次脳機能障害、嚥下障害、四肢運動障害により、自力での移動、食事摂取、排泄は不能で、終日介助要状態にある	両親：各 300 万円（計 600 万円）		5
1 級 1 号	遷延性意識障害	妻 150 万円、子 2 名につき各 100 万円		7
1 級	遷延性意識障害			17
別表第一 1 級 1 号	高次脳機能障害等により			19
別表第一 1 級 1 号	四肢運動不能等	350 万円（妻固有の慰謝料）		24
1 級 1 号	頸部外傷後遺症（四肢麻痺、高次脳機能障害、神経因性膀胱）	母親 300 万円		25
1 級 1 号	頸髄損傷による四肢麻痺			26
1 級 1 号	胸髄損傷による対麻痺等	両親固有の慰謝料各 200 万円		27
1 級 1 号	胸髄損傷による完全対麻痺	妻固有の慰謝料 100 万円、長女固有の慰謝料 50 万円		30
1 級 1 号	遷延性意識障害で寝たきりの状態にあり、生活全般について介助が必要、いわゆる植物状態	両親：各 250 万円（計 500 万円）		32
1 級 1 号	両下肢運動不能・知覚脱失	母、姉に各 150 万円		33
1 級 1 号	遷延性意識障害及び四肢体幹運動障害	両親に各 200 万円		34
1 級 1 号	高度四肢麻痺、尿閉、歯牙障害等	妻:400 万円、子:100 万円		36
1 級 1 号	第三頸椎レベル以下の知覚・運動・呼吸の完全麻痺			46
2,600 万円				
2 級相当 10 級相当 10 級相当	・高次脳機能障害を前提とする精神・神経系統に関する後遺障害 ・左肘関節拘縮・可動域制限 ・外斜位視の残存	妻・子供各 100 万円、両親各 50 万円		47
2,500 万円				
1 級 1 号	脳挫傷、脳内血腫、頭蓋骨骨折、左硬膜下水腫、左前頭葉挫傷、左頭頂葉挫創による意識障害（仮眠状態）、右側頭骨骨折による内耳障害	同居の子 200 万円、同居していない子 100 万円		13
2 級	・高次脳機能障害（7 級 4 号） ・右下肢の欠損障害（4 級 5 号） ・左大腿部醜状障害（12 級相当等）			21

後遺症慰謝料 後遺障害等級	障害の内容	近親者慰謝料	備考	判例番号
2級	胸髄損傷による対麻痺	父親に固有の慰謝料200万円、母親に固有の慰謝料300万円		28
7級4号	外傷性腰髄損傷及び下肢反射性交感神経性ジストロフィー（RSD）			104
1級1号	"四肢体幹麻痺、C四以下知覚脱失、歩行不能の状態 (実質的には死亡慰謝料として評価するのが相当（2,500万円）)	（父200万円、母200万円）		243
2,460万円				
別表第一1級1号 12級7号	・高次脳機能障害、左片麻痺等 ・右股関節の機能障害	父親に固有の慰謝料150万円、介護を行っている母親に固有の慰謝料250万円		22
2,400万円				
2級相当	脳挫傷、遷延性意識障害、慢性硬膜下血腫及びびまん性軸索損傷ないし頭部外傷後遺症			3
2級3号	右片マヒ、左膝関節の可動域制限、高次脳機能障害			12
2級3号	高次脳機能障害			23
併合2級相当	失語や記銘力障害等の高次脳機能障害、複視、味覚の減退			48
2級	・高次脳機能障害(3級3号) ・聴力障害(10級4号)			66
2,370万円				
2級	高次脳機能障害、左片麻痺等			6
2級1号	高次脳機能障害等による神経系統の機能または精神の障害			20
2級	・高次脳機能障害（3級3号） ・右足関節機能障害（10級1号） ・右下腿皮膚欠損による右下肢の醜状傷害（12級） ・頭部右側の開頭術後の醜状痕（14級11号）			44
2,300万円				
4級	びまん性軸索損傷に起因する高次脳機能障害、胸椎圧迫骨折による頸椎の奇形、左下肢の短縮障害			63
2,220万円				
2級1号	記憶障害、遂行機能障害、自発力低下	夫100万円、子3名各50万円		15
2,184万円				
3級	四肢の不随意運動、構語障害		一括	40
2,000万円				
5級2号又は3級3号相当	記憶障害、学習障害、遂行機能障害、社会行動能力の低下、持続力の低下、知能低下といった高次脳機能障害			8

後遺症慰謝料 後遺障害等級	障害の内容	近親者慰謝料	備考	判例番号
3級	・両目とも右半分の視野が失われ、右動眼神経麻痺による右瞳拘縮不全により羞明（8級相当） ・健忘症候群と情動のコントロール障害（5級：高次脳機能障害）			31
3級	歩行障害、左上肢筋力低下、両手の痺れ、項部痛等の後遺障害			99
1,990万円				
14級10号 3級3号	X1：外傷性頸部症候群に伴う頸部痛、項部痛 X2：四肢不全麻痺、四肢感覚障害（手・肘・肩・股・手指・膝の関節可動域制限を含む。）			97
1,900万円				
3級3号	脊髄不全損傷による対麻痺	被害者の妻に固有の慰謝料100万円		42
1,700万円				
3級	・高次脳機能障害（5級2号） ・右足関節の可動域制限（8級7号） ・外貌醜状（12級13号） ・左耳の耳鳴（12級） ・嗅覚減退（14級）	妻：300万円		11
4級	・高次脳機能障害（5級2号） ・複視（10級2号）			57
4級（詳細不詳）	高次脳機能障害（5級2号等）			68
5級2号	高次脳機能障害			70
5級2号	神経系統の機能に著しい障害を残し、特に軽易な労務以外の労務に服することができないもの			76
5級2号	頸髄損傷による四肢麻痺5級2号			94
1,670万円				
4級	・高次脳機能障害（5級2号） ・聴力障害（11級6号） ・顔面神経麻痺（12級15号）			73
4級相当	・右下肢の機能障害（全廃）（5級7号） ・右下肢の短縮障害（10級8号）			227
1,600万円				
4級	・高次脳機能障害（5級2号） ・嗅覚脱失（12級相当） （既存障害第9級10号の加重障害）			55
5級	・高次脳機能障害（7級4号） ・外貌醜状（7級12号） ・下肢醜状（14級5号）			71
1,554万円				
5級2号	外傷性の器質性人格変化		一括	77
1,500万円				
7級	脊柱変形			180
1,450万円				
5級相当	てんかん性障害による右下肢麻痺			81
1,440万円				
5級	左手前腕挫滅切断			210

後遺症慰謝料 後遺障害等級	障害の内容	近親者慰謝料	備考	判例番号
5級6号	右上肢の機能障害（全廃）			231
1,420万円				
7級5号	大腸部分切除（複数箇所）後、回腸人工肛門造設術後、直腸狭窄にて多量の小腸液が人工肛門より排出するため、頻回のパウチ内小腸液の処理を必要としており、脱水傾向になりやすいため多量の水分摂取が必要となった。		一括	239
1,400万円				
5級2号	健忘、見当識障害			50
5級2号	高次脳機能障害			52
5級2号	高次脳機能障害			62
5級2号	尿失禁、見当識障害			64
5級相当	上肢の不随意運動につき			79
5級	左下肢不全麻痺			83
5級	左下肢不全麻痺			93
5級	・右足関節（用廃）・膝関節（著障）・足指（全廃）の機能障害（6級相当） ・骨盤骨の変形障害（12級5号等）			194
1,330万円				
6級	・右同名半盲の視野障害（9級3号） ・右顔面部の醜状障害（12級13号） ・並びに脳外傷による体幹機能障害、失調症、巧緻性低下等の身体機能障害及び記銘力障害や気分障害等の高次脳機能障害（7級4号）		一括	78
1,300万円				
6級	・高次脳機能障害（7級4号） ・右膝関節の機能障害（12級7号） ・そしゃく障害（12級相当） ・外貌の醜状障害（12級14号）			67
1,280万円				
7級相当	高次脳機能障害等		一括	58
1,260万円				
4級	・右上下肢シビレ・脱力感・歩行障害等（5級2号） ・嚥下障害（10級）		一括	101
1,250万円				
7級12号	外貌の醜状障害			198
1,200万円				
6級	痙性歩行、両下肢のつっぱり感やしびれ、手内在筋力低下による両手指変形など、 ・神経系統の機能又は精神に障害を残し、軽易な労務以外の労務に服することができないもの（7級4号） ・脊柱に変形を残すもの（11級7号）			92
6級	・左目の障害（眼球摘出による失明）及び右目の視力低下（7級1号） ・左目瞼の障害（11級3号） ・脳挫傷（12級12号） ・左頬部知覚障害（12級12号） ・外貌の瘢痕（14級10号）			175

後遺症慰謝料 後遺障害等級	障害の内容	近親者慰謝料	備考	判例番号
1,180 万円				
6 級	・脳外傷に起因する高次脳機能障害（7 級 4 号該当） ・眼球障害（9 級相当） ・外貌醜状（9 級相当）			60
6 級	・高次脳機能障害（7 級 4 号） ・嗅覚脱失（12 級相当）			69
6 級相当	左上肢麻痺			209
1,150 万円				
8 級	・脊柱障害（11 級 7 号） ・PTSD 等の精神障害（9 級 10 号）		一括	86
1,140 万円				
8 級 (併合)	右足関節の可動域制限、右足の第一指・第二指の可動域制限、左鎖骨の変形障害、右下肢の醜状障害等		一括	214
1,100 万円				
14 級 9 号	局部に神経症状を残すもの			160
7 級 12 号	顔面外貌醜状等		一括	196
1,088 万円				
8 級 (併合)	・左下肢の短縮障害（13 級 9 号） ・骨盤骨の変形障害（12 級 5 号） ・右母趾関節の機能障害（12 級 11 号） ・背中及び臀部の採皮痕に対し、日常露出しない部位の醜状障害（12 級相当） ・左下肢の瘢痕に対し、下肢の醜状障害（12 級相当） ・右下肢の瘢痕に対し、下肢の醜状障害（12 級相当）		一括	253
1,030 万円				
7 級	・右膝の関節が用を廃したもの（8 級 7 号） ・右下肢が 1cm短縮したもの（13 級 8 号）			195
7 級	・右大腿骨偽関節（8 級 9 号） ・左肩関節の機能障害（12 級 6 号） ・左足関節の機能障害（12 級 7 号） ・左腓骨の変形障害（12 級 8 号）			225
1,000 万円				
7 級 4 号	高次脳機能障害			72
7 級相当	右下肢不全麻痺			82
7 級 4 号該当	巧緻運動を呈する著しい機能障害、下肢につき歩行困難の障害			98
7 級（併合）	左足関節・足指の機能障害、左膝関節痛等			238
940 万円				
7 級 12 号	顔面外傷性瘢痕			200
930 万円				
9 級	・右股関節の機能障害（12 級 7 号） ・右膝痛につき（14 級 9 号） ・歯牙障害につき（10 級 4 号） ・外貌醜状につき（14 級 10 号） ＊なお、歯牙障害及び外貌醜状については併合 12 級		一括	192
900 万円				

後遺症慰謝料 後遺障害等級	障害の内容	近親者慰謝料	備考	判例番号
9級10号	高次脳機能障害		一括	49
8級相当 12級5号	・右腕神経叢損傷による右上肢の機能障害につき、右肩関節や肘関節の可動域、前腕の神経症状 ・右鎖骨の変形障害			191
8級相当	右肩関節の機能障害、右肘関節の可動域の軽度制限（屈曲力の低下）、右前腕の回内及び回外の筋力低下、右上腕（外側）から及び右手首（拇指、支指）にかけての近く低下、右鎖骨骨折後の変形障害			234
830万円				
8級	・右膝関節・右足関節の機能障害（11級相当） ・右足指の機能障害（9級15号） ・右股関節痛（14級9号）			212
810万円				
8級2号	脊柱に運動障害を残すもの			184
800万円				
6級	・高次脳機能障害（7級4号：記銘力低下、注意・集中力の低下、知的能力の低下、状況判断能力、類推能力、想像力及び論理的思考などの思考力全般の低下） ・左右上下視の複視（13級2号）	（日本と上海の経済的事情の相違等を考慮して基準額1,180万円の約70%）		53
785万円				
9級10号	高次脳機能障害（手に力が入らない、歩きにくい、ペットボトルの蓋が開けられない、排尿回数が多い、臭いがわからない、道に迷うことがある。）		一括	59
770万円				
9級（併合）	右上顎骨骨折、外傷性視神経症等		一括	241
760万円				
9級相当	記憶力・注意力の障害、易怒性、無気力等を内容とする高次脳機能障害			54
730万円				
12級14号	右頬部と左白唇部の線状痕及びオトガイ部の瘢痕		一括	201
710万円				
9級	高次脳機能障害			65
9級	神経系統の機能又は精神に障害を残し、服することが出来る労務が相当な程度に制限される状態			74
700万円				
9級10号	左掌の痺れ、左肩の鈍さ、左手指の巧緻運動障害、左下肢の脱力、左手握力低下等			100
9級	・左足関節の機能障害（10級11号） ・左下腿骨の変形癒合（12級8号） ・左下肢の醜状障害（12級） ・右大腿の採皮痕（14級5号）			205
690万円				
9級10号相当	高次脳機能障害			56
9級10号	右上肢RSDによる疼痛、可動域制限			105

後遺症慰謝料 後遺障害等級	障害の内容	近親者慰謝料	備考	判例番号
9級	・脊柱の変形障害（11級7号） ・右肩関節の機能障害（10級10号等）			183
9級	・右下腿部疼痛、しびれ（12級12号） ・右足関節可動域制限（10級11号）			207
9級（併合）	左足関節の不安定性、左第1趾の機能障害、左第2・3趾痛等			237
670万円				
9級	・中心性脊髄損傷による脊髄症状（9級10号） ・頸部痛（14級10号） ・非外傷性精神障害（14級10号）			95
9級	・右鎖骨の変形（12級5号） ・右肩関節可動域制限2分の1以下（10級10号）			193
650万円				
9級	頭部外傷後遺症（精神症状）			61
11級	・左膝の疼痛・不安定性（12級13号） ・左肘から左手指にかけての疼痛等（12級）		一括	127
640万円				
9級	・下肢の動揺関節変形（10級10号） ・腸骨採取後の骨盤骨の変形（12級5号）			190
630万円				
11級（併合）	右足関節痛、右足底の痛みの訴え、左足底・左足外側の痛み		一括	126
620万円				
11級7号	脊柱の変形障害		一括	188
600万円				
10級	・脊柱の変形障害（11級7号） ・外傷性頸部症候群（12級） ・精神障害（14級等）			177
6級	・外貌の醜状障害（7級12号） ・下肢の醜状障害（12級相当） ・歯牙障害（14級2号より）			199
10級	・右膝関節及び右足関節の各機能障害（12級） ・右下肢の瘢痕、右大腿ないし下腿後面の傷み、右下肢知覚障害（12級）			204
10級	・左股関節・膝関節の機能障害（11級相当） ・左下肢の醜状障害（12級相当）			213
550万円				
9級10号	高次脳機能障害「神経系統の機能又は精神の障害」「問題解決能力などに障害が残り、作業効率や作業持続力などに問題がある」			51
10級10号	右肩関節及び左手関節の拘縮による反射性交感神経性ジストロフィーと複合性局所疼痛症候群			102
10級	・脊柱の変形障害（11級7号） ・左手しびれ（12級13号）			176
11級7号	脊柱の変形障害			179
10級	・脊柱変形（11級） ・1指用廃（12級）			181

後遺症慰謝料 後遺障害等級	障害の内容	近親者慰謝料	備考	判例番号
10 級	・頸椎前方固定術による脊柱の変形障害（11 級 7 号） ・手術のための腸骨骨採取による骨盤骨の変形障害（12 級 5 号） ・しびれ等（14 級 10 号）			187
10 級	・右足デグロービング損傷、右第一趾骨折に伴う右足第一ないし四指の機能障害（11 級 9 号） ・左右両下肢の醜状障害（14 級 5 号及び 12 級）			203
10 級相当	左肩の安静時痛、運動時痛及び可動域制限			208
10 級 7 号	右手第一指約 1 センチメートル短縮、中手指節関節（MP）及び指節間関節（IP）の可動域制限			211
10 級 11 号	右股関節の機能障害			217
10 級 7 号	右母指の機能障害 10 級 7 号			221
10 級 10 号	左肩関節機能障害			228
12 級 7 号	右股関節の機能障害、疼痛			229
530 万円				
10 級	CRPS（反射性交感神経性ジストロフィー・RSD）			103
10 級	・右足関節の可動域制限等（12 級 7 号） ・右足母指及び第二指の可動域制限等（11 級 10 号）			218
10 級 10 号	右手関節の運動機能障害			219
10 級 10 号	右肩関節の機能障害			226
10 級 10 号	左足関節の機能障害			232
10 級	・右肩関節の可動域制限（10 級 10 号） ・右中指痛（14 級 9 号）			236
512 万円				
11 級 7 号	脊柱の奇形障害			178
510 万円				
12 級 13 号 14 級 9 号	・脳に器質的損傷を伴わない精神障害（非器質性精神障害） ・外傷性頸部症候群		一括	85
500 万円				
7 級	女			206
11 級	・左膝の動揺性（12 級 7 号） ・左眼窩の線状痕（12 級 14 号） ・左頬のしびれ（14 級 9 号）			168
11 級	・ふらつき等（12 級 13 号） ・そしゃく障害（12 級相当） ・耳鳴り（14 級相当）			169
10 級相当	右目網膜中心静脈閉塞症の発症とその後の右目失明			174
8 級相当	・左手指の機能障害（9 級 13 号） ・左肩関節の可動域制限（9 級 10 号）			222
470 万円				
11 級	・脊髄損傷による左上下肢の麻痺等（12 級 12 号） ・脊髄損傷による神経因性膀胱（11 級 11 号）			96

後遺症慰謝料 後遺障害等級	障害の内容	近親者慰謝料	備考	判例番号
450万円				
7級	・左膝関節の機能障害（8級7号） ・左股関節の機能障害（12級7号） ・左下腿骨骨折に伴う短縮障害（13級9号） ・脊椎の変形障害（11級7号） ・骨盤骨の著しい奇形（変形）（12級5号） ・右大腿部痛（14級10号）			216
432万円				
9級	事故前の障害等級11級程度の難聴が事故後9級に増悪		一括	172
420万円				
11級	難聴			173
11級	・右肩関節の機能障害（12級6号） ・右鎖骨の変形障害（12級5号） ・右手関節神経障害（14級9号） ・手話能力低下（12級）			235
400万円				
9級	・うつ病による神経系統の機能または精神の障害（9級10号） ・聴力障害（14級3号）			88
12級該当	他覚的所見を伴う「頑固な神経症状を残すもの」			161
11級相当	・左下肢が1センチメートル以上短縮（13級8号に相当） ・骨盤骨折に起因して、左足の股関節部分や左大腿部に常時疼痛を有しており、局部に頑固な神経症状を残しているもの（12級13号相当）			185
11級	・腰痛、左下腿しびれ（12級） ・腸骨からの採骨（12級）			189
12級 12級12号	・左頬骨の変形、顔面の醜状痕 ・顔面局部の頑固な神経症状			202
11級	・右膝関節の機能障害（12級7号） ・骨盤骨の変形障害（12級5号）			215
397万円				
14級9号相当	安静時の腰痛、両下肢外側のしびれ感、両足首より先のしびれ感		一括	157
396万円				
12級	右手関節の可動域制限、握力低下、右示指しびれ等		一括	224
370万円				
12級	・右膝の疼痛（12級13号） ・遷延性抑うつ反応（14級9号）			125
360万円				
14級10号	局部神経症状		一括	154
350万円				
12級	・右下腿の変形（12級8号） ・右下肢の醜状（14級5号）			186
340万円				

後遺症慰謝料 後遺障害等級	障害の内容	近親者慰謝料	備考	判例 番号
14 級	既往症のパニック障害悪化（予期不安・突発的不安感による一人での外出不能、留守番の困難）が影響する頸部痛		一括	84
290 万円				
12 級 13 号	頸部痛、右上肢のしびれ、筋力低下等			110
12 級 12 号	頸椎捻挫後の手足のしびれ、頸部痛等			113
12 級 13 号	頸部痛、左上肢知覚障害			120
12 級 13 号	頸部痛、右上肢しびれ			121
12 級 12 号	右頸部痛、右上肢のしびれ等の右上肢の神経症状、右上肢の筋力低下や温痛覚麻痺			137
12 級	第四、五、六頸椎神経根症			140
14 級 10 号	腰痛、右下肢の疼痛		一括	143
12 級 13 号	左上肢の筋力低下、知覚異常、頭痛、頸部痛、自律神経症状			146
12 級 13 号	右上肢の知覚障害			147
12 級 12 号	上肢や下肢の頑固な痛み等の神経症			159
12 級	右母指の痛み等			164
12 級	・耳鳴り等の聴覚障害（12 級） ・項部痛、頭痛（14 級）			170
14 級	右上肢に生じた疼痛による可動域制限			233
280 万円				
9 級 10 号	神経・精神症状			75
12 級相当	・頭部痛（14 級 9 号） ・左肩痛（12 級 13 号）			132
12 級 6 号	右手関節の機能障害			220
12 級 6 号	左手関節の機能障害			223
260 万円				
12 級相当	非器質性精神障害			90
14 級 9 号	背部の疼痛等		一括	141
240 万円				
14 級 10 号	左手足のしびれや背部痛、胸部痛等の神経症状		一括	150
220 万円				
14 級（併合）	頸部・両肩・両下肢局部に神経症状を残すもの		一括	167
非該当	被害者が事故後離婚したことにつき事故の影響も否定できないとし、事故による痛みが残っていること等の諸事情も考慮するとした			248
210 万円				
14 級 9 号 14 級 9 号	【被害者 1】神経症状 【被害者 2】神経症状		一括 一括	158
11 級（併合）	・脊柱の変形（11 級 7 号） ・臀部・仙尾骨痛及び臀部違和感（14 級 10 号）			182
200 万円				
10 級	男			206

後遺症慰謝料 後遺障害等級	障害の内容	近親者慰謝料	備考	判例番号
14級(併合)	1時間から2時間に1回程度(ひどいときには30分に1回程度)の頻度でトイレに行くという頻尿の症状及び排尿力低下により排尿の時間がかかるという症状等を内容とする排尿障害 ・頸部痛、左半身のしびれ感等(14級10号) ・腰部、左半身のしびれ感等(14級10号) ・排尿障害(非該当)			107
180万円				
12級13号	頸部の傷害に起因する局部に頑固な神経症状を残すもの			131
14級	腰痛、左臀部痛、左大腿後部(付け根付近)の痛みという神経症状			144
14級	腰部、左臀部、左大腿部の各局部における神経症状			148
14級	局部に神経症状を残すもの			152
175万円				
14級相当	頸部及びその周辺に痛み痺れなどの神経症状		一括	166
150万円				
14級10号	頸部痛等			115
130万円				
14級10号	頭痛、右手の握力低下等			133
14級10号	左下肢の痛み(局部に神経症状を残すもの)			153
110万円				
14級	記憶力低下、集中力の低下、遂行機能障害、コミュニケーション能力の低下等の精神障害			87
14級9号	精神障害(不眠、回避、フラッシュバック等)			89
14級9号	頸部捻挫、外傷性頸部症候群			106
14級	・頸部痛、左上肢の筋力低下等(14級9号該当) ・腰部痛(14級9号該当)			108
14級9号	頸部痛、上肢のしびれ			109
14級10号	低髄液圧症候群			111
14級	外傷性頸部症候群			112
14級相当	頸部痛、右手のしびれ、腰痛等			114
14級10号	項頸部痛			116
14級9号	頸部痛、右手しびれ感			118
14級9号	頸部痛、目まい、目のかすみ、右上肢のしびれ及び右肩の疼痛			119
14級程度	頸部・背部痛・腰痛・下肢のしびれ等			122
14級9号	頸椎捻挫後の頸部緊張感、右手掌部・手背部全体のしびれ、右上肢全体のしびれ並びに頸椎捻挫後の腰部痛、腰のだるさ、両下肢牽引痛及び両下肢のしびれの症状			123
14級	左下肢の脱力感、疼痛			124
14級10号	左膝打撲後の左下腿外側痛等			128
14級10号	右膝痛			129
14級相当	頭痛、頸部痛等の神経症状			130
14級9号	頭痛、めまい等について			135
14級10号	左下肢の疼痛、脱力感			136

後遺症慰謝料 後遺障害等級	障害の内容	近親者慰謝料	備考	判例番号
14級9号	頸部由来の神経症状			139
14級9号	腰痛			142
14級（併合）	頸部から右上肢にかけてと、腰部から右下肢にかけて、それぞれ局部に神経症状を残すもの			149
14級相当	局部に神経症状を残すもの			151
14級10号	左上下肢の神経症状			155
14級	左手関節部外側前腕皮神経障害による左手関節部の疼痛			156
14級10号	右手関節痛、自動痛			162
14級9号	右手指しびれ（右肩関節の機能障害は非該当）			163
14級相当	頭痛、頸部痛、両肩痛、易疲労等の症状			165
14級相当	右耳小骨離断との受傷に起因する症状と捉えられる難聴及び耳鳴り			171
14級11号 12級12号	外貌醜状 左下肢の神経症状			197
100万円				
14級	頸椎捻挫及びその後の持続性身体表現性疼痛障害（災害神経症）に起因する四肢筋力の低下、歩行障害、腰痛、頸部痛、背部痛			91
14級	・腰痛（14級9号） ・頸部痛等（14級9号）			145
80万円				
14級10号 14級10号	・頸部痛、右手のしびれ ・右足関節痛			117
75万円				
14級	発作性硬直、脱力症状、歩行障害というてんかん性障害			80
30万円				
14級10号	頭痛、頸部違和感、耳鳴り、腰部の張る感じ			134

注：備考欄の「一括」は傷害慰謝料を含む。

第5章
裁判例の総括

I　判決の傾向

1　基礎年収の捉え方

裁判例では、事故前の収入実態や学歴、事故後の収入状況等の多様な要素を加味した上で、様々な基礎年収の捉え方が認められる。

有職者の例では、高卒のアルバイトに従事していた被害者（症状固定時19歳）には高卒・全年齢平均賃金（【1】）、自営業の被害者（症状固定時49歳）には実収入に照らし学歴計・全年齢平均賃金の7割程度（【2】）、自営業の被害者（症状固定時64歳）には実収入（事故前年の申告所得額）（【3】）を採用している。そのほか、特徴的なものとして、入社後5か月の被害者（症状固定時24歳）に男子・学歴計・全年齢平均賃金（【18】）を採用したものや、外国人の被害者につき、永住資格を有していたことに基づき事故前の実収入（【11】）、症状固定時26歳の被害者につき、実収入を大卒年齢階層別平均賃金で除した割合に大卒全年齢平均賃金に乗じた額（【241】）、ワーキングホリデーで韓国から来日し、その間に事故に遭い、その後は就労ビザに切り替えて滞在したが、近いうちに母国に帰国を予定している被害者（症状固定時25歳）につき、事故前3か月の平均収入を元に計算した年額の7割（【185】）を採用したものがある。

主婦の基礎収入にあたっては、女子・学歴計・全年齢平均賃金を採用するもの（【29】）、女子・学歴計・65歳以上の平均賃金を採用するもの（【15】）、女子・学歴計・65歳以上の平均賃金の6割相当の額とするもの（【20】）など、被害者の年齢や家事従事の実態との関係で調整がみられる。

未就労の被害者においては、大学生の被害者（症状固定時21歳）には大卒・全年齢平均賃金（【4】）、未就学児、小学生、中学生、高校生の被害者には学歴計・全年齢平均賃金（【5】、【16】、【22】、【32】）を採用している。また、中国から日本に留学し、大学に在学中の被害者（症状固定時35歳）につき、中国の日系企業における現地社員の給与の動向等を考慮して基礎収入を算定するのが合理的であるとしたもの（【192】）がある。なお、症状固定時94歳の年金受給者（【13】）、同じく78歳の無職者（【23】）などには逸失利益が認められていない。

一方、自賠責保険では、前述のとおり、症状固定時における賃金センサスの平均賃金を基礎収入にすること（それを上回る立証資料が提出されれば、その現実収入額を基礎収入にすること）とされており、具体的には、未就労の被害者であれば学歴計・全年齢平均賃金、就労中の被害者であれば年齢別平均賃金・前年度実収入・全年齢平均賃金のいずれか、無職の被害者であれば年齢別平均賃金・全年齢平均賃金のいずれかを基礎収入として逸失利益を積算する。

確かに、実損填補という原則に従えば、裁判例のように事故前収入や学歴を基礎としつつ、将来の昇給の可能性等を含めて総合的に検討することが必要といえるが、転職して事故前よりも高収入を得る可能性もあること、「逸失利益」は消極損害の算定であり、フィクション的要素を否定できないこと、大量・迅速・公平な処理を要請される自賠責保険では多種多様な要素を加味するには限界があることから、自賠責保険では、賃金センサスの学歴別・年齢別・平均賃金の範囲で被害者間の公平を保つようにしている。

2 後遺症慰謝料

ア 裁判例の総括

後遺症慰謝料は、赤い本、青本によって基準が設けられているが、被害者によって相当の差がある日常生活上の支障、精神的苦痛の度合い、労働能力への影響等を考慮して、適正な慰謝料の算定をしなければならない。本書に掲載された裁判例を見てみると、各等級で認定された慰謝料額については、各々各等級とも慰謝料額にかなりの幅があり、各事案の諸事情を考慮して算定されていることがわかる。

イ 慰謝料の増額事由

増額事由として挙げられたものについては、①傷害慰謝料と後遺症慰謝料が合算されて認定されたものと、②様々な事情を考慮・斟酌したものが挙げられる。慰謝料の増額事由として、赤い本では、㋐慰謝料増額事由とされた加害者の過失ないし事故態様（飲酒、酒気帯び運転、救護義務違反、報告義務違反（ひき逃げ）、速度超過、信号無視、居眠り、無免許、脇見運転）と㋑被害者の事故後の態度（証拠隠滅、謝罪なし、責任否定（訴訟で争う、虚偽供述等））が挙げられている（赤い本2005年版下巻37頁）。

本書に掲載の裁判例で㋐に当てはまる事例については、加害者の酒気帯び運転を増額事由として考慮したものがある（【76】【94】）。

また、一方上記の㋐、㋑以外に㋒被害者の事故後の感情や後遺症を考慮した事例として、被害者（女・31歳（33歳）・兼業主婦（経理事務））が抱いていた子供（生後8か月）の死亡と本人の高次脳機能障害を考慮したもの【71】、被害者（女・不明・エアロビクス指導員）が事故後離婚したことにつき、事故の影響も否定できないとし、事故による痛みが残っていることを考慮したもの、㋓醜状障害を考慮した事例として、被害者（女・32歳（34歳）・会社員）の顔面部の醜状を考慮したもの【67】、被害者（男・不明（26歳）・会社員）の線状痕は労働能力に影響はないが、慰謝料で斟酌したもの【168】、被害者（女・54歳（56歳）・主婦（家事従事））の顔面醜状を考慮したもの【202】、被害者（女・6歳（8歳）・小学生）の下肢の醜状痕を考慮したもの【186】、㋔被害者の職業を考慮した事例として、被害者（男・不明（34歳）・競輪選手）が競輪選手として活動を余儀なくされたことを考慮したもの【179】、被害者（男・28歳（30歳）・内科医）のふらつき等・そしゃく障害、耳鳴りの障害につき、内科医であることを考慮したもの、㋕将来の手術費等の可能性を考慮した事例として、被害者（女・不明（58歳）・有職の主婦）の可動域が10級に近い内容であり、将来人工骨頭置換術を余儀なくされる可能性を考慮したもの【229】がある。

3 近親者慰謝料[注1]

裁判例では、重度の障害が残存する場合、主に介護を担う近親者の慰謝料や、住宅改造費、将来の介護費用等が損害として積算されるのが通常である。近親者の慰謝料の金額に関しては、障害内容や平均余命までの年数等が関与するかと考えていたが、裁判例をみると、あまり規則性は見られないように思われる。基本的な生活保障は逸失利益・将来の介護費用の積算で行われるため、近親者固有の慰謝料のみを検討している例と、将来の介護費用を認容したとしても、近親者の介護負担が甚大であることを考慮して近親者慰謝料の要否と金額を検討している例が混在するためであろうか。

なお、自賠責保険では、後遺障害による損害の場合、近親者慰謝料や将来の介護費用という名目の損害項目はなく、これらを個別に積算することはない。

4 素因減額

裁判例では、残存する後遺障害と事故との因果関係を認めつつ、素因減額で賠償額を減算することが認められる。脳動脈瘤破裂によるくも膜下出血と事故

注1　民法711条は生命侵害の場合に近親者に固有の慰謝料請求権を認めているが、重度後遺障害の場合にも民法709条・710条に基づき近親者に固有の慰謝料請求権が認められる（最判昭和33年8月5日民集12巻12号1901頁）。

との因果関係を認めつつ、事故以前から存在した脳動脈瘤を理由に50％の素因減額を適用したもの（【2】)、ジストニアの疾病素因の存在を理由に20％の素因減額を適用したもの（【8】、本件は、自賠責保険では「非該当」と判断されていたものが、判決ではびまん性脳損傷に基づく高次脳機能障害とジストニアの症状を併せて併合2級に相当すると認定された点でも特色がある)、脳脊髄液減少症を基本疾患として、胸部出口症候群を合併し、これに原告の偏った性格に由来する心因的要素が影響し、さらに長期臥床による廃用性四肢筋力低下ないし萎縮が加わったために症状の長期化・重篤化が生じたものと認め、80％の素因減額を適用したもの（【10】、症状固定日から67歳まで29年間、100％の労働能力喪失を認定している)、事故前から多発性脳梗塞が見られたものの、事故を契機として、脳挫傷等を発症し、その後、パーキンソン症状・認知症状が出現し、これにより2級1号の後遺障害（高次脳機能障害）が発生したと認めつつ、被害者の素因及び事故後の症状が相当程度寄与しているとして、30％の素因減額を適用したもの（【20】)、被害者の左下肢不全麻痺は器質的損傷によるものではなく、心因的要因によって発症したものと言わざるを得ないとしつつ、解離性障害等の既往症等の寄与を理由に60％の素因減額を適用したもの（【83】）などがある。

自賠責保険においては、素因減額という概念はなく、因果関係の有無の判断が困難な場合の減額（50％減額）しかないため、【2】の例では、未破裂動脈瘤が事故外傷によって破裂したことが認められれば、減額の対象になることはないであろう。また、心因的要素についても、既存障害として評価できるのであれば後述する加重障害の問題になるが、それ以外の場合には因果関係の有無で問題となるにとどまり、素因減額という減額の方法はとりえない。

5 労働能力喪失率の調整

自賠責保険では後遺障害等級によって定められた労働能力喪失率を適用して損害額を積算するが、裁判例では、後述する外貌の醜状障害のほかでも、職種、事故後の収入状況、障害内容等に照らして、比較的自由に労働能力喪失率を定め、損害額を積算している。

ア 標準喪失率（自賠責保険の後遺障害等級における労働能力喪失率）よりも高い労働能力喪失率を適用した例

職種等の特殊性を考慮したものとして、ロボット研究に従事する中国人大学教授が高次脳機能障害、左右上下視の複視の後遺障害で自賠責保険において併合6級（高次脳機能障害は7級4号該当）の認定を受けたケースにつき、研究活動において致命的な障害になるとして90％の労働能力喪失率（標準喪失率67％）を適用したもの（【53】）、調理師が頸部神経症状（頭痛、右握力低下等）で自賠責保険において14級の認定を受けたケースにつき、利き腕である右手の握力低下は実際に包丁を握るなどの面で実際に支障を生じていること、握力低下の状態は事故後5年以上が経過した現在でも解消されておらず、今後も相当程度の期間にわたって継続することが見込まれることなどの事情を考慮し8％の労働能力喪失率（標準喪失率5％）を適用したもの（【133】、症状固定時33歳であるが喪失期間は15年間とされた）、競輪選手（症状固定時34歳）が脊柱の変形障害で自賠責保険において11級7号の認定を受けたケースにつき、症状固定後1年間は35％（標準喪失率20％）、2年目以降67歳になるまで32年間は20％の労働能力喪失率を適用したもの（【179】）がある。

また、障害内容が考慮されたと考えられるものとして、定年退職後の無職者（症状固定時62歳）が脊柱の運動障害で自賠責保険において8級2号と認定されたケースにつき、将来就労することはあり得ることであって、就職の際不利益になる可能性は否定できないとして50％の労働能力喪失率（標準喪失率45％）を適用したもの（【184】）がある。

イ　標準喪失率よりも低い労働能力喪失率を適用した例

a　職種、事故後の収入等を考慮されたと考えられるもの

まず、事故後の収入と比較して減算された例として、医師（神経内科医）が頸部神経症状（頸椎部、右上肢しびれ、右上肢拳上時鈍痛）で自賠責保険において14級9号と認定されたケースにつき、12級13号に該当すると認めながらも（後遺障害が画像検査や神経学的所見によって裏付けられているとした）、事故翌年度の収入が事故前年度の収入を上回っていることなどに照らし9％の労働能力喪失率（標準喪失率14％）を適用したもの（【121】）、著名なバリスタが高次脳機能障害で自賠責保険において9級10号と認定されたケースにつき、症状内容や日常生活上の支障は相当限定的なものであることも勘案し、27％の労働能力喪失率（標準喪失率35％）を適用したもの（【51】、本件では、被告側は事故後の増収を理由に労働能力の喪失自体を争ったが、諸々の業務遂行上の障害を負うことになったこと、増収の原因としては、本人の多年にわたる業績・評価・人間関係・修練技術が形成されており、本人の人並みはずれた努力によるものであること、部下による配慮の功績が大きいことを理由に、潜在的な労働能力の喪失を観念できるとされた）がある。会社員（プラスチック板メーカー勤務、症状固定時34歳）

が左手前腕挫滅切断で自賠責保険において5級と認定されたケースにつき、事故前の年収（平均賃金に近い額であった）と事故3年後の年収を比較すると45.6%の減収率となっているところから、実減収率45.6%と標準喪失率79%の中間値62%の労働能力喪失率を適用したもの（【210】）もある。

次に、明らかではないが、職種によって実際の喪失率が標準喪失率に至らないとされたと思われる例として、公立小学校事務主事が高次脳機能障害で自賠責保険において9級10号該当と判断されたケースにつき、30%の労働能力喪失率（標準喪失率35%）を適用したもの（【49】、事故前後を通じて収入の大幅な減少はない）、主婦の左手指の障害と左肩関節の障害を併合8級相当（標準喪失率45%）と判断しながら（自賠責保険の事前認定は受けていない）、自動車の運転をし、歯科医の受付をしたことがあり、裁縫・掃除はヘルパーに頼らざるを得ないものの、炊事はどうにか可能であることに照らし30%の労働能力喪失率を適用したもの（【222】）、主婦が右肩関節の可動域制限、右中指痛の後遺障害で自賠責保険において併合10級（標準喪失率27%）と認定されたケースにつき、稼働に係る財産上の利益が主に家事労働によるものと評価できることを考慮し、20%の労働能力喪失率を適用したもの（【236】、被害者には重症筋無力症の既往症があったが、事故当時には完全寛解に至る可能性が高い状態にあった）がある。

さらに、定年までの安定収入があることを前提として減算された例として、旧公団勤務の被害者（症状固定時43歳）が左目失明や脳挫傷の残遺等で自賠責保険において併合7級と認定されたケースにつき、併合6級相当と判断しつつ、定年（60歳）までは25%、定年後（60歳〜67歳）は60%の労働能力喪失率を適用したもの（【175】）、地方公務員が右足関節の可動域制限、右足指の可動域制限等で自賠責保険において併合10級（標準喪失率27%）と認定されたケースにつき、定年（60歳）までは14%、それ以降67歳までは27%の労働能力喪失率を適用したもの（【218】）、消防隊員の右手関節の可動域制限等の後遺障害について12級相当（標準喪失率14%）と判断しつつ（自賠責保険においても同じ認定がなされているようである）、定年（60歳）までは10%、60歳から67歳までは14%の労働能力喪失率を適用したもの（【224】）、年俸制の会社員が左肩関節の機能障害で自賠責保険において10級10号（標準喪失率27%）と認定されたケースにつき、定年までは20%、その後67歳までは27%の労働能力喪失率を適用したもの（【228】）がある。

これらからは、明らかな傾向を示唆することまではできないが、事故後の収入減少がなかったこと、定年までの安定収入が期待できること等が、労働能力喪失率に考慮されていることは明らかであり、主張・立証に際して留意すべきである。

b 障害内容を考慮されたと考えられるもの

まず、脊柱の変形障害につき、労働能力喪失率が減算された例として、国税調査官が脊柱の変形障害で11級レベルの障害を負ったことを前提としつつ、14%の労働能力喪失率を適用したもの（【178】）、会社員が脊柱の変形障害等で7級レベルの障害を負ったことを前提としつつ、45%の労働能力喪失率を適用したもの（【180】）、大学生が脊柱の変形障害や手指の機能障害で10級レベルの障害を負ったことを前提としつつ、14%の労働能力喪失率を適用したもの（【181】）、自営業者（板金業）が脊柱の変形障害等で11級レベルの障害を負ったことを前提としつつ、10%の労働能力喪失率を適用したもの（【182】）がある。

次に、鎖骨・骨盤骨等のその他体幹骨の変形障害につき、労働能力喪失率が減算された例として、会社員が足関節・足指の機能障害や鎖骨の変形障害で8級レベルの障害を負ったことを前提としつつ、30%の労働能力喪失率を適用したもの（【214】）、会社員が右下肢・足指の機能障害（6級）や骨盤骨の変形障害（12級）で5級レベルの障害を負ったことを前提としつつ、骨盤骨の変形障害は労働能力に影響しないことや事故後の収入状況から52%の労働能力喪失率を適用したもの（【194】）、給与所得者が鎖骨の変形障害や右肩関節の機能障害で9級レベルの障害を負ったことを前提としつつ、30%の労働能力喪失率を適用したもの（【193】）、高校事務職員が右上肢の機能障害や鎖骨の変形障害で7級レベルの障害を負ったことを前提としつつ、45%の労働能力喪失率を適用したもの（【191】）がある。

さらに、四肢の変形障害や醜状障害、歯牙障害においても、労働能力喪失率が減算された例として、会社員が足関節の機能障害や下肢の変形障害、下肢の醜状障害等で9級レベルの障害を負ったことを前提としつつ、27%の労働能力喪失率を適用したもの（【205】）、中学生が足関節・足指の機能障害、下肢の醜状障害で10級レベルの障害を負ったことを前提としつつ、20%の労働能力喪失率を適用したもの（【203】、下肢の醜状障害を労働能力喪失率に加味しなかったと思われる）、会社員（女子）が足関節・足指の機能障害、下肢の醜状障害で10級レベルの障害を負ったことを前提としつつ、24%の労働能力喪失率を適用したもの（【204】、下肢の醜状障害は労働能力に影響を与えないとしつつ、10級と11級の喪失率を参考に24%とした）、大学生が歯牙障害（10級）や股関節の機能障害（12級）等で9級レベルの障害を負ったことを前提としつつ、14%の労働能力喪失率を適用したもの（【192】）がある。

これらからは、脊柱・体幹骨の変形障害、四肢の変形障害・醜状障害、歯牙障害など、必ずしも労働能力に影響がない障害が残存した場合には、その分を労働能力喪失率から減算する傾向が窺われるが、形状障害や醜状障害の判例カードを見てのとおり、減算されない例もあるため、明らかな傾向を示唆することまではできないと考えている。

なお、後述する局部の神経症状にかかる労働能力喪失期間の考え方により、一定期間を経過してからの労働能力喪失率を減算するような例も見られる。

6 外貌の醜状障害

自賠責保険では、瘢痕・線状痕等の大きさにより、7級～12級の障害等級が認定されるが、裁判例では、その等級認定があっても、労働能力喪失率に加味するかどうかは被害者の職種で分かれている。

具体的には、被害者が女子・大学生（症状固定時20歳）の場合（【196】）には7級12号を認定しつつも、労働能力喪失率を20％としたり、女子・旅行会社添乗員（症状固定時27歳）の場合（【198】）にも7級12号を認定しつつ労働能力喪失率を10％としたりしているのに対し、ホステス（症状固定時22歳）の場合（【200】）には35歳までの13年間の労働能力喪失率を56％（7級レベル）とし、その後の32年間は労働能力喪失率を25％とするものが認められる。

また、兼業主婦が高次脳機能障害（7級レベル）と外貌の醜状障害（7級レベル）を負ったことを前提としつつ、60％の労働能力喪失率を適用したもの（【71】）、主婦が顔面部の神経症状（12級レベル）と外貌の醜状障害（12級レベル）を負ったことを前提としつつ、14％の労働能力喪失率を適用したもの（【202】）のように、多くの場合、醜状障害に伴う労働能力喪失率は考慮せず、後遺障害慰謝料の算定にあたって斟酌されている。

II 判決と自賠責保険で等級判断が大きく異なった例

1 高次脳機能障害

ア 自賠責保険では非該当とされたが、判決では後遺障害として認定されたもの

【8】、【56】、【74】がこれに当たる。【8】では、高次脳機能障害については5級2号または3号に相当すると判断され（ジストニアの症状と併せて併合2級相

当)、【56】では9級10号相当の高次脳機能障害と判断され、【74】では9級相当の高次脳機能障害と判断されている。このような大きな差がどうして出てきているのであろうか。この点について、【74】は次のように述べている。

「確かに自賠責保険における一律的、画一的な高次脳機能障害の認定においては、……客観的な基準を重視し、異常所見を必要とすることは有効ではあるが、……CT、MRI、PET検査によって器質的損傷のデータが得られない場合でも脳外傷と診断すべき少数の事例があるとする高次脳機能障害における医学的所見もあることに照らせば、総合的な判断により、高次脳機能障害を認定することができることが十分に可能な本件においては、現在の医療検査技術のもとで控訴人X_1に脳の器質性損傷を示す異常所見が見あたらないからといって、本件事故後の控訴人X_1の症状が脳の器質性損傷によることを否定することは相当ではない。」

判決の「客観的な基準」とは、要約すると、①初診時に頭部外傷の診断があること、②頭部外傷後に一定レベルの意識障害があったこと、③経過診断書または後遺障害診断書に、高次脳機能障害・脳挫傷・びまん性軸索損傷・びまん性脳損傷等の記載があること、④経過診断書または後遺障害診断書に③の高次脳機能障害等を示唆する具体的な症例が記載されていること、また、WAIS–Rなど各種神経心理学的検討が施行されていること、⑤頭部画像上、初診時の脳外傷が明らかで、少なくとも3か月以内に脳室拡大・脳萎縮が確認されることである[注2]。

上記判決は、自賠責保険が画像上の異常所見を重視することを肯定しながら、他方で、判決では必ずしもそれに捉われず、総合的判断により高次脳機能障害と認定することが可能という立場をとっている。判決文の中では、総

注2 なお、自賠責保険実務では、次の類型に当てはまる事案を高次脳機能障害に該当するのではないかと考え、審査対象としている。①初診時に頭部外傷の診断があり、経過の診断書において、高次脳機能障害、脳挫傷（後遺症）、びまん性軸索損傷、びまん性脳損傷等の診断がなされている事案、②初診時に頭部外傷の診断があり、経過の診断書において、認知・行動・情緒障害を示唆する具体的な症状、あるいは失調性歩行、痙性片麻痺など高次脳機能障害に伴いやすい神経系統の障害が認められる事案、③経過の診断書において、初診時の頭部画像所見として頭蓋内病変が記述されている事案、④初診時に頭部外傷の診断があり、初診病院の経過の診断書において、当初の意識障害（半昏睡～昏睡で開眼・応答しない状態：JCSが3～2桁、GCSが12点以下）が少なくとも6時間以上、もしくは、健忘あるいは軽度意識障害（JCSが1桁、GCSが13～14点）が少なくとも1週間以上続いていることが確認できる事案、⑤その他、脳外傷による高次脳機能障害が疑われる事案。

合的判断の根拠が詳しく述べられている（他の判決においても同様である）。このような総合的判断による高次脳機能障害の認定が妥当であるかどうかは立場により見解が分かれるところであろうが、昨今話題となっているMTBI（軽傷頭部外傷）[注3]という病態を肯定するものであるとすれば、今後の影響は少なくないであろう。

イ　等級評価の差が生じたもの

【66】、【73】がこれに当たる。【66】では、自賠責保険においては高次脳機能障害を含め併合1級と認定されていたが、判決では、高次脳機能障害は別表第二の3級3号に該当するとされ、【73】では、自賠責保険においては高次脳機能障害については9級10号と認定されたが、判決では5級2号該当と判断されている。【73】の判決は、高次脳機能障害の判断方法について、次のように述べている。

「高次脳機能障害は認知障害のほか人格変性等の症状が残存するため就労や生活が制限される障害の総称であるところ、認知障害については知能検査や記銘力検査により数量的な把握が可能であるものの、人格変性についてはそのような把握は困難である。かつまた、認知障害の程度が比較的軽度で、例えば通常人の下限程度であっても、脱抑制、感情易変及び攻撃性といった人格変性と結びつけば、認知障害によるミスを犯し、あるいはその認識がないのに注意されることにより、人間関係を破壊するような行動に出てしまい、会社や家庭といった社会に参加することが著しく困難になることもありうるのであるから、認知障害にかかる検査結果は障害のごく一面を示すにすぎない。したがって、その障害の程度を認定するに当たっては、被害者の具体的な言動等を踏まえて就労や生活が制限される程度を判定することになり、それにおいては自賠責保険における「脳外傷による高次脳機能障害の等級認定にあたっての基本的な考え方」（以下「自賠責の基本的な考え方」という。）を参考とすることとし、その判断に至る考慮要素及びその評価については、本件のように日常生活動作の支障の程度において自立と判断され、労働能力が問題とされる5級以上の場合は、労災認定基準に沿って評価することが合理的である。」

高次脳機能障害の評価にあたっては、客観的な検査資料は脳MRIやCTに限

注3　軽傷頭部外傷であっても、脳損傷を生じることがあり、これによって高次脳機能障害を生じるというものであるが、脳損傷にかかる客観的な医学的所見（頭部画像上の異常所見、意識障害の所見など）がない場合、脳損傷を伴わない精神障害（いわゆる非器質性精神障害）との区別が困難となるという特殊性がある。

られるため、意識障害の程度や画像等から判明する脳外傷の程度、神経心理学的検査、診療医所見、日常生活状況等に基づき、専門医の経験則を踏まえて、総合的に判断せざるを得ないという難しい事情がある。そのため、自賠責保険では、専門医で構成された専門部会により判断しているが、判決においても、様々な立証資料が提出され、医学鑑定等を含めた総合的判断にならざるを得ず、その評価において自賠責保険と判断に差が生じることもやむを得ないであろう。

2 不随意運動（ジストニア等）

【8】、【79】がこれに当たる。【8】は、高次脳機能障害にくわえて、ジストニアの疾病素因が事故を契機に発症したと判断され（自賠責保険では「非該当」と判断されていた）、【79】は、被害者に生じた外傷性神経機能異常による上肢不随意運動について、自賠責保険においては非該当とされたが、判決では5級相当と判断された。

四肢の不随意運動につき、ジストニア等の診断がなされているものであるが、このジストニアは、不随意運動を主体とする神経内科領域の疾患であり、病態が様々であるほか、その発症機序や医学的原因は未だに解明されていない点もあり、事故との因果関係や障害程度の判断において困難が生じる病態である。【8】の判決でも、20％の素因減額がなされており、因果関係の判断に苦慮している点が窺われるが、素因減額という方法がない自賠責保険との間に判断の差異が生じることはやむを得ないのかもしれない。外傷性ジストニアの障害認定については、発症機序や医学的原因にかかる研究が進み、診断基準や治療方法が確立されなければ、自賠責保険の認定と判決の認定にこのような差異が生じることは今後も継続すると思われる。

3 転換性障害・解離性障害

【80】～【83】がこれに当たる。【80】は、事故前に生じていなかった発作性硬直・脱力症状・歩行障害につき、事故に起因して転換性障害に罹患したものと認定しつつ（PTSDの罹患は否定した）、心因的要因等の影響を考慮し、50％の素因減額を実施した。【81】は、事故を原因とする転換性障害によって左下肢機能全廃となっていると認め、5級相当と判断しつつ、原告の転換性障害の理由となる器質的傷病が存在するとは認められず、原告の症状は心因性のものと認められるとし、40％の素因減額を実施した。【82】は、被害者の右下

肢不全麻痺は器質性障害と認めることはできないが、転換性障害によるものと認められるとし、56%の労働能力喪失率を認定したが、転換性障害による麻痺症状は今後改善されていくことが考えられるとして喪失期間は10年間に限定し、さらに25%の素因減額を実施した。【83】は、原告の左下肢不全麻痺は器質的損傷によるものとは認められず、心因的要因によって発症したものと言わざるを得ないが、そこには既往症であった解離性障害が寄与しているとし、79%の労働能力喪失を認めつつ、60%の素因減額を実施した。

転換性障害はいわゆる非器質性精神障害に分類されるものである。労災保険の障害認定基準上、非器質性精神障害については、就労制限を伴うような障害が残存するのは極めて稀であり、精神科専門医による適切な治療によって軽快・改善するのが一般的であるとされ、その最高等級も9級10号とされている。自賠責保険の認定実務上、非器質性精神障害は多因性の障害であることから、因果関係および等級判断に慎重を期すため、専門医で構成された専門部会により判断している。

上記裁判例においては、【80】を除いて、心因性の疾患としながらも、全て機能障害（不全麻痺）として評価している点に問題があるように思われる。疼痛のために可動域制限が残存するケースであっても、「転換性障害」との診断があれば、不全麻痺＝機能障害として評価される余地を認めることにつながる可能性があるからである。

4 脳脊髄液減少症（脳脊髄液漏出症等）

【10】、【113】、【116】等で問題となっているが、【10】は脳脊髄液減少症の罹患を認め（ただし、素因減額80%）、【113】、【116】は低髄液圧症候群の罹患を否定している。この病態は、脳脊髄液が漏出することによって起立性頭痛を特徴とする症状を生じるものと一般的に言われており、腰部神経の造影検査等で行われる腰椎穿刺後の起立性頭痛は以前から知られていたものである。しかし、昨今、一部の医師によって、頸椎捻挫や腰椎捻挫後に慢性化する頭痛等の症状が脳脊髄液漏出症によるものと主張され、社会問題にまで発展している。

裁判例では、国際頭痛分類第二版（現在は第三版が発刊されている）や日本神経外傷学会の診断基準に沿って検討しているケースが多いことが窺われるが、【116】は、国際頭痛分類の診断基準も日本神経外傷学会の診断基準も満たさないとして、低髄液圧症候群の発症を否定している。【113】は、低髄液圧症候群の基本的症状とされる起立性頭痛が見られないこと、ブラッドパッチ治療がさしたる効果もないまま終わっていること、そもそも低髄液圧症候群自体、未だ不明な点が多く、確たる診断基準があるわけではないこと等に鑑みると、原告が事故により低髄液圧症候群を発症したとするには、なお合理的な疑いがある、として低髄液圧症候群の発症を否定している。

診断基準としては、上記の国際頭痛分類の診断基準と日本神経外傷学会の診断基準の他に、脳脊髄液減少症研究会ガイドライン作成委員会のガイドラインがあるが、【116】は、「現時点では、国際頭痛分類の診断基準と日本神経外傷学会の診断基準がほとんど同じであることから、これらの診断基準に基づいて認定を行うのが相当である。」としている。脳脊髄液減少症研究会ガイドラインの診断基準に関して、判例カードには採録されていないが、東京地判平成22年1月29日（LLI/DB　06530038）は、「ガイドラインには、診断基準として……多くの問題があり、客観的基準として採用することはできない。」として問題点を詳細に検討した上で、「医師として臨床に当たってガイドラインを用いることの当否は格別、被害者に生じた損害を的確に把握し、これを当事者間で公平に分担することを旨とする損害賠償の前提となる、低髄液圧症候群の発症の認定基準として、ガイドラインを用いることは、現時点では相当ではないというほかない。」と結論付けている。

現在、厚生労働省により、研究班による診断基準の策定作業がなされており、これによって一定の目安は出来上がるものと思われる。また、自賠責保険では、厚生労働省の研究班による中間報告で示された画像診断基準に基づいた検討もすでになされている。しかし、髄液漏という事態が事故外傷によって生じるのか、【113】のようにブラッドパッチ施術後も有症化している医学的原因は説明できるのか等、適正な診断基準が定まっても、後遺障害に該当するかどうかの判断には依然として問題が残るであろう。

さらに、この症例を報告する一部の医師は、【10】のように、頸部の外傷後に「胸郭出口症候群」（頸肩部の筋肉により鎖骨下動脈が閉塞し、上肢の痺れ等が生じるとされるもの）が生じるとしているが、明らかな末梢神経障害を伴う症例はほとんどなく、筋電図等の電気生理学的検査をもってしても証明できない病態であることが多く、また、鎖骨下動脈に血流障害が生じたとしても、いわゆる運動麻痺を生じるような症例は医学的には認め難いのではないかと思われる。そのような観点から見ると、【10】の結論には疑問が残るように思われる。

1ないし4の4つの病態の考察からいえることは、客観的検査資料に乏しく、診断基準も明らかでない病態の等級判断には、自賠責保険においても裁判所においても難しい判断を迫られているということであろう。実態に即した等級判断がなされるよう、医学的見地を含め、立証資料を適切に整理して、主張・立証することが求められる。

III　局部の神経症状

1　認定等級の考え方

自賠責保険では、従前の労災保険の障害認定基準に沿って、神経症状が画像所見や神経学的所見などの他覚的所見によって証明できるものを別表第二第12級13号、かかる証明は困難であるが、「受傷部位にほとんど常時疼痛を残すもの」等の要件を満たす症状で医学的に説明可能なものを別表第二第14級9号と認定している。ここまでは一般的に知られているところではあるが、「他覚的所見によって証明できる」というレベルに関しては、十分に理解されていないように思われる。

例えば、【121】では、頸部痛・右上肢しびれ・右上肢拳上時鈍痛の症状（傷病名は「頸椎椎間板ヘルニア」）につき、自賠責保険では14級9号該当、判決では12級13号該当と、認定等級の差が生じているところであるが、椎間板ヘルニアは経年性変化によって生じるのが一般的であるため、かかる画像所見のみをもって自賠責保険において12級13号を認定することはない。自賠責保険において椎間板ヘルニアによる神経症状を12級13号と認定するためには、①画像上、ヘルニアに伴った脊髄・神経根の圧迫が認められること、②ヘルニアの態様や高位と整合する神経学的所見が認められること、③受傷直後から症状が出現していること（事故を契機に症状が出現したものと認められること）が必要とされる。

また、受傷部位の疼痛については、自賠責保険では、骨折等に伴う関節面の不整の残存が認められる場合や、腱板・半月板・軟骨など、痛みの残存が医学的な経験則上で認められる関節軟部組織の損傷が認められる場合に別表第二第12級13号を認定している。ただし、関節軟部組織も経年性変化によって損傷が生じることがあり、この損傷が画像所見で認められるからといって、直ちに別表第二第12級13号が認定されるとは限らない。事故による外傷によって関節軟部組織の損傷が生じたといえる画像所見や症状経過が認められて、初めて別表第二第12級13号が認定されることになる。

他方、判決においては、12級と14級の基準は明確ではないものの、総じて他覚的所見の有無を問題としており、その評価の違いこそ見受けられるものの、ほぼ自賠責保険と同様の検討を行っているようである。

2 労働能力喪失期間による調整

自賠責保険では、将来においても回復が困難と見込まれる身体的または精神的なき損状態を障害対象としているため、等級認定の内容がいかなるものであっても、支払基準上、67歳までの労働能力喪失期間（高齢者の場合は平均余命の1/2）に対するライプニッツ係数を採用して逸失利益を積算する。

他方、判決においては、実損填補を行えばよいのであり、障害内容によって労働能力喪失期間を自由に定めることができる。それに関連して、局部の神経症状の評価にあたっては、自賠責保険の認定よりも上位の等級を認定しつつ、労働能力喪失期間で調整するようなケースも見られる。次のとおりである。【107】（自賠認定14級→判決認定11級・10年間）、【111】（自賠非該当→判決認定14級・8年）、【131】（自賠責は加重に至らず非該当→判決認定12級・15年）、【151】（自賠責は加重に至らず非該当→判決認定14級・5年）、【128】（自賠責は因果関係否定→判決認定14級・5年）、【113】（自賠非該当？→判決認定12級・10年）、【157】（自賠非該当？→判決認定14級・15年）、【144】および【148】（自賠非該当？→判決認定14級・10年）、【143】・【155】・【158】・【167】（自賠非該当？→判決認定14級・5年）、【162】（自賠非該当？→判決認定14級・3年）。局部の神経症状特有の認定方法ではないが、この後遺障害のタイプと親和性がある認定方法と解される。

3 既存障害の取扱い

自賠責保険では、自賠法施行令2条2項の「加重」の適用にあたり、労災保険の障害認定基準に沿って、すでに障害補償のなされた障害は、その後の症状の変化を問わず、既存障害として評価することとしている。そのため、過去の事故における認定歴がある障害については、今回の事故直前に症状の残存がなかったとしても、「加重」として検討がなされることになる。

一方、判決においては、自賠法施行令2条2項の「加重」の解釈を自由心証主義に基づいて判断すれば足りるため、過去の事故における認定歴があったとしても、今回の事故直前に症状の残存がなければ、「加重」の検討を要しないという判断もある。

このような不可避的な要素によって、等級認定に差が生じている例が【111】、【131】、【145】、【151】である。

Ⅳ その他

交通賠償をめぐる諸問題について、判例カードで確認できた裁判例を紹介する。

1 損害額の積算関連

ア 損益相殺の範囲

労災保険の福祉施設給付金および労災援護給付金、障害自立支援法に基づく身体障害者（児）補装具費の給付は、いずれも損益相殺の対象としなかった（【21】）。

イ 労働能力喪失期間における「特段の事情」

いわゆる貝採り事件における「特段の事情」が認められた例であるが、転移癌の治療歴から死亡が客観的に予測されていたとして、喪失期間を2年とした（【209】）。

ウ いわゆる異時的共同不法行為

先行事故の症状固定時期から3か月後に発生した本件事故につき、後遺障害は非該当とするも、先行事故の後遺障害の労働能力喪失期間が1年延びたとして賠償を命じた（【242】）。

エ 後遺障害による死亡

脊髄損傷による高度の四肢麻痺が残存し、退院後6年以上経過して誤嚥性肺炎で死亡した場合に、後遺障害と死亡との因果関係を認め、症状固定から死亡（29歳）までの間は実質的には休業損害であるとして実収入を基礎に逸失利益を算定し、死亡から67歳までは実質的に死亡逸失利益であるとして大卒・全年齢平均賃金を基礎に逸失利益を算定した（【243】）。

2 請求権関連

ア 高次脳機能障害事案における示談

【37】は被害者の意識障害が遷延し、重度の高次脳機能障害が生じたが、緊急開頭減圧術が成功し、意識障害が回復したとしても、それ以前に息子が締結した示談契約の有効性を認めた。事実認定の問題であるが、参考となる。

イ 示談後の新たな損害と免責証書の解釈

示談が成立してから相当年数経過後に新たな症状（後遺症）が出現する場合

の取扱いは難しい注4。【253】は、9歳時（事故時6歳）に症状固定した当時は、左下肢の短縮障害、骨盤骨の変形障害、右母趾関節の機能障害等で11級と認定され、両親との間で免責証書が作成されたが、そこには、「併合11級以外の後遺障害が成長過程で発生した場合は乙は医師の診断に基づき自算会調査事務所の認定を受け甲が加入の自賠責保険から保険金を受領し解決する。」という文言が特記されていたところ、その後、勃起・射精障害が発生し、11年後、自賠責保険において「生殖器に著しい障害を残すもの」として9級16号該当と認定された（過去の後遺障害と併合して8級と認定された）というケースであった。過去の示談の効力が争点となったが、裁判所は、「原告両親が懸念していたところの本件示談契約後に原告の成長過程において発生するかもしれない併合11級以外の後遺障害についても、改めて被告（結局は被告側任意保険会社であるが、損害賠償請求権の債務者は第一義的には被告である）と交渉するのではなく、自賠責保険から保険金を受け取ることにより『解決』、すなわち、その余の請求を放棄するとともに、自賠責保険からの保険金以外には何ら権利・義務関係のないことを確認した示談であることも明らかである。」とし、本件免責証書の特記事項が、原告の成長過程において後遺障害が発生した場合、自賠責保険金とは別に被告側任意保険会社と交渉し、補償を受けることと解釈することができないと判断し、請求を棄却した。生殖器の障害が労働能力に影響するかどうかという問題はあるにせよ、免責証書の特記事項の解釈については疑問の余地が残るところである。

ウ　示談契約と要素の錯誤

【254】は、自賠責共済において併合11級（左膝関節運動障害、左膝から下の痺れ、左下肢醜状障害、右下肢醜状障害）と認定され、これを前提として示談契約を締結したところ、後遺障害の程度は5級であり、それを認識していれば示談契約を締結していなかったから、示談契約には要素の錯誤があり、無効であると主張されたケースである。示談書には、①その他全ての損害賠償請求権を放棄すること、②後日、後遺障害等級併合11級を超える後遺障害が発生した場合、医師の発行する診断書に基づき別途協議することが定められていた。裁判所は、「一般に、不法行為による損害賠償の示談において被害者が一定額の支払を受けることで満足し、その余の賠償請求権を放棄したときは、被害者は、示談当時にそれ以上の損害が存在したとしても、示談金を上回る損害について

注4　北河・賠償法381頁以下。

は、事後に請求し得ない趣旨のものと解され（最判昭和43年3月15日）、その法的性質は和解（民695条）又は和解に類する無名契約であると理解できるところ、後遺障害による損害額について示談がなされ、後遺障害の程度に基づき損害額が定められた場合、後遺障害の程度によって慰謝料額や労働能力喪失率等が異なるとされているから、後遺障害の程度は損害額を定める上で重要な要素であって、その取決めは、当該示談における争点であり、後日、それと異なる確証が出てきても原則として錯誤無効を主張し得ない趣旨のものと解するのが相当である。原告の主張するところは、後遺障害の程度が真実と異なると言うにすぎず、およそ錯誤無効の原因たり得ない。」とした。常識的な判断であるが、上記②の文言の解釈として、「上記合意の趣旨に照らせば、原告の請求が認められるためには、原告の後遺障害の状態が本件示談契約成立後悪化しただけでは足りず、それが後遺障害等級11級を超える等級に該当し、かつ、悪化が本件事故に起因すると認められることを要するものと解するのが相当である。」としたことと併せて参考となる。

エ　裁判上の請求と時効中断の及ぶ範囲

【191】は、症状固定日から3年経過した後に、訴えの変更申立書により、各損害項目について追加的に増額し、請求の拡張を行ったとき、被告側が拡張分の損害賠償請求権について消滅時効の抗弁を主張したケースである。裁判所は、「裁判上の請求による時効中断の効力は、1個の債権の数量的な一部についてのみ判決を求める旨明示して訴えの提起が提起されたときは、その範囲でのみ生じるが、明示がないときは時効中断の効力は債権の同一性の範囲内でその全部に及ぶことになる。」とし、「本件において、原告は、その訴状において、一部請求であることの明示していないのであるから、本訴の提起時の消滅時効の中断の効力は、本件事故を原因とする、原告の被告に対する損害賠償請求権全体に及んでいる。」として排斥した。判例（最判昭和45年7月24日民集24巻7号1177頁）に従った判断である。

3　任意保険関連

ア　無保険車傷害保険金の遅延損害金起算日と利率

【45】は、無保険車傷害保険の保険金請求における遅延損害金の起算日及びその利率につき、遅延損害金の起算日は、後遺障害の事前認定を受けたときではなく、原告が被告（保険会社）に対し保険金の内容を具体的に明らかにして請求がなされたときであるとし、その利率については商事法定利率である年6

分であるとした。

イ　免責条項の個別適用

【199】は、新・家庭用総合自動車保険には被保険者が無免許で運転していた場合は免責される旨の規定があり、同保険の人身傷害補償条項には記名被保険者の配偶者は被保険者に当たる旨の規定があるところ、原告（保険契約者、記名被保険者）が同乗し、その内縁の配偶者（無免許）が運転していた車両（被保険車両）が事故を惹起し、同乗中の原告が受傷したものである。原告の保険金請求に対し、被告（保険会社）は、（被保険者である）配偶者が無免許であったことは、人身傷害保険金の免責事由となると主張した。裁判所は、約款において、「この人身傷害補償条項の規定は、それぞれ被保険者ごとに個別に適用します。」と規定されていることを理由に抗弁を排斥した。

ウ　人身傷害保険金の支払と損害賠償額との調整

【255】は、被害者が人身傷害保険金の支払を受けた場合、人傷社がどの範囲で被害者が加害者に対して有する損害賠償請求権に代位できるのかという問題に関する先駆的な最高裁判決であるが、原審が、損害賠償請求権の額を算定するに当たり、被害者（原告）の損害額から被害者の過失割合による減額をし、その残額から人身傷害保険金の金額を控除した判断（絶対説）を違法として差し戻したものである。

なお、この問題については、保険法25条が差額説をとることを明らかにしたので、人身傷害保険金の支払は、まず被害者側の過失部分に充当され、被害者側の過失部分を超える金額につき人傷社が代位するという取扱いが定着している[注5]。

4　自賠責保険関連

ア　自賠責保険の支払と損害賠償額との調整

【67】は、「自賠責保険金は、賠償責任を前提とするものであるから（自賠3条参照）、過失相殺後に控除されるべきであり、また、自賠責保険金は自賠法16条の3第1項が規定する支払基準に従って支払われるが、この支払基準は保険会社以外の者を拘束するものではないことを考慮すると、原告が遅延損害金

注5　最判平成24年2月20日民集66巻2号20頁は裁判基準差額説をとる。なお、人傷保険金を支払った保険会社（人傷社）が代位するのは損害金元本の支払請求権であり、元本に対する遅延損害金の支払請求権は代位取得しないとされた。北河ほか・逐条自賠102～104頁参照。

から充当することを主張する本件においては、遅延損害金から充当するのが相当である（民法491条1項参照）。」とした。最高裁の判例（最判平成16年12月20日判タ1173号154頁）に従った判断である[注6]。なお、同判決は、「障害基礎年金及び高額療養費は、損害の賠償を目的とするものではなく、また、被保険者が保険料を拠出したことに基づく給付としての性格を有していることも考慮すると、過失相殺前に控除するのが相当である。なお、障害基礎年金及び高額療養費は、いずれも……年金受給権者の生活保障にその目的があるから、履行遅滞に基づく損害賠償請求権である遅延損害金に充当することは想定されていないものと解するのが相当である。」とし、障害基礎年金（国民年金法）及び高額療養費（健康保険法）については、過失相殺前に損害の元本に充当されるべきであるとしている[注7]。

イ　自賠社からの債務不存在確認の訴え

【240】は、自賠社が原告となり、被害者を被告として提訴した自賠法16条1項に基づく損害賠償支払債務が存在しないことの確認を求める訴訟である。裁判所は、「およそ、債務不存在確認訴訟は、被告が存在すると主張する債権の存否に争いがある場合において、訴訟物となる当該債権（原告からいえば債務）の存否を既判力をもって確定することにより、紛争の抜本的解決を図るための法制度であり、当該訴訟に確認の利益があるというためには、被告が当該債権（原告からいえば債務）があると主張していることが必要であり、当該債権の要件事実の一つに争いがあるというだけでは、債務不存在確認訴訟の確認の利益があるということはできない。」として、訴えを却下した原審判断を支持した。

注6　北河・賠償法272頁以下。
注7　最判平成22年9月13日判タ1337号92頁、最判平成22年10月15日裁判集民235号65頁参照。

資料編

資料１　人体図
- ①　眼球の断面
- ②　聴　器
- ③　口　腔
- ④　鼻　腔
- ⑤　脊　髄
- ⑥　胸腹部臓器
- ⑦　骨格図
- ⑧　上肢骨
- ⑨　下肢骨

資料２　賃金センサスによる平均給与額

資料３　ライプニッツ係数および新ホフマン係数表（原価表）

資料４　ライプニッツ係数および新ホフマン係数表（年金原価表）

資料５　ライプニッツ係数および新ホフマン係数表（年金原価表）18歳未満の者に適用する表

資料６　簡易生命表（平成25年～27年）

資料７　自動車損害賠償責任保険支払基準

資料1　人体図

①　眼球の断面

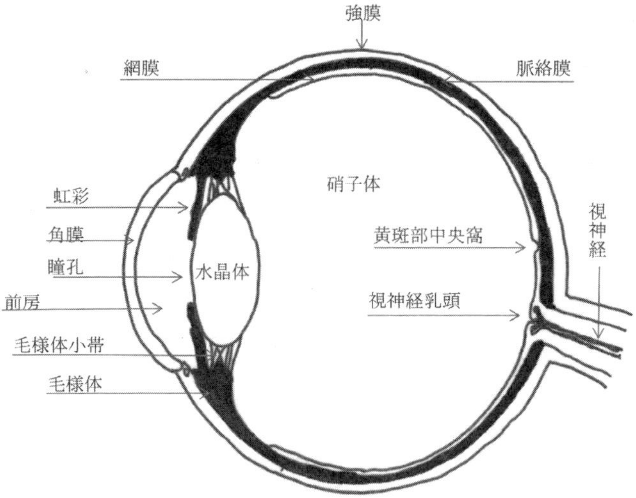

②　聴　器

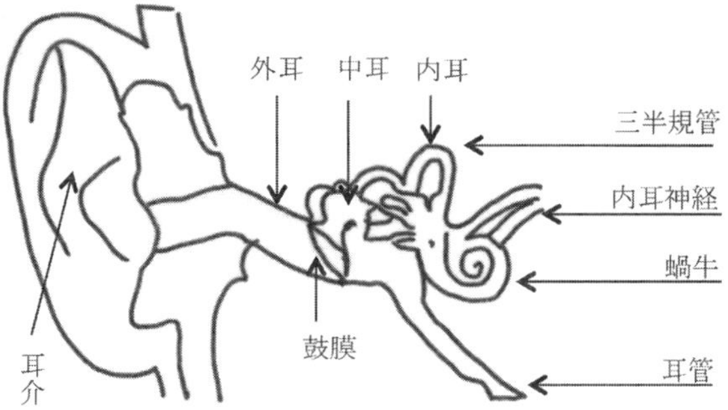

③ 口 腔

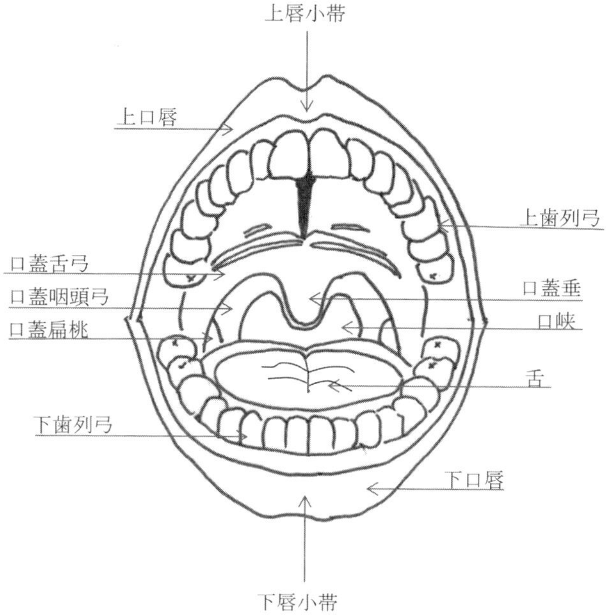
上唇小帯
上口唇
上歯列弓
口蓋舌弓
口蓋垂
口蓋咽頭弓
口峡
口蓋扁桃
舌
下歯列弓
下口唇
下唇小帯

④ 鼻 腔

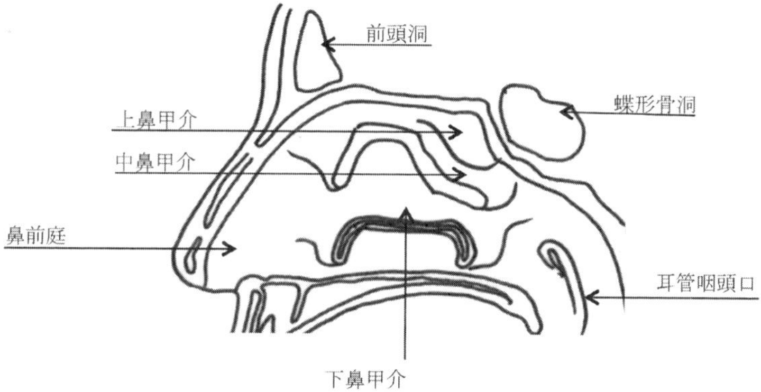
前頭洞
蝶形骨洞
上鼻甲介
中鼻甲介
鼻前庭
耳管咽頭口
下鼻甲介

⑤ 脊　髄

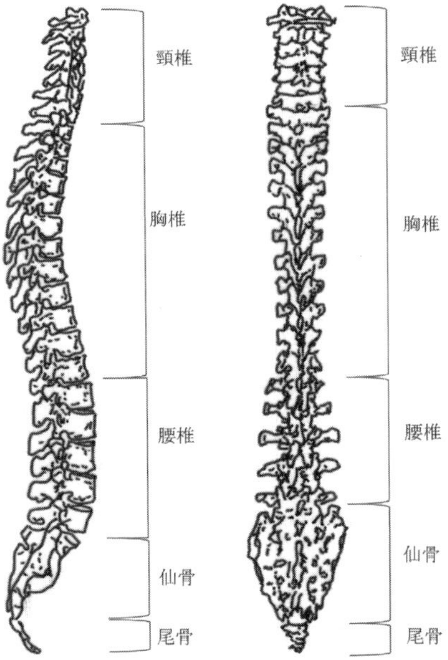
頸椎
胸椎
腰椎
仙骨
尾骨
頸椎
胸椎
腰椎
仙骨
尾骨

⑥ 胸腹部臓器

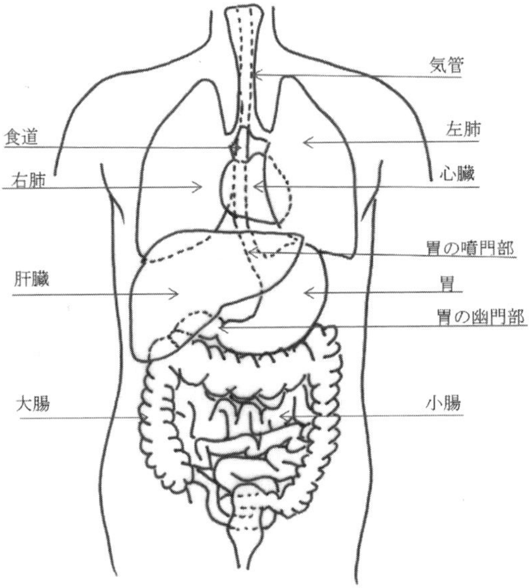
気管
食道
左肺
右肺
心臓
胃の噴門部
肝臓
胃
胃の幽門部
大腸
小腸

⑦　骨格図

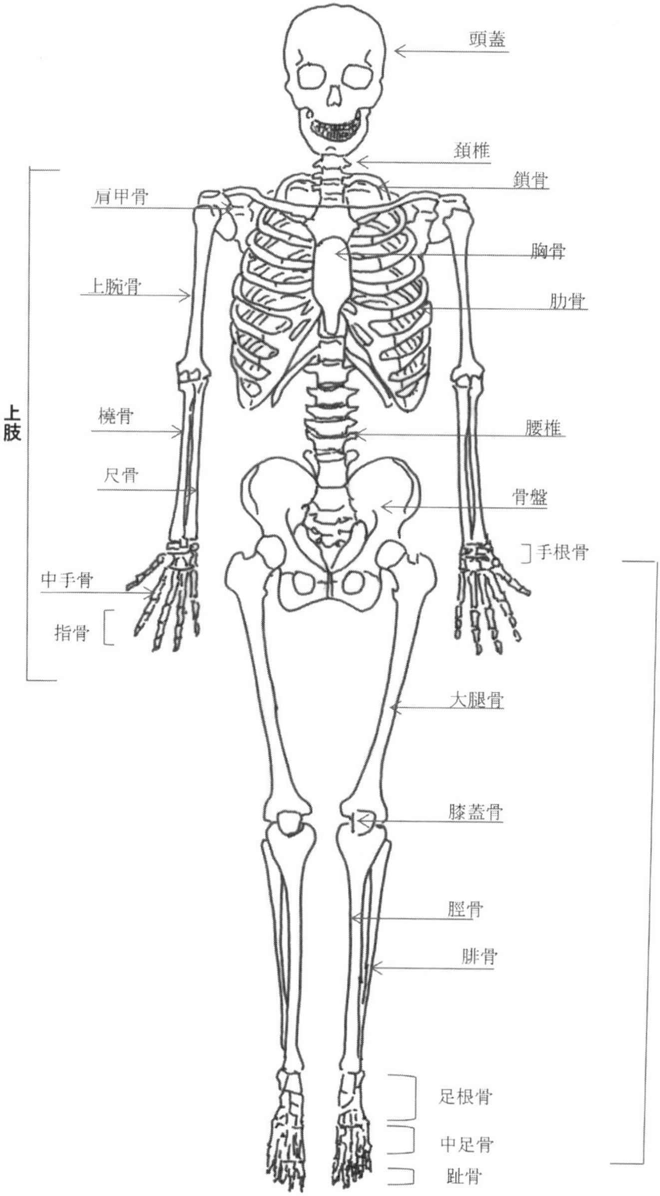
頭蓋
頚椎
鎖骨
肩甲骨
胸骨
上腕骨
肋骨
上肢
橈骨
腰椎
尺骨
骨盤
手根骨
中手骨
指骨
大腿骨
下肢
膝蓋骨
脛骨
腓骨
足根骨
中足骨
趾骨

⑧　上肢骨

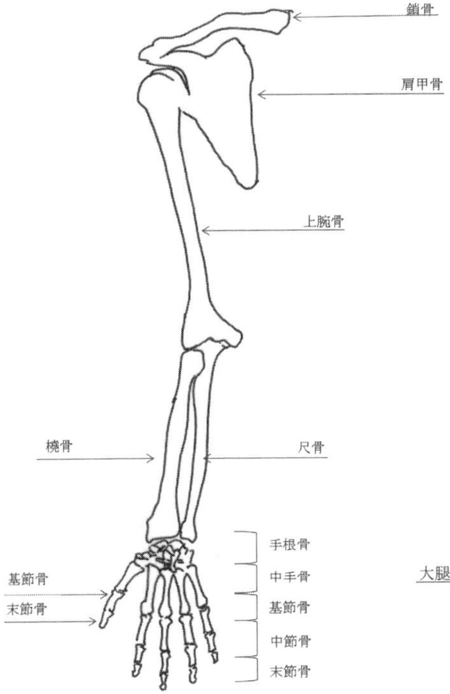
鎖骨
肩甲骨
上腕骨
橈骨
尺骨
手根骨
中手骨
基節骨
中節骨
末節骨
基節骨
末節骨

⑨　下肢骨

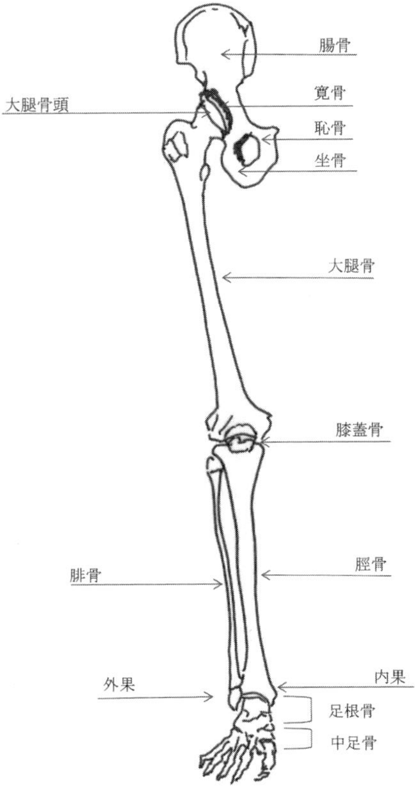
腸骨
寛骨
大腿骨頭
恥骨
坐骨
大腿骨
膝蓋骨
腓骨
脛骨
外果
内果
足根骨
中足骨

資料2　賃金センサスによる平均給与額

①産業計・企業規模計・全労働者

（単位：千円）

学歴計	平成27年	平成26年	平成25年	平成24年	平成23年
全年齢	4892.3	4796.8	4689.3	4726.5	4709.3
～19歳	2381.5	2351.1	2302.8	2299.3	2308.3
20～24	3060.9	3014.3	2961.6	2961.7	2985.5
25～29	3847.4	3761.4	3694.7	3704.3	3715.3
30～34	4414.5	4302.8	4218.3	4257.9	4269.1
35～39	4901.1	4834	4753	4818.9	4835.4
40～44	5391.7	5301.2	5264.2	5340.4	5387.1
45～49	5895.2	5793	5681.2	5793.4	5790.4
50～54	6127	5974.5	5831.1	5881.9	5794.3
55～59	5797.7	5692.9	5493.9	5542.5	5414.6
60～64	4046.6	3918.8	3806.6	3810.1	3825.8
65～69	3556.1	3502	3463.8	3414.3	3401.8
70歳～	3480.4	3431.9	3203.8	3593.2	3549.5

②産業計・企業規模計・男子労働者

単位：千円

学歴計	平成27年	平成26年	平成25年	平成24年	平成23年
全年齢	5477	5360.4	5241	5296.8	5267.6
～19歳	2483.4	2440.4	2412.5	2392.8	2429.2
20～24	3226.5	3186.2	3134.2	3115.5	3134.9
25～29	4092	3988.9	3912.2	3919	3934.2
30～34	4764.7	4634.3	4540	4600.4	4588.8
35～39	5370.2	5276.1	5180.5	5263.8	5249.9
40～44	5969.6	5865.8	5851.2	5937.8	5980.4
45～49	6696.4	6570	6435.9	6620.3	6625.5
50～54	7044.5	6856.8	6681.3	6784.5	6665.8
55～59	6605.4	6469	6235.7	6292.6	6136.9
60～64	4354.1	4212.3	4098.9	4092.9	4134.4
65～69	3720.4	3713.4	3671.6	3624.3	3637.8
70歳～	3585.6	3526.6	3361.7	3850.2	3790.2
中学卒					
全年齢	3990.2	3906.3	3902.8	3839.6	3883.1
～19歳	2271.9	2297.1	2180.2	1967	2126.1
20～24	3085.4	2962.2	2991.3	2837	2725.2
25～29	3526.4	3380.1	3440	3357.9	3312.9
30～34	4077.9	3784.9	3654.4	3626.2	3626.1
35～39	4213.6	4067.9	4172.7	3885.7	4102.3
40～44	4501.9	4355.2	4371.6	3956.5	4234.3
45～49	4535.5	4551.9	4553.4	4438.4	4474.3
50～54	4687.9	4618.7	4631.4	4450.1	4701.1
55～59	4913.9	4806	4805.5	4704	4656.1

60～64	3401.4	3364.7	3260.1	3380.3	3223.8
65～69	3043	2944.7	2823.3	2870.8	2833
70歳～	2714.7	2747.3	2600	2730.7	2690.7
高校卒					
全年齢	4699.4	4663.5	4540.8	4585.1	4588.9
～19歳	2491.5	2449.2	2425.7	2426.8	2448.1
20～24	3250.4	3246.3	3180.2	3150.8	3155.6
25～29	3735.4	3635.7	3520.5	3558.2	3535.4
30～34	4170.6	4103.8	4046.9	4090.8	4053
35～39	4646.4	4592.6	4545.2	4637.5	4661.4
40～44	5206.4	5114.9	5006.2	4978.7	4999
45～49	5492.1	5452.6	5284	5444.5	5493.5
50～54	5716.3	5747	5540.2	5593	5520.8
55～59	5537.2	5530.6	5355.3	5548.3	5460.3
60～64	3725.4	3642.5	3563.5	3575.4	3566.4
65～69	3105.3	3087.3	3077	3002.9	3048
70歳～	2926.7	2831.7	2762.7	2930.4	2861.9
高専・短大卒					
全年齢	4974.6	4874.9	4775.4	4841.3	4775.5
～19歳			—		
20～24	3070.5	2961.9	2961.7	2939.8	2964.8
25～29	3803.7	3677.4	3686.6	3613.1	3602.6
30～34	4237.5	4212.4	4200.7	4225.4	4260
35～39	4826.3	4804	4748.5	4846.4	4850.8
40～44	5474.1	5469.9	5478.4	5595.9	5504.5
45～49	6076.2	6049.2	5957.1	6035.4	6098.7
50～54	6572.6	6312.6	6144.2	6342.9	6394.4
55～59	6220.4	6179.5	6035.1	6463.4	6454.8
60～64	4351.9	4344.4	4176.3	4107.9	4172.4
65～69	3971.3	3538.4	3037.3	3697	3879.4
70歳～	3559.9	4215	2799.2	3055.2	4118.4
大学・大学院卒					
全年齢	6637.7	6487.1	6405.9	6481.6	6460.2
～19歳			—		
20～24	3271.7	3214.5	3159.9	3160.3	3230.6
25～29	4427.6	4352.2	4280.2	4311.7	4353.7
30～34	5400.8	5265.4	5145.3	5243.5	5258
35～39	6300.3	6197.6	6096.7	6173.7	6172.5
40～44	7166.5	7084.9	7159.4	7353.4	7465.5
45～49	8440.1	8279	8168.9	8346.5	8365.8
50～54	8938	8590	8447.3	8553	8463.4
55～59	8348.9	8103.5	8002.6	7968	7826.5
60～64	5866.8	5753.3	5752.4	5726.7	6077.5
65～69	5628.8	5831.5	6270	5928.5	6146.6
70歳～	6450	6285.9	6134.8	7029.9	7445.5

③産業計・企業規模計・女子労働者

単位：千円

学歴計	平成27年	平成26年	平成25年	平成24年	平成23年
全年齢	3727.1	3641.2	3539.3	3547.2	3559
～19歳	2204.1	2189.4	2122.1	2131.6	2106
20～24	2883.4	2820.4	2772.7	2788.3	2823.3
25～29	3487	3419.3	3359.4	3387.3	3385.7
30～34	3722.5	3643.4	3557.4	3582	3619.2
35～39	3868.1	3819.7	3760.2	3742.8	3825
40～44	4093	3963	3846.2	3935.5	3941.4
45～49	4161.2	4077.7	3947.6	3920.7	3925.9
50～54	4141.5	3991.4	3880.8	3830.2	3858.4
55～59	3917.6	3841	3688.9	3624.2	3640.7
60～64	3211.2	3108.5	2988.6	3015.8	2964.2
65～69	3094.9	2923	2861.2	2859.6	2740.5
70歳～	3197.9	3191.9	2835.2	2956	3004.8
中学卒					
全年齢	2590.9	2555.7	2446.2	2426.5	2410.1
～19歳	1961.2	1850.6	1867.2	1806.9	1751.8
20～24	2242.1	2148.9	2103.7	1944.1	1988.5
25～29	2386.7	2452.4	2454.5	2210.4	2170.2
30～34	2577.3	2283	2460.8	2162.7	2167.2
35～39	2690.7	2698.1	2552.9	2632.2	2475.6
40～44	2834.1	2698.9	2524.4	2679.2	2678.5
45～49	2883	2669.9	2618.3	2666	2534.9
50～54	2945.1	3059.8	2775.2	2652.3	2641.4
55～59	2926.6	2842.3	2814.9	2786.6	2653.6
60～64	2371	2422.2	2234.2	2250.6	2255.9
65～69	2310.1	2305.3	2186.5	2127	2158.5
70歳～	2410.4	2378.5	2004.1	2330	2304
高校卒					
全年齢	3101.2	3053.3	2959.4	2942.3	2957.7
～19歳	2210.2	2204	2129.6	2154.3	2120.5
20～24	2635.7	2606.8	2575.3	2535.4	2518.6
25～29	2794	2788.3	2663	2679.7	2659.8
30～34	2913.8	2893.2	2812.6	2844.6	2858.6
35～39	3052.8	3086.1	2997.9	3020.9	3118.9
40～44	3311.8	3267.2	3125.9	3137.2	3155.6
45～49	3351.9	3317	3239.1	3177.3	3181.1
50～54	3424.9	3301.7	3219.3	3120.8	3159.9
55～59	3325.5	3224.2	3143.6	3131.6	3146.4
60～64	2763.7	2729.1	2652.3	2640.6	2606.6
65～69	2748.4	2705.3	2700.3	2582.2	2534.7
70歳～	3057.2	2906.4	2632.2	2727.7	2868.6

高専・短大卒					
全年齢	3932.1	3852.6	3769.3	3812.1	3830.6
～19歳			—		
20～24	2878.3	2807.5	2786.8	2840.5	2886.1
25～29	3446.7	3311	3299.6	3319.7	3382.5
30～34	3656.1	3562.8	3547.3	3618.4	3601.7
35～39	3916.1	3842.3	3864.4	3867.1	3931
40～44	4270.3	4197.3	4126.7	4528.3	4204
45～49	4441.1	4373.2	4291.9	4325	4406.8
50～54	4500.5	4441.4	4296.6	4367	4503.8
55～59	4491.7	4486.6	4302.4	4359.3	4540.3
60～64	3845.9	3698.9	3737.2	3971.4	3877.9
65～69	3908.2	3497.1	3372.8	3761.9	3647.4
70歳～	4121.2	4128.2	4128	3813.4	3638.4
大学・大学院卒					
全年齢	4546.5	4479.8	4406.6	4434.6	4482.4
～19歳			—		
20～24	3110.2	3054.6	3000.3	3044.5	3115.8
25～29	3871.3	3864.8	3821.3	3851.2	3825
30～34	4376.5	4321.8	4234.7	4266.9	4405.8
35～39	4787.2	4795.7	4758.4	4762.5	4968.1
40～44	5497.9	5235.7	5249.3	5472	5825
45～49	6123.8	6139.9	5962.4	5979.5	5895.2
50～54	6367.9	6109.1	6077	6224.4	5889.9
55～59	5805.8	6058.2	5762.9	5930.9	6133.6
60～64	5912.4	6003.7	5726.6	6117.7	6275.1
65～69	6072.4	5386.1	5418.4	6285.6	6596.1
70歳～	4480.3	5963	6136.9	5404.5	5694.8

資料3　ライプニッツ係数および新ホフマン係数表（現価表）

年数	ライプニッツ係数	新ホフマン係数
1	0.9523 8095	0.9523 8095
2	0.9070 2948	0.9090 9091
3	0.8638 3760	0.8695 6522
4	0.8227 0247	0.8333 3333
5	0.7835 2617	0.8000 0000
6	0.7462 1540	0.7692 3077
7	0.7106 8133	0.7407 4074
8	0.6768 3936	0.7142 8571
9	0.6446 0892	0.6896 5517
10	0.6139 1325	0.6666 6667
11	0.5846 7929	0.6451 6129
12	0.5568 3742	0.6250 0000
13	0.5303 2135	0.6060 6061
14	0.5050 6795	0.5882 3529
15	0.4810 1710	0.5714 2857
16	0.4581 1152	0.5555 5556
17	0.4362 9669	0.5405 4054
18	0.4155 2065	0.5263 1579
19	0.3957 3396	0.5128 2051
20	0.3768 8948	0.5000 0000
21	0.3589 4236	0.4878 0488
22	0.3418 4987	0.4761 9048
23	0.3255 7131	0.4651 1628
24	0.3100 6791	0.4545 4545
25	0.2953 0277	0.4444 4444
26	0.2812 4073	0.4347 8261
27	0.2678 4832	0.4255 3191
28	0.2550 9364	0.4166 6667
29	0.2429 4632	0.4081 6327
30	0.2313 7745	0.4000 0000
31	0.2203 5947	0.3921 5886
32	0.2098 6617	0.3846 1538
33	0.1998 7254	0.3773 5849
34	0.1903 5480	0.3703 7037
35	0.1812 9029	0.3636 3636
36	0.1726 5741	0.3571 4286
37	0.1644 3563	0.3508 7719
38	0.1566 0536	0.3448 2759
39	0.1491 4797	0.3389 8305
40	0.1420 4568	0.3333 3333
41	0.1352 8160	0.3278 6885
42	0.1288 3962	0.3225 8065
43	0.1227 0440	0.3174 6032
44	0.1168 6133	0.3125 0000
45	0.1112 9651	0.3076 9231
46	0.1059 9668	0.3030 3030
47	0.1009 4921	0.2985 0746
48	0.0961 4211	0.2941 1765
49	0.0915 6391	0.2898 5507
50	0.0872 0373	0.2857 1429
51	0.0830 5117	0.2816 9014
52	0.0790 9635	0.2777 7778
53	0.0753 2986	0.2739 7260
54	0.0717 4272	0.2702 7027
55	0.0683 2640	0.2666 6667
56	0.0650 7276	0.2631 5789
57	0.0619 7406	0.2597 4026
58	0.0590 2291	0.2564 1026
59	0.0562 1230	0.2531 6456
60	0.0535 3552	0.2500 0000
61	0.0509 8621	0.2469 1358
62	0.0485 5830	0.2439 0244
63	0.0462 4600	0.2409 6386
64	0.0440 4381	0.2380 9524
65	0.0419 4648	0.2352 9412
66	0.0399 4903	0.2325 5814
67	0.0380 4670	0.2298 8506
68	0.0362 3495	0.2272 7273
69	0.0345 0948	0.2247 1910
70	0.0328 6617	0.2222 2222
71	0.0313 0111	0.2197 8022
72	0.0298 1058	0.2173 9130
73	0.0283 9103	0.2150 5376
74	0.0270 3908	0.2127 6596
75	0.0257 5150	0.2105 2632
76	0.0245 2524	0.2083 3333
77	0.0233 5737	0.2061 8557
78	0.0222 4512	0.2040 8163
79	0.0211 8582	0.2020 2020
80	0.0201 7698	0.2000 0000
81	0.0192 1617	0.1980 1980
82	0.0183 0111	0.1960 7843
83	0.0174 2963	0.1941 7476
84	0.0165 9965	0.1923 0769
85	0.0158 0919	0.1904 7619
86	0.0150 5637	0.1886 7925

資料4　ライプニッツ係数および新ホフマン係数（年金現価表）

労働能力喪失期間（年）	ライプニッツ係数	新ホフマン係数
1	0.9524	0.9524
2	1.8594	1.8615
3	2.7232	2.7310
4	3.546	3.5644
5	4.3295	4.3644
6	5.0757	5.1336
7	5.7864	5.8743
8	6.4632	6.5886
9	7.1078	7.2783
10	7.7217	7.9449
11	8.3064	8.5901
12	8.8633	9.2151
13	9.3936	9.8212
14	9.8986	10.4094
15	10.3797	10.9808
16	10.8378	11.5364
17	11.2741	12.0769
18	11.6896	12.6032
19	12.0853	13.1161
20	12.4622	13.6161
21	12.8212	14.1039
22	13.1630	14.5801
23	13.4886	15.0452
24	13.7986	15.4997
25	14.0939	15.9442
26	14.3752	16.3790
27	14.6430	16.8045
28	14.8981	17.2212
29	15.1411	17.6293
30	15.3725	18.0293
31	15.5928	18.4215
32	15.8027	18.8061
33	16.0025	19.1834
34	16.1929	19.5538
35	16.3742	19.9175
36	16.5469	20.2746
37	16.7113	20.6255
38	16.8679	20.9703
39	17.0170	21.3093
40	17.1591	21.6426
41	17.2944	21.9705
42	17.4232	22.2931
43	17.5459	22.6105

労働能力喪失期間（年）	ライプニッツ係数	新ホフマン係数
44	17.6628	22.9230
45	17.7741	23.2307
46	17.8801	23.5337
47	17.9810	23.8323
48	18.0772	24.1264
49	18.1687	24.4162
50	18.2559	24.7019
51	18.3390	24.9836
52	18.4181	25.2614
53	18.4934	25.5354
54	18.5651	25.8057
55	18.6335	26.0723
56	18.6985	26.3355
57	18.7605	26.5952
58	18.8195	26.8516
59	18.8758	27.1048
60	18.9293	27.3548
61	18.9803	27.6017
62	19.0288	27.8456
63	19.0751	28.0866
64	19.1191	28.3247
65	19.1611	28.5600
66	19.2010	28.7925
67	19.2391	29.0224
68	19.2753	29.2497
69	19.3098	29.4744
70	19.3427	29.6966
71	19.3740	29.9164
72	19.4038	30.1338
73	19.4322	30.3488
74	19.4592	30.5616
75	19.4850	30.7721
76	19.5095	30.9805
77	19.5329	31.1867
78	19.5551	31.3907
79	19.5763	31.5928
80	19.5965	31.7928
81	19.6157	31.9908
82	19.6340	32.1869
83	19.6514	32.3810
84	19.6680	32.5733
85	19.6838	32.7638
86	19.6989	32.9525

資料5　ライプニッツ係数および新ホフマン係数表（年金現価表）

18歳未満の者に適用する表			
年齢	就労可能年数	ライプニッツ係数	計算式
0	49	7.5495	19.2391 − 11.6896
1	49	7.9269	19.2010 − 11.2741
2	49	8.3233	19.1611 − 10.8378
3	49	8.7394	19.1191 − 10.3797
4	49	9.1765	19.0751 − 9.8986
5	49	9.6352	19.0288 − 9.3936
6	49	10.1170	18.9803 − 8.8633
7	49	106229	19.9293 − 8.3064
8	49	11.1541	18.8758 − 7.7217
9	49	11.7117	18.8195 − 7.1078
10	49	12.2973	18.7605 − 6.4632
11	49	12.9121	18.6985 − 5.7864
12	49	13.5578	18.6335 − 5.0757
13	49	14.2356	18.5651 − 4.3295
14	49	14.9474	18.4934 − 3.5460
15	49	15.6949	18.4181 − 2.7232
16	49	16.4796	18.3390 − 1.8594
17	49	17.3035	18.2559 − 0.9524

年齢	就労可能年数	ホフマン係数	計算式
0	49	16.4192	29.0244 − 12.6032
1	49	16.4156	28.7925 − 12.0769
2	49	17.0236	28.5600 − 11.5364
3	49	17.3439	28.3247 − 10.9808
4	49	17.6772	28.0866 − 10.4094
5	49	18.0244	27.8456 − 9.8212
6	49	18.3866	27.6017 − 9.2151
7	49	18.7674	27.3548 − 8.5901
8	49	19.1599	27.1048 − 7.9449
9	49	19.5733	26.8516 − 7.2783
10	49	20.0066	26.5952 − 6.5886
11	49	20.4612	26.3355 − 5.8743
12	49	20.9387	26.0723 − 5.1336
13	49	21.4413	25.8057 − 4.3644
14	49	21.9710	25.5354 − 3.5644
15	49	22.5304	25.2614 − 2.7310
16	49	23.1221	24.9836 − 1.8615
17	49	23.7495	24.7019 − 0.9524

資料6　簡易生命表（平成25年～平成27年）

〈男〉

年齢	平均余命		
	平成27年	平成26年	平成25年
0（週）	80.79	80.5	80.21
1	80.83	80.54	80.25
2	80.82	80.53	80.24
3	80.8	80.51	80.23
4	80.79	80.5	80.22
2（月）	80.72	80.43	80.15
3	80.64	80.36	80.08
6	80.42	80.14	79.86
0（年）	80.79	80.5	80.21
1	79.95	79.67	79.39
2	78.98	78.7	78.41
3	78	77.71	77.43
4	77.01	76.73	76.44
5	76.02	75.74	75.45
6	75.02	74.74	74.46
7	74.03	73.75	73.47
8	73.04	72.76	72.47
9	72.04	71.77	71.48
10	71.05	70.77	70.49
11	70.06	69.78	69.49
12	69.06	68.78	68.5
13	68.07	67.79	67.5
14	67.07	66.8	66.51
15	66.08	65.81	65.52
16	65.09	64.82	64.53
17	64.11	63.83	63.54
18	63.12	62.85	62.56
19	62.15	61.87	61.58
20	61.17	60.9	60.61
21	60.2	59.92	59.64
22	59.22	58.96	58.67
23	58.25	57.99	57.7
24	57.28	57.02	56.74
25	56.31	56.05	55.77
26	55.34	55.09	54.8
27	54.37	54.12	53.83
28	53.4	53.15	52.86
29	52.43	52.18	51.9
30	51.46	51.21	50.93
31	50.49	50.25	49.96
32	49.52	49.28	48.99
33	48.55	48.31	48.02
34	47.58	47.35	47.06
35	46.62	46.38	46.09
36	45.65	45.41	45.12
37	44.69	44.45	44.16
38	43.72	43.48	43.2
39	42.76	42.52	42.24
40	41.8	41.57	41.29
41	40.84	40.61	40.33
42	39.89	39.66	39.38
43	38.94	38.71	38.43
44	37.99	37.76	37.49
45	37.05	36.82	36.55
46	36.11	35.89	35.61
47	35.17	34.95	34.68
48	34.24	34.02	33.76
49	33.31	33.1	32.84
50	32.39	32.18	31.92
51	31.48	31.27	31.01
52	30.57	30.36	30.11
53	29.67	29.46	29.21
54	28.77	28.57	28.32
55	27.89	27.68	27.44
56	27	26.8	26.57
57	26.13	25.93	25.7
58	25.27	25.07	24.84
59	24.41	24.21	23.98
60	23.55	23.36	23.14
61	22.71	22.52	22.3
62	21.88	21.7	21.48
63	21.06	20.88	20.67
64	20.25	20.08	19.87
65	19.46	19.29	19.08
66	18.67	18.51	18.3
67	17.9	17.74	17.53
68	17.14	16.98	16.77
69	16.38	16.23	16.02
70	15.64	15.49	15.28
71	14.91	14.76	14.55
72	14.19	14.04	13.83
73	13.49	13.33	13.12
74	12.79	12.63	12.42
75	12.09	11.94	11.74
76	11.42	11.27	11.07
77	10.75	10.62	10.42
78	10.11	9.99	9.79
79	9.49	9.37	9.18
80	8.89	8.79	8.61
81	8.32	8.22	8.05

年齢	平均余命		
	平成27年	平成26年	平成25年
82	7.78	7.69	7.53
83	7.26	7.18	7.04
84	6.77	6.7	6.56
85	6.31	6.24	6.12
86	5.87	5.82	5.69
87	5.47	5.41	5.29
88	5.08	5.03	4.92
89	4.72	4.68	4.58
90	4.38	4.35	4.26
91	4.08	4.04	3.95
92	3.8	3.76	3.67
93	3.55	3.49	3.41
94	3.31	3.25	3.17

年齢	平均余命		
	平成27年	平成26年	平成25年
95	3.09	3.02	2.94
96	2.89	2.81	2.73
97	2.71	2.61	2.53
98	2.53	2.43	2.35
99	2.37	2.25	2.18
100	2.23	2.09	2.02
101	2.09	1.95	1.87
102	1.96	1.81	1.74
103	1.84	1.68	1.61
104	1.73	1.56	1.49
105〜	1.63	1.45	1.38

〈女〉

年齢	平均余命		
	平成27年	平成26年	平成25年
0（週）	87.05	86.83	86.61
1	87.09	86.87	86.65
2	87.08	86.86	86.64
3	87.06	86.85	86.63
4	87.05	86.83	86.61
2（月）	86.98	86.76	86.54
3	86.9	86.69	86.47
6	86.68	86.47	86.25
0（年）	87.05	86.83	86.61
1	86.21	86	85.78
2	85.23	85.03	84.81
3	84.25	84.05	83.82
4	83.26	83.06	82.83
5	82.27	82.07	81.84
6	81.27	81.07	80.85
7	80.28	80.08	79.85
8	79.29	79.08	78.86
9	78.29	78.09	77.86
10	77.3	77.09	76.87
11	76.3	76.1	75.87
12	75.31	75.1	74.88
13	74.31	74.11	73.88
14	73.32	73.11	72.88
15	72.32	72.12	71.89
16	71.33	71.12	70.9
17	70.34	70.13	69.91
18	69.35	69.14	68.91
19	68.36	68.15	67.92
20	67.37	67.16	66.94

年齢	平均余命		
	平成27年	平成26年	平成25年
21	66.38	66.17	65.95
22	65.39	65.19	64.97
23	64.41	64.2	63.98
24	63.42	63.22	63
25	62.43	62.23	62.01
26	61.45	61.25	61.03
27	60.46	60.27	60.04
28	59.48	59.28	59.06
29	58.5	58.3	58.07
30	57.51	57.32	57.09
31	56.53	56.34	56.11
32	55.55	55.36	55.13
33	54.57	54.38	54.15
34	53.59	53.4	53.17
35	52.61	52.42	52.19
36	51.63	51.44	51.22
37	50.65	50.47	50.24
38	49.68	49.49	49.27
39	48.7	48.52	48.29
40	47.73	47.55	47.32
41	46.76	46.58	46.35
42	45.79	45.61	45.38
43	44.82	44.64	44.42
44	43.86	43.68	43.45
45	42.9	42.72	42.49
46	41.94	41.76	41.54
47	40.98	40.81	40.58
48	40.03	39.85	39.63
49	39.08	38.91	38.69

年齢	平均余命		
	平成 27 年	平成 26 年	平成 25 年
50	38.13	37.96	37.74
51	37.19	37.02	36.8
52	36.25	36.08	35.86
53	35.31	35.14	34.93
54	34.38	34.21	34
55	33.45	33.28	33.07
56	32.52	32.36	32.14
57	31.6	31.43	31.22
58	30.67	30.51	30.3
59	29.75	29.6	29.38
60	28.83	28.68	28.47
61	27.92	27.77	27.56
62	27.01	26.87	26.65
63	26.11	25.97	25.75
64	25.21	25.07	24.86
65	24.31	24.18	23.97
66	23.42	23.3	23.09
67	22.54	22.42	22.21
68	21.66	21.54	21.33
69	20.79	20.67	20.46
70	19.92	19.81	19.59
71	19.06	18.95	18.74
72	18.21	18.1	17.89
73	17.37	17.25	17.05
74	16.53	16.42	16.21
75	15.71	15.6	15.39
76	14.89	14.79	14.59
77	14.09	13.99	13.8
78	13.31	13.21	13.02
79	12.54	12.45	12.26

年齢	平均余命		
	平成 27 年	平成 26 年	平成 25 年
80	11.79	11.71	11.52
81	11.06	10.99	10.81
82	10.36	10.29	10.12
83	9.68	9.62	9.45
84	9.03	8.97	8.81
85	8.4	8.35	8.19
86	7.8	7.75	7.59
87	7.23	7.18	7.03
88	6.69	6.64	6.49
89	6.17	6.13	5.99
90	5.7	5.66	5.53
91	5.25	5.22	5.1
92	4.84	4.82	4.7
93	4.46	4.45	4.33
94	4.11	4.11	3.98
95	3.79	3.78	3.66
96	3.5	3.47	3.36
97	3.22	3.19	3.08
98	2.97	2.92	2.82
99	2.74	2.67	2.58
100	2.52	2.44	2.36
101	2.33	2.23	2.16
102	2.14	2.03	1.97
103	1.98	1.85	1.8
104	1.82	1.68	1.64
105 ～	1.68	1.52	1.5

資料7　自動車損害賠償責任保険支払基準

平成22年4月1日実施

第1　総　則

1　自動車損害賠償責任保険の保険金等の支払は、自動車損害賠償保障法施行令（昭和30年政令第286号）第2条並びに別表第1及び別表第2に定める保険金額を限度としてこの基準によるものとする。

2　保険金額は、死亡した者又は傷害を受けた者1人につき、自動車損害賠償保障法施行令第2条並びに別表第1及び別表第2に定める額とする。ただし、複数の自動車による事故について保険金等を支払う場合は、それぞれの保険契約に係る保険金額を合算した額を限度とする。

第2　傷害による損害

傷害による損害は、積極損害（治療関係費、文書料その他の費用）、休業損害及び慰謝料とする。

1　積極損害

⑴　治療関係費

①　応急手当費

応急手当に直接かかる必要かつ妥当な実費とする。

②　診察料

初診料、再診料又は往診料にかかる必要かつ妥当な実費とする。

③　入院料

入院料は、原則としてその地域における普通病室への入院に必要かつ妥当な実費とする。ただし、被害者の傷害の態様等から医師が必要と認めた場合は、上記以外の病室への入院に必要かつ妥当な実費とする。

④　投薬料、手術料、処置料等

治療のために必要かつ妥当な実費とする。

⑤　通院費、転院費、入院費又は退院費

通院、転院、入院又は退院に要する交通費として必要かつ妥当な実費とする。

⑥　看護料

ア　入院中の看護料

原則として12歳以下の子供に近親者等が付き添った場合に1日につき4,100円とする。

イ　自宅看護料又は通院看護料

医師が看護の必要性を認めた場合に次のとおりとする。ただし、12歳以下の子供の通院等に近親者等が付き添った場合には医師の証明は要しない。

(ア) 厚生労働大臣の許可を受けた有料職業紹介所の紹介による者

立証資料等により必要かつ妥当な実費とする。

(イ) 近親者等

1日につき2,050円とする。

ウ 近親者等に休業損害が発生し、立証資料等により、ア又はイ(イ)の額を超えることが明らかな場合は、必要かつ妥当な実費とする。

⑦ 諸雑費

療養に直接必要のある諸物品の購入費又は使用料、医師の指示により摂取した栄養物の購入費、通信費等とし、次のとおりとする。

ア 入院中の諸雑費

入院1日につき1,100円とする。立証資料等により1日につき1,100円を超えることが明らかな場合は、必要かつ妥当な実費とする。

イ 通院又は自宅療養中の諸雑費

必要かつ妥当な実費とする。

⑧ 柔道整復等の費用

免許を有する柔道整復師、あんま・マッサージ・指圧師、はり師、きゅう師が行う施術費用は、必要かつ妥当な実費とする。

⑨ 義肢等の費用

ア 傷害を被った結果、医師が身体の機能を補完するために必要と認めた義肢、歯科補てつ、義眼、眼鏡（コンタクトレンズを含む。）、補聴器、松葉杖等の用具の制作等に必要かつ妥当な実費とする。

イ アに掲げる用具を使用していた者が、傷害に伴い当該用具の修繕又は再調達を必要とするに至った場合は、必要かつ妥当な実費とする。

ウ ア及びイの場合の眼鏡（コンタクトレンズを含む。）の費用については、50,000円を限度とする。

⑩ 診断書等の費用

診断書、診療報酬明細書等の発行に必要かつ妥当な実費とする。

(2) 文書料

交通事故証明書、被害者側の印鑑証明書、住民票等の発行に必要かつ妥当な実費とする。

(3) その他の費用

(1) 治療関係費及び(2)文書料以外の損害であって事故発生場所から医療機関まで被害者を搬送するための費用等については、必要かつ妥当な実費とする。

2　休業損害

⑴　休業損害は、休業による収入の減少があった場合又は有給休暇を使用した場合に1日につき原則として5,700円とする。ただし、家事従事者については、休業による収入の減少があったものとみなす。

⑵　休業損害の対象となる日数は、実休業日数を基準とし、被害者の傷害の態様、実治療日数その他を勘案して治療期間の範囲内とする。

⑶　立証資料等により1日につき5,700円を超えることが明らかな場合は、自動車損害賠償保障法施行令第3条の2に定める金額を限度として、その実額とする。

3　慰謝料

⑴　慰謝料は、1日につき4,200円とする。

⑵　慰謝料の対象となる日数は、被害者の傷害の態様、実治療日数その他を勘案して、治療期間の範囲内とする。

⑶　妊婦が胎児を死産又は流産した場合は、上記のほかに慰謝料を認める。

第3　後遺障害による損害

後遺障害による損害は、逸失利益及び慰謝料等とし、自動車損害賠償保障法施行令第2条並びに別表第1及び別表第2に定める等級に該当する場合に認める。

等級の認定は、原則として労働者災害補償保険における障害の等級認定の基準に準じて行う。

1　逸失利益

逸失利益は、次のそれぞれに掲げる年間収入額又は年相当額に該当等級の労働能力喪失率（別表Ⅰ）と後遺障害確定時の年齢における就労可能年数のライプニッツ係数（別表Ⅱ–1）を乗じて算出した額とする。ただし、生涯を通じて全年齢平均給与額（別表Ⅲ）の年相当額を得られる蓋然性が認められない場合は、この限りでない。

⑴　有職者

事故前1年間の収入額と後遺障害確定時の年齢に対応する年齢別平均給与額（別表Ⅳ）の年相当額のいずれか高い額を収入額とする。ただし、次の者については、それぞれに掲げる額を収入額とする。

①　35歳未満であって事故前1年間の収入額を立証することが可能な者

事故前1年間の収入額、全年齢平均給与額の年相当額及び年齢別平均給与額の年相当額のいずれか高い額。

②　事故前1年間の収入額を立証することが困難な者

ア　35歳未満の者

全年齢平均給与額の年相当額又は年齢別平均給与額の年相当額のいずれか高い額。

イ　35歳以上の者

年齢別平均給与額の年相当額。

③　退職後1年を経過していない失業者（定年退職者等を除く。）

以上の基準を準用する。この場合において、「事故前1年間の収入額」とあるのは、「退職前1年間の収入額」と読み替えるものとする。

⑵　幼児・児童・生徒・学生・家事従事者

全年齢平均給与額の年相当額とする。ただし、58歳以上の者で年齢別平均給与額が全年齢平均給与額を下回る場合は、年齢別平均給与額の年相当額とする。

⑶　その他働く意思と能力を有する者

年齢別平均給与額の年相当額とする。ただし、全年齢平均給与額の年相当額を上限とする。

2　慰謝料等

⑴　後遺障害に対する慰謝料等の額は、該当等級ごとに次に掲げる表の金額とする。

①　自動車損害賠償保障法施行令別表第1の場合

第1級	第2級
1,600万円	1,163万円

②　自動車損害賠償保障法施行令別表第2の場合

第1級	第2級	第3級	第4級	第5級	第6級	第7級
1,100万円	958万円	829万円	712万円	599万円	498万円	409万円
第8級	**第9級**	**第10級**	**第11級**	**第12級**	**第13級**	**第14級**
324万円	245万円	187万円	135万円	93万円	57万円	32万円

⑵　①　自動車損害賠償保障法施行令別表第1の該当者であって被扶養者がいるときは、第1級については1,800万円とし、第2級については1,333万円とする。

②　自動車損害賠償保障法施行令別表第2第1級、第2級又は第3級の該当者であって被扶養者がいるときは、第1級については1,300万円とし、第2級については1,128万円とし、第3級については973万円とする。

⑶　自動車損害賠償保障法施行令別表第1に該当する場合は、初期費用等として、第1級には500万円を、第2級には205万円を加算する。

第4　死亡による損害

死亡による損害は、葬儀費、逸失利益、死亡本人の慰謝料及び遺族の慰謝料とする。

後遺障害による損害に対する保険金等の支払の後、被害者が死亡した場合の死亡による損害について、事故と死亡との間に因果関係が認められるときには、その差額を認める。

1　葬儀費

⑴　葬儀費は、60万円とする。

⑵　立証資料等により60万円を超えることが明らかな場合は、100万円の範囲内で必要かつ妥当な実費とする。

2　逸失利益

⑴　逸失利益は、次のそれぞれに掲げる年間収入額又は年相当額から本人の生活費を控除した額に死亡時の年齢における就労可能年数のライプニッツ係数（別表Ⅱ−1）を乗じて算出する。ただし、生涯を通じて全年齢平均給与額（別表Ⅲ）の年相当額を得られる蓋然性が認められない場合は、この限りでない。

①　有職者

事故前1年間の収入額と死亡時の年齢に対応する年齢別平均給与額（別表Ⅳ）の年相当額のいずれか高い額を収入額とする。ただし、次に掲げる者については、それぞれに掲げる額を収入額とする。

ア　35歳未満であって事故前1年間の収入額を立証することが可能な者

事故前1年間の収入額、全年齢平均給与額の年相当額及び年齢別平均給与額の年相当額のいずれか高い額。

イ　事故前1年間の収入額を立証することが困難な者

㋐　35歳未満の者

全年齢平均給与額の年相当額又は年齢別平均給与額の年相当額のいずれか高い額。

㋑　35歳以上の者

年齢別平均給与額の年相当額。

㋒　退職後1年を経過していない失業者（定年退職者等を除く。）

以上の基準を準用する。この場合において、「事故前1年間の収入額」とあるのは、「退職前1年間の収入額」と読み替えるものとする。

②　幼児・児童・生徒・学生・家事従事者

全年齢平均給与額の年相当額とする。ただし、58歳以上の者で年齢別平均給与額が全年齢平均給与額を下回る場合は、年齢別平均給与額の年相当額とする。

③　その他働く意思と能力を有する者

年齢別平均給与額の年相当額とする。ただし、全年齢平均給与額の年相当額を上限とする。

(2) (1)にかかわらず、年金等の受給者の逸失利益は、次のそれぞれに掲げる年間収入額又は年相当額から本人の生活費を控除した額に死亡時の年齢における就労可能年数のライプニッツ係数（別表Ⅱ－1）を乗じて得られた額と、年金等から本人の生活費を控除した額に死亡時の年齢における平均余命年数のライプニッツ係数（別表Ⅱ－2）から死亡時の年齢における就労可能年数のライプニッツ係数を差し引いた係数を乗じて得られた額とを合算して得られた額とする。ただし、生涯を通じて全年齢平均給与額（別表Ⅲ）の年相当額を得られる蓋然性が認められない場合は、この限りでない。

年金等の受給者とは、各種年金及び恩給制度のうち原則として受給権者本人による拠出性のある年金等を現に受給していた者とし、無拠出性の福祉年金や遺族年金は含まない。

① 有職者

事故前1年間の収入額と年金等の額を合算した額と、死亡時の年齢に対応する年齢別平均給与額（別表Ⅳ）の年相当額のいずれか高い額とする。ただし、35歳未満の者については、これらの比較のほか、全年齢平均給与額の年相当額とも比較して、いずれか高い額とする。

② 幼児・児童・生徒・学生・家事従事者

年金等の額と全年齢平均給与額の年相当額のいずれか高い額とする。ただし、58歳以上の者で年齢別平均給与額が全年齢平均給与額を下回る場合は、年齢別平均給与額の年相当額と年金等の額のいずれか高い額とする。

③ その他働く意思と能力を有する者

年金等の額と年齢別平均給与額の年相当額のいずれか高い額とする。ただし、年齢別平均給与額が全年齢平均給与額を上回る場合は、全年齢平均給与額の年相当額と年金等の額のいずれか高い額とする。

(3) 生活費の立証が困難な場合、被扶養者がいるときは年間収入額又は年相当額から35%を、被扶養者がいないときは年間収入額又は年相当額から50%を生活費として控除する。

3 死亡本人の慰謝料

死亡本人の慰謝料は350万円とする。

4 遺族の慰謝料

慰謝料の請求権者は、被害者の父母（養父母を含む。）、配偶者及び子（養子、認知した子及び胎児を含む。）とし、その額は、請求権者1人の場合には550万円とし、2人の場合には650万円とし、3人以上の場合には750万円とする。

なお、被害者に被扶養者がいるときは、上記金額に200万円を加算する。

第5　死亡に至るまでの傷害による損害

死亡に至るまでの傷害による損害は、積極損害〔治療関係費（死体検案書料及び死亡後の処置料等の実費を含む。）、文書料その他の費用〕、休業損害及び慰謝料とし、「第2傷害による損害」の基準を準用する。ただし、事故当日又は事故翌日死亡の場合は、積極損害のみとする。

第6　減額

1　重大な過失による減額

被害者に重大な過失がある場合は、次に掲げる表のとおり、積算した損害額が保険金額に満たない場合には積算した損害額から、保険金額以上となる場合には保険金額から減額を行う。ただし、傷害による損害額（後遺障害及び死亡に至る場合を除く。）が20万円未満の場合はその額とし、減額により20万円以下となる場合は20万円とする。

減額適用上の被害者の過失割合	減額割合	
	後遺障害又は死亡に係るもの	傷害に係るもの
7割未満	減額なし	減額なし
7割以上8割未満	2割減額	2割減額
8割以上9割未満	3割減額	
9割以上10割未満	5割減額	

2　受傷と死亡又は後遺障害との間の因果関係の有無の判断が困難な場合の減額

被害者が既往症等を有していたため、死因又は後遺障害発生原因が明らかでない場合等受傷と死亡との間及び受傷と後遺障害との間の因果関係の有無の判断が困難な場合は、死亡による損害及び後遺障害による損害について、積算した損害額が保険金額に満たない場合には積算した損害額から、保険金額以上となる場合には保険金額から5割の減額を行う。

附　則

この告示は、平成22年4月1日から施行し、同日以後に発生する自動車の運行による事故に係る自動車損害賠償責任保険の保険金等及び自動車損害賠償責任共済の共済金等の支払から適用する。

別表Ⅰ

労働能力喪失率表

自動車損害賠償保障法施行令別表第1の場合

障害等級	労働能力喪失率
第1級	100／100
第2級	100／100

自動車損害賠償保障法施行令別表第2の場合

障害等級	労働能力喪失率
第1級	100／100
第2級	100／100
第3級	100／100
第4級	92／100
第5級	79／100
第6級	67／100
第7級	56／100
第8級	45／100
第9級	35／100
第10級	27／100
第11級	20／100
第12級	14／100
第13級	9／100
第14級	5／100

別表Ⅱ－1

就労可能年数とライプニッツ係数表

(1)　18 歳未満の者に適用する表

年令	幼児・児童・生徒・学生・右欄以外の働く意思と能力を有する者		有識者	
	就労可能年数	係　数	就労可能年数	係　数
歳	年		年	
0	49	7.549	67	19.239
1	49	7.927	66	19.201
2	49	8.323	65	19.161
3	49	8.739	64	19.119
4	49	9.176	63	19.075
5	49	9.635	62	19.029
6	49	10.117	61	18.980
7	49	10.623	60	18.929
8	49	11.154	59	18.876
9	49	11.712	58	18.820
10	49	12.297	57	18.761
11	49	12.912	56	18.699
12	49	13.558	55	18.633
13	49	14.236	54	18.565
14	49	14.947	53	18.493
15	49	15.695	52	18.418
16	49	16.480	51	18.339
17	49	17.304	50	18.256

(2)　18 歳以上の者に適用する表

年齢	就労可能年数	係　数	年齢	就労可能年数	係　数	年齢	就労可能年数	係　数	年齢	就労可能年数	係　数
歳	年		歳	年		歳	年		歳	年	
18	49	18.169	39	28	14.898	60	12	8.863	81	4	3.546
19	48	18.077	40	27	14.643	61	11	8.306	82	4	3.546
20	47	17.981	41	26	14.375	62	11	8.306	83	4	3.546
21	46	17.880	42	25	14.094	63	10	7.722	84	4	3.546
22	45	17.774	43	24	13.799	64	10	7.722	85	3	2.723
23	44	17.663	44	23	13.489	65	10	7.722	86	3	2.723
24	43	17.546	45	22	13.163	66	9	7.108	87	3	2.723
25	42	17.423	46	21	12.821	67	9	7.108	88	3	2.723
26	41	17.294	47	20	12.462	68	8	6.463	89	3	2.723
27	40	17.159	48	19	12.085	69	8	6.463	90	3	2.723
28	39	17.017	49	18	11.690	70	8	6.463	91	2	1.859
29	38	16.868	50	17	11.274	71	7	5.786	92	2	1.859
30	37	16.711	51	16	10.838	72	7	5.786	93	2	1.859
31	36	16.547	52	15	10.38	73	7	5.786	94	2	1.859
32	35	16.374	53	14	9.899	74	6	5.076	95	2	1.859
33	34	16.193	54	14	9.899	75	6	5.076	96	2	1.859
34	33	16.003	55	14	9.899	76	6	5.076	97	2	1.859
35	32	15.803	56	13	9.394	77	5	4.329	98	2	1.859
36	31	15.593	57	13	9.394	78	5	4.329	99	2	1.859
37	30	15.372	58	12	8.863	79	5	4.329	100	2	1.859
38	29	15.141	59	12	8.863	80	5	4.329	101 ～	1	0.952

（注）1．18 歳未満の有職者及び 18 歳以上の者の場合の就労可能年数については、
　(1)　54 歳未満の者は、67 歳から被害者の年齢を控除した年数とした。
　(2)　54 歳以上の者は、平均余命年数の 1/2 とし、端数は切上げた。
2．幼児・児童・生徒・18 歳未満の学生及び働く意思と能力を有する者（有職者・家事従事者・18 歳以上の学生以外）の場合の就労可能年数及びライプニッツ係数は、下記（例）に準じて算出する。
　（例）3 歳の場合
　(1)　就労の終期（67 歳）までの年数 64 年（67 年−3 年）に対応する係数　19.119
　(2)　就労の始期（18 歳）までの年数 15 年（18 年−3 年）に対応する係数　10.380
　(3)　就労可能年数　49 年（64 年−15 年）
　(4)　適用する係数　8.739（19.119−10.380）

別表 II－1

平均余命年数とライプニッツ係数表

年令	男		女		年令	男		女		年令	男		女		年令	男		女	
	平均余命年数	係数	平均余命年数	係数		平均余命年数	係数	平均余命年数	係数		平均余命年数	係数	平均余命年数	係数		平均余命年数	係数	平均余命年数	係数
歳	年		年		歳	年		年		歳	年		年		歳	年		年	
0	78	19.555	85	19.684	27	52	18.418	59	18.876	54	27	14.643	33	16.003	81	7	5.786	10	7.722
1	77	19.533	84	19.668	28	51	18.339	58	18.820	55	26	14.375	32	15.803	82	7	5.786	9	7.108
2	76	19.509	83	19.651	29	50	18.256	57	18.761	56	25	14.094	31	15.593	83	6	5.076	9	7.108
3	75	19.485	82	19.634	30	49	18.169	56	18.699	57	24	13.799	30	15.372	84	6	5.076	8	6.463
4	74	19.459	81	19.616	31	48	18.077	55	18.633	58	23	13.489	29	15.141	85	5	4.329	7	5.786
5	73	19.432	80	19.596	32	47	17.981	54	18.565	59	22	13.163	28	14.898	86	5	4.329	7	5.786
6	72	19.404	79	19.576	33	46	17.880	53	18.493	60	22	13.163	27	14.643	87	5	4.329	6	5.076
7	71	19.374	78	19.555	34	45	17.774	52	18.418	61	21	12.821	26	14.375	88	4	3.546	6	5.076
8	70	19.343	77	19.533	35	44	17.663	51	18.339	62	20	12.462	25	14.094	89	4	3.546	5	4.329
9	69	19.310	76	19.509	36	43	17.546	50	18.256	63	19	12.085	24	13.799	90	4	3.546	5	4.329
10	68	19.275	75	19.485	37	42	17.423	49	18.169	64	18	11.690	24	13.799	91	3	2.723	5	4.329
11	67	19.239	74	19.459	38	41	17.294	48	18.077	65	18	11.690	23	13.489	92	3	2.723	4	3.546
12	66	19.201	73	19.432	39	40	17.159	47	17.981	66	17	11.274	22	13.163	93	3	2.723	4	3.546
13	65	19.161	72	19.404	40	39	17.017	46	17.880	67	16	10.838	21	12.821	94	3	2.723	4	3.546
14	64	19.119	71	19.374	41	38	16.868	45	17.774	68	15	10.380	20	12.462	95	2	1.859	3	2.723
15	63	19.075	70	19.343	42	37	16.711	44	17.663	69	15	10.380	19	12.085	96	2	1.859	3	2.723
16	62	19.029	69	19.310	43	37	16.711	43	17.546	70	14	9.899	18	11.690	97	2	1.859	3	2.723
17	62	19.029	68	19.275	44	36	16.547	42	17.423	71	13	9.394	18	11.690	98	2	1.859	2	1.859
18	61	18.980	67	19.239	45	35	16.374	41	17.294	72	13	9.394	17	11.274	99	2	1.859	2	1.859
19	60	18.929	66	19.201	46	34	16.193	40	17.159	73	12	8.863	16	10.838	100	2	1.859	2	1.859
20	59	18.876	65	19.161	47	33	16.003	39	17.017	74	11	8.306	15	10.380	101	1	0.952	2	1.859
21	58	18.820	64	19.119	48	32	15.803	38	16.868	75	11	8.306	14	9.899	102	1	0.952	2	1.859
22	57	18.761	63	19.075	49	31	15.593	37	16.711	76	10	7.722	14	9.899	103	1	0.952	2	1.859
23	56	18.699	62	19.029	50	30	15.372	36	16.547	77	9	7.108	13	9.394	104	1	0.952	1	0.952
24	55	18.633	62	19.029	51	29	15.141	35	16.374	78	9	7.108	12	8.863					
25	54	18.565	61	18.980	52	28	14.898	34	16.193	79	8	6.463	11	8.306					
26	53	18.493	60	18.929	53	27	14.643	34	16.193	80	8	6.463	11	8.306					

（注）平均余命年数は「第 20 回生命表」による平均余命とした。

別表Ⅲ

全年齢平均給与額（平均月額）

男子	415,400	女子	275,100

別表Ⅳ

年齢別平均給与額（平均月額）

年令	男　子	女　子
歳	円	円
18	187,400	169,600
19	199,800	175,800
20	219,800	193,800
21	239,800	211,900
22	259,800	230,000
23	272,800	238,700
24	285,900	247,400
25	298,900	256,000
26	312,000	264,700
27	325,000	273,400
28	337,300	278,800
29	349,600	284,100
30	361,800	289,400
31	374,100	294,700
32	386,400	300,100
33	398,000	301,900
34	409,600	303,700
35	421,300	305,500
36	432,900	307,300
37	444,500	309,100
38	450,500	307,900
39	456,600	306,800
40	462,600	305,600
41	468,600	304,500
42	474,700	303,300
43	478,300	301,000

年令	男　子	女　子
歳	円	円
44	482,000	298,800
45	485,600	296,500
46	489,300	294,300
47	492,900	292,000
48	495,500	291,800
49	498,100	291,700
50	500,700	291,600
51	503,300	291,400
52	505,800	291,300
53	500,700	288,500
54	495,500	285,600
55	490,300	282,800
56	485,200	280,000
57	480,000	277,200
58	455,400	269,000
59	430,900	260,900
60	406,300	252,700
61	381,700	244,500
62	357,200	236,400
63	350,100	236,400
64	343,000	236,400
65	336,000	236,500
66	328,900	236,500
67	321,800	236,500
68～	314,800	236,600

（注）本表は、平成12年賃金センサス第1巻第1表産業計（民・公営計）によりもとめた企業規模10～999人・学歴計の年齢階層別平均給与額（含臨時給与）をその後の賃金動向を反映して0.999倍したものである。

参考Ⅰ

後遺障害別等級表

別表第一

介護を要する後遺障害の場合の等級及び限度額

等　級	介護を要する後遺障害	保険金（共済金）額
第1級	1.　神経系統の機能又は精神に著しい障害を残し、常に介護を要するもの 2.　胸腹部臓器の機能に著しい障害を残し、常に介護を要するもの	4,000万円
第2級	1.　神経系統の機能又は精神に著しい障害を残し、随時介護を要するもの 2.　胸腹部臓器の機能に著しい障害を残し、随時介護を要するもの	3,000万円

備考　各等級の後遺障害に該当しない後遺障害であつて、各等級の後遺障害に相当するものは、当該等級の後遺障害とする。

(注)　既に後遺障害がある者がさら同一部位について後遺障害の程度を加重したときは、加重後の等級に応ずる保険金額から既にあった後遺障害の等級に応ずる保険金額を控除した金額を保険金額とする。

別表第二

後遺障害の等級及び限度額

等級	後遺障害	保険金（共済金）額
第1級	1.　両眼が失明したもの 2.　咀嚼及び言語の機能を廃したもの 3.　両上肢をひじ関節以上で失つたもの 4.　両上肢の用を全廃したもの 5.　両下肢をひざ関節以上で失つたもの 6.　両下肢の用を全廃したもの	3,000万円
第2級	1.　1眼が失明し、他眼の視力が0.02以下になつたもの 2.　両眼の視力が0.02以下になつたもの 3.　両上肢を手関節以上で失つたもの 4.　両下肢を足関節以上で失つたもの	2,590万円
第3級	1.　1眼が失明し、他眼の視力が0.06以下になつたもの 2.　咀嚼又は言語の機能を廃したもの 3.　神経系統の機能又は精神に著しい障害を残し、終身労務に服することができないもの 4.　胸腹部臓器の機能に著しい障害を残し、終身労務に服することができないもの 5.　両手の手指の全部を失つたもの	2,219万円
第4級	1.　両眼の視力が0.06以下になつたもの 2.　咀嚼及び言語の機能に著しい障害を残すもの 3.　両耳の聴力を全く失つたもの 4.　1上肢をひじ関節以上で失つたもの 5.　1下肢をひざ関節以上で失つたもの 6.　両手の手指の全部の用を廃したもの 7.　両足をリスフラン関節以上で失つたもの	1,889万円

等級	後遺障害	保険金（共済金）額
第５級	1.　１眼が失明し、他眼の視力が 0.1 以下になつたもの 2.　神経系統の機能又は精神に著しい障害を残し、特に軽易な労務以外の労務に服することができないもの 3.　胸腹部臓器の機能に著しい障害を残し、特に軽易な労務以外の労務に服することができないもの 4.　１上肢を手関節以上で失つたもの 5.　１下肢を足関節以上で失つたもの 6.　１上肢の用を全廃したもの 7.　１下肢の用を全廃したもの 8.　両足の足指の全部を失つたもの	1,574 万円
第６級	1.　両眼の視力が 0.1 以下になつたもの 2.　咀嚼又は言語の機能に著しい障害を残すもの 3.　両耳の聴力が耳に接しなければ大声を解することができない程度になつたもの 4.　１耳の聴力を全く失い、他耳の聴力が 40 センチメートル以上の距離では普通の話声を解することができない程度になつたもの 5.　脊柱に著しい変形又は運動障害を残すもの 6.　１上肢の三大関節中の２関節の用を廃したもの 7.　１下肢の三大関節中の２関節の用を廃したもの 8.　１手の５の手指又はおや指を含み４の手指を失つたもの	1,296 万円
第７級	1.　１眼が失明し、他眼の視力が 0.6 以下になつたもの 2.　両耳の聴力が 40 センチメートル以上の距離では普通の話声を解することができない程度になつたもの 3.　１耳の聴力を全く失い、他耳の聴力が１メートル以上の距離では普通の話声を解することができない程度になつたもの 4.　神経系統の機能又は精神に障害を残し、軽易な労務以外の労務に服することができないもの 5.　胸腹部臓器の機能に障害を残し、軽易な労務以外の労務に服することができないもの 6.　１手のおや指を含み３の手指を失つたもの又はおや指以外の４の手指を失つたもの 7.　１手の５の手指又はおや指を含み４の手指の用を廃したもの 8.　１足をリスフラン関節以上で失つたもの 9.　１上肢に偽関節を残し、著しい運動障害を残すもの 10. １下肢に偽関節を残し、著しい運動障害を残すもの 11. 両足の足指の全部の用を廃したもの 12. 外貌に著しい醜状を残すもの 13. 両側の睾丸を失つたもの	1,051 万円
第８級	1.　１眼が失明し、又は１眼の視力が 0.02 以下になつたもの 2.　脊柱に運動障害を残すもの 3.　１手のおや指を含み２の手指を失つたもの又はおや指以外の３の手指を失つたもの 4.　１手のおや指を含み３の手指の用を廃したもの又はおや指以外の４の手指の用を廃したもの 5.　１下肢を５センチメートル以上短縮したもの 6.　１上肢の三大関節中の１関節の用を廃したもの 7.　１下肢の三大関節中の１関節の用を廃したもの 8.　１上肢に偽関節を残すもの 9.　１下肢に偽関節を残すもの 10. １足の足指の全部を失つたもの	819 万円

等級	後遺障害	保険金（共済金）額
第 9 級	1. 両眼の視力が 0.6 以下になつたもの 2. 1 眼の視力が 0.06 以下になつたもの 3. 両眼に半盲症、視野狭窄又は視野変状を残すもの 4. 両眼のまぶたに著しい欠損を残すもの 5. 鼻を欠損し、その機能に著しい障害を残すもの 6. 咀嚼及び言語の機能に障害を残すもの 7. 両耳の聴力が 1 メートル以上の距離では普通の話声を解することができない程度になつたもの 8. 1 耳の聴力が耳に接しなければ大声を解することができない程度になり、他耳の聴力が 1 メートル以上の距離では普通の話声を解することが困難である程度になつたもの 9. 1 耳の聴力を全く失つたもの 10. 神経系統の機能又は精神に障害を残し、服することができる労務が相当な程度に制限されるもの 11. 胸腹部臓器の機能に障害を残し、服することができる労務が相当な程度に制限されるもの 12. 1 手のおや指又はおや指以外の 2 の手指を失つたもの 13. 1 手のおや指を含み 2 の手指の用を廃したもの又はおや指以外の 3 の手指の用を廃したもの 14. 1 足の第 1 の足指を含み 2 以上の足指を失つたもの 15. 1 足の足指の全部の用を廃したもの 16. 外貌に相当程度の醜状を残すもの 17. 生殖器に著しい障害を残すもの	616 万円
第 10 級	1. 1 眼の視力が 0.1 以下になつたもの 2. 正面を見た場合に複視の症状を残すもの 3. 咀嚼又は言語の機能に障害を残すもの 4. 14 歯以上に対し歯科補綴を加えたもの 5. 両耳の聴力が 1 メートル以上の距離では普通の話声を解することが困難である程度になつたもの 6. 1 耳の聴力が耳に接しなければ大声を解することができない程度になつたもの 7. 1 手のおや指又はおや指以外の 2 の手指の用を廃したもの 8. 1 下肢を 3 センチメートル以上短縮したもの 9. 1 足の第 1 の足指又は他の 4 の足指を失つたもの 10. 1 上肢の三大関節中の 1 関節の機能に著しい障害を残すもの 11. 1 下肢の三大関節中の 1 関節の機能に著しい障害を残すもの	461 万円
第 11 級	1. 両眼の眼球に著しい調節機能障害又は運動障害を残すもの 2. 両眼のまぶたに著しい運動障害を残すもの 3. 1 眼のまぶたに著しい欠損を残すもの 4. 10 歯以上に対し歯科補綴を加えたもの 5. 両耳の聴力が 1 メートル以上の距離では小声を解することができない程度になつたもの 6. 1 耳の聴力が 40 センチメートル以上の距離では普通の話声を解することができない程度になつたもの 7. 脊柱に変形を残すもの 8. 1 手のひとさし指、なか指又はくすり指を失つたもの 9. 1 足の第 1 の足指を含み 2 以上の足指の用を廃したもの 10. 胸腹部臓器の機能に障害を残し、労務の遂行に相当な程度の支障があるもの	331 万円

等級	後遺障害	保険金（共済金）額
第12級	1. 1眼の眼球に著しい調節機能障害又は運動障害を残すもの 2. 1眼のまぶたに著しい運動障害を残すもの 3. 7歯以上に対し歯科補綴を加えたもの 4. 1耳の耳殻の大部分を欠損したもの 5. 鎖骨、胸骨、ろく骨、けんこう骨又は骨盤骨に著しい変形を残すもの 6. 1上肢の三大関節中の1関節の機能に障害を残すもの 7. 1下肢の三大関節中の1関節の機能に障害を残すもの 8. 長管骨に変形を残すもの 9. 1手のこ指を失つたもの 10. 1手のひとさし指、なか指又はくすり指の用を廃したもの 11. 1足の第2の足指を失つたもの、第2の足指を含み2の足指を失つたもの又は第3の足指以下の3の足指を失つたもの 12. 1足の第1の足指又は他の4の足指の用を廃したもの 13. 局部に頑固な神経症状を残すもの 14. 外貌に醜状を残すもの	224万円
第13級	1. 1眼の視力が0.6以下になつたもの 2. 正面以外を見た場合に複視の症状を残すもの 3. 1眼に半盲症、視野狭窄又は視野変状を残すもの 4. 両眼のまぶたの一部に欠損を残し又はまつげはげを残すもの 5. 5歯以上に対し歯科補綴を加えたもの 6. 1手のこ指の用を廃したもの 7. 1手のおや指の指骨の一部を失つたもの 8. 1下肢を1センチメートル以上短縮したもの 9. 1足の第3の足指以下の1又は2の足指を失つたもの 10. 1足の第2の足指の用を廃したもの、第2の足指を含み2の足指の用を廃したもの又は第3の足指以下の3の足指の用を廃したもの 11. 胸腹部臓器の機能に障害を残すもの	139万円
第14級	1. 1眼のまぶたの1部に欠損を残し又はまつげはげを残すもの 2. 3歯以上に対し歯科補綴を加えたもの 3. 1耳の聴力が1メートル以上の距離では小声を解することができない程度になつたもの 4. 上肢の露出面にてのひらの大きさの醜いあとを残すもの 5. 下肢の露出面にてのひらの大きさの醜いあとを残すもの 6. 1手のおや指以外の手指の指骨の一部を失つたもの 7. 1手のおや指以外の手指の遠位指節間関節を屈伸することができなくなつたもの 8. 1足の第3の足指以下の1又は2の足指の用を廃したもの 9. 局部に神経症状を残すもの	75万円

備考

① 視力の測定は、万国式試視力表による。屈折異状のあるものについては、矯正視力について測定する。

② 手指を失ったものとは、おや指は指節間関節、その他の手指は近位指節間関節以上を失ったものをいう。

③ 手指の用を廃したものとは、手指の末節骨の半分以上を失い、又は中手指節関節若しくは近位指節間関節（おや指にあっては、指節間関節）に著しい運動障害を残すものをいう。

④ 足指を失ったものとは、その全部を失ったものをいう。

⑤ 足指の用を廃したものとは、第1の足指は末節骨の半分以上、その他の足指は遠位指節間関節以

上を失ったもの又は中足指節関節若しくは近位指節間関節（第1の足指にあっては、指節間関節）に著しい運動障害を残すものをいう。

⑥ 各等級の後遺障害に該当しない後遺障害であって、各等級の後遺障害に相当するものは、当該等級の後遺障害とする。

(注1) 後遺障害が2つ以上あるときは、重い方の後遺障害の該当する等級による。しかし、下記に掲げる場合においては等級を次の通り繰上げる。

① 第13級以上に該当する後遺障害が2つ以上あるときは、重い方の後遺障害の等級を1級繰上げる。ただし、それぞれの後遺障害に該当する保険金額の合算額が繰上げ後の後遺障害の保険金額を下回るときはその合算額を保険金額として採用する。

② 第8級以上に該当する後遺障害が2つ以上あるときは、重い方の後遺障害の等級を2級繰上げる。

③ 第5級以上に該当する後遺障害が2つ以上あるときは、重い方の後遺障害の等級を3級繰上げる。

(注2) 既に後遺障害のある者がさらに同一部位について後遺障害の程度を加重したときは、加重後の等級に応ずる保険金額から既にあった後遺障害の等級に応ずる保険金額を控除した金額を保険金額とする。

参考Ⅱ

仮渡金の金額

（自賠法施行令第5条）

仮渡金の金額は、死亡した者又は傷害を受けた者1人につき、次のとおりとする。

1. 死亡した者 …………………………………………… 290万円
2. 次の傷害を受けた者 …………………………………………40万円
   イ 脊柱の骨折で脊髄を損傷したと認められる症状を有するもの
   ロ 上腕又は前腕の骨折で合併症を有するもの
   ハ 大腿又は下腿の骨折
   ニ 内臓の破裂で腹膜炎を併発したもの
   ホ 14日以上病院に入院することを要する傷害で、医師の治療を要する期間が30日以上のもの
3. 次の傷害（前2のイからホまでに掲げる傷害を除く。）を受けた者………20万円
   イ 脊柱の骨折
   ロ 上腕又は前腕の骨折
   ハ 内臓の破裂
   ニ 病院に入院することを要する傷害で、医師の治療を要する期間が30日以上のもの
   ホ 14日以上病院に入院することを要する傷害
4. 11日以上医師の治療を要する傷害（前2のイからホまで及び前3のイからホまでに掲げる傷害を除く。）を受けた者…………………………5万円

索　引

〈あ〉

〈い〉

〈う〉

〈か〉

〈き〉

〈く〉

〈け〉

〈こ〉

〈そ〉

〈た〉

〈ち〉

〈て〉

〈と〉

〈な〉

〈に〉

〈ね〉

〈の〉

●本書に掲載の各書式例につきましては、弊社ホームページからデータをダウンロードすることができます。下記URLにアクセスしていただき、ダウンロードしてください。
URL　http://soko-sha.com/
●電子版につきましては、コンテン堂より販売しております。下記のURLにアクセスしていただき、ご購入ください。
URL　http://contendo.jp

詳説　後遺障害
—等級認定と逸失利益算定の実務—　[補訂版]

平成26年6月1日　初版第1刷発行
平成29年5月1日　補訂版第1刷発行

著　者　北河隆之・八島宏平・川谷良太郎

発行者　株式会社 創耕舎

発行所　株式会社 創耕舎
〒162-0801　東京都新宿区山吹町350　鈴康ビル203
TEL　03－6457－5167
FAX　03－6457－5468
URL　http://soko-sha.com/

〈検印省略〉

印刷・製本　モリモト印刷株式会社

・定価はカバーに表示してあります。
・落丁・乱丁はお取り替えいたします。

ISBN978-4-908621-03-1〈C3032〉